A SINODALIDADE
NO PROCESSO PASTORAL
DA IGREJA NO BRASIL

Geraldo Luiz De Mori
Francisco das Chagas de Albuquerque
(ORGS.)

A SINODALIDADE
NO PROCESSO PASTORAL DA IGREJA NO BRASIL

Contribuições do
2º Congresso Brasileiro
de Teologia Pastoral

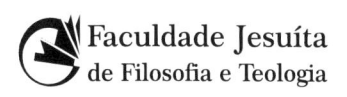

Apoio:
CAPES
Faculdade Jesuíta de Filosofia e Teologia
Edições Loyola

Dados Internacionais de Catalogação na Publicação (CIP)
(Câmara Brasileira do Livro, SP, Brasil)

A Sinodalidade no processo pastoral da igreja no Brasil : contribuições do 2° Congresso Brasileiro de Teologia Pastoral / organização Geraldo Luiz De Mori, Francisco das Chagas de Albuquerque. -- 1. ed. -- São Paulo : Edições Loyola, 2023.

Vários autores.
Bibliografia.
ISBN 978-65-5504-306-8

1. Catolicismo 2. Eclesiologia 3. Teologia pastoral I. Mori, Geraldo Luiz De. II. Albuquerque, Francisco das Chagas de.

23-176017   CDD-253

Índices para catálogo sistemático:
1. Teologia pastoral : Cristianismo   253

Aline Graziele Benitez - Bibliotecária - CRB-1/3129

Capa: Ronaldo Hideo Inoue
Composição, da esquerda para a direita,
de detalhes das imagens de © Marcelo Rabelo
(© Wikimedia Commons), © kieferpix, © Bruno,
© emanuel (© Adobe Stock) e © Diego Baravelli
(© Wikimedia Commons), sobre fundo de
© Aruno (© Adobe Stock).
Diagramação: Sowai Tam
Conselho Editorial
Ceci Maria Costa Baptista Mariani (PUC-CAMP, Brasil)
Danilo Mondoni (PUG, Roma)
Élio Gasda (Univ. Comillas, Madrid)
Gabriel Frade (FAU-USP, Brasil)
Mário de França Miranda (PUG, Roma)
Raniéri Araújo Gonçalves (Loyola Univ., Chicago)

A revisão do texto desta obra é de total
**responsabilidade da Faculdade Jesuíta de Filosofia e
Teologia – FAJE**

**CAPES (PROEX) – Coordenação de Aperfeiçoamento
de Pessoal de Nível Superior**

FAJE – Faculdade Jesuíta de Filosofia e Teologia
Av. Dr. Cristiano Guimarães, 2127 – Planalto
31720-300 Belo Horizonte, MG

Edições Loyola Jesuítas
Rua 1822 n° 341 – Ipiranga
04216-000 São Paulo, SP
T 55 11 3385 8500/8501, 2063 4275
editorial@loyola.com.br
vendas@loyola.com.br
www.loyola.com.br

Todos os direitos reservados. Nenhuma parte desta obra pode ser reproduzida ou transmitida por qualquer forma e/ou quaisquer meios (eletrônico ou mecânico, incluindo fotocópia e gravação) ou arquivada em qualquer sistema ou banco de dados sem permissão escrita da Editora.

ISBN 978-65-5504-306-8

© EDIÇÕES LOYOLA, São Paulo, Brasil, 2023

Sumário

Siglas e abreviaturas ... 9

Prefácio – Ser Igreja na estrada ... 13
Dom Joaquim Giovani Mol Guimarães

Apresentação ... 19
Geraldo Luiz De Mori
Francisco das Chagas de Albuquerque

PRIMEIRA PARTE
A SINODALIDADE NA HISTÓRIA E NA IGREJA DO BRASIL

1. A história da sinodalidade ... 29
Luiz Antônio Pinheiro

2. Aspectos sobre a sinodalidade na história e na Igreja do Brasil ... 49
Ney de Souza

3. Francisco e a sinodalidade ... 69
Francisco de Aquino Júnior

SEGUNDA PARTE
A SINODALIDADE EM OUTRAS IGREJAS CRISTÃS NO BRASIL

4. Igreja Evangélica de Confissão Luterana no Brasil: uma igreja sinodal ... 99
Marcos Jair Ebeling

5. A sinodalidade na Igreja Reformada. A ordenação de
mulheres no Presbiterianismo brasileiro ... 111
Cleusa Caldeira

TERCEIRA PARTE
EXPRESSÕES E ESPAÇOS DE SINODALIDADE

6. Aspectos canônicos sobre a sinodalidade: as estruturas
participativas e o Código do Direito Canônico ... 131
Alberto Montealegre Vieira Neves
José Carlos Linhares Pontes Júnior

7. Ministérios leigos em uma Igreja Sinodal ... 165
Maria Inês de Castro Millen

QUARTA PARTE
EXPERIÊNCIAS SINODAIS NA IGREJA CATÓLICA DO BRASIL

8. Planejamento pastoral participativo na experiência
pastoral da Igreja no Brasil ... 181
Manoel José de Godoy

9. Os intereclesiais das CEBs ... 187
Marilza José Lopes Schuina

10. As Assembleias dos Organismos do Povo de Deus ... 195
Laudelino Augusto dos Santos Azevedo

11. Sinodalidade no processo pastoral dos 50 anos do CIMI ... 209
Paulo Suess

12. O Setor Pastoral Social da CNBB ... 217
Maria Soares Camargo

QUINTA PARTE
DESAFIOS E OBSTÁCULOS À SINODALIDADE

13. Mulheres e sinodalidade: desafios ... 223
Alzirinha Souza

14. O clericalismo e o novo clero no Brasil ... 233
    João Décio Passos

15. Sinodalidade e clericalismo: considerações a partir da pesquisa "O novo rosto do clero" – Perfil dos padres novos no Brasil ... 253
    Andréa Damacena Martins

16. Desafios para uma formação sinodal na Igreja ... 273
    Carlos Sérgio Viana

SEXTA PARTE
HORIZONTES DA SINODALIDADE

17. Aparecida: 15 anos ... 293
    Dimas Lara Barbosa

18. Assembleia Eclesial da América Latina e Caribe: por uma Igreja em saída para as periferias ... 301
    Maria Inês Vieira Ribeiro

19. Da cegueira à luz no caminhar juntos/as: a Igreja latino-americana no processo de conversão sinodal ... 315
    Mauricio López Oropeza

20. Um balanço sobre a escuta sinodal na Igreja do Brasil, da América Latina e do Caribe ... 327
    Geraldo Luiz De Mori

Apresentação dos autores ... 345

Grupo de Pesquisa "Teologia e Pastoral" ... 351

Índice remissivo ... 353

Siglas e abreviaturas

AA	Decreto *Apostollicam actuositatem*
AAS	*Acta Apostolicae Sedis*
AE	Assembleia Eclesial da América Latina e Caribe
AELAPI	Articulação Ecumênica Latino-Americana da Pastoral Indígena
AG	Decreto *Ad gentes*
AL	Exortação Apostólica Pós-Sinodal *Amoris Laetitia*
ANOPD	Assembleia dos Organismos do Povo de Deus
CAPES	Coordenação de Aperfeiçoamento de Pessoal de Nível Superior
CCAEU	Coordenação Central de Atividades de Extensão Universitária
CBJP	Comissão Brasileira de Justiça e Paz
CD	Decreto *Christus dominus*
CDC	Código de Direito Canônico
CEAMA	Conferência Eclesial da Amazônia
CEBs	Comunidades Eclesiais de Base
CEF	Campanha da Fraternidade Ecumênica
CEI	Conferência Episcopale Italiana
CELAM	Conselho Episcopal Latino-Americano
CEP	Comissão Episcopal de Pastoral
CF	Campanha da Fraternidade

CIC	Catecismo da Igreja Católica
CIMI	Conselho Indigenista Missionário
CLAR	Conferência Latino-Americana de Religiosos e Religiosas
CMI	Conselho Mundial de Igrejas
CMIR	Comunhão Mundial das Igrejas Reformadas
CNBB	Conferência Nacional dos Bispos do Brasil
CND	Comissão Nacional de Diáconos
CNISB	Conferência Nacional dos Institutos Seculares do Brasil
CNL	Conselho Nacional de Leigos
CNLB	Conselho Nacional do Laicato do Brasil
CNP	Comissão Nacional de Presbíteros
CONSEP	Conselho Episcopal Pastoral
CPT	Comissão Pastoral da Terra
CRB	Conferência Nacional dos Religiosos e Religiosas do Brasil
CTI	Comissão Teológica Internacional
CV	Exortação Apostólica Pós-sinodal *Christus vivit*
DAp	Documento de Aparecida
DFP	Diretrizes para a formação dos Presbíteros
DFPR	Diretrizes para a formação presbiteral e religiosa Oeste 2
DGAE	Diretrizes Gerais da Ação Evangelizadora
DH	Declaração *Dignitatis humanae*
DP	Documento de Puebla
DV	Constituição Dogmática *Dei Verbum*
DVS	Dom da Vocação Sacerdotal
EC	Constituição Apostólica *Episcopalis communio*
EG	Exortação Apostólica *Evangelii gaudium*
EN	Exortação Apostólica Pós-Sinodal *Evangelii nuntiandi*
FCF	Faculdade Católica de Fortaleza
FAJE	Faculdade Jesuíta de Filosofia e Teologia
FT	Carta Encíclica *Fratelli tutti*
GS	Constituição Pastoral *Gaudium et spes*
ICCRS	Serviço Internacional da Renovação Carismática Católica
IECLB	Igreja Evangélica de Confissão Luterana no Brasil
IER	Igreja Evangélica Reformada

IHU	Instituto Humanitas Unisinos
IM	Decreto *Inter mirifica*
INAPAZ	Instituto Nacional de Pastoral Padre Antoniazzi
INP	Instituto Nacional de Pastoral
IPB	Igreja Presbiteriana do Brasil
IPIB	Igreja Presbiteriana Independente do Brasil
IPR	Igreja Presbiteriana Renovada
IPU	Igreja Presbiteriana Unida
ISER	Instituto de Estudos da Religião
ISTA	Instituto Santo Tomás de Aquino
JEC	Juventude Estudantil Católica
JUC	Juventude Universitária Católica
LG	Constituição Dogmática *Lumen gentium*
LS	Carta Encíclica *Laudato si'*
MEB	Movimento de Educação de Base
Med	Documento de Medellín
MF&P	Movimento Nacional de Fé e Política
MOBON	Movimento Boa-Nova
NESP	Núcleo de Estudos Sociopolíticos
OCR	Observatório da Comunicação Religiosa
OT	Decreto *Optatam totius*
PASCOM	Pastoral da Comunicação
PCB	Pontifícia Comissão Bíblica
PIB	Produto Interno Bruto
PJ	Pastoral da Juventude
PO	Decreto *Presbyterorum ordinis*. Sobre o ministério e a vida dos sacerdotes
PP	Carta Encíclica *Populorum Progressio*
PPC	Plano de Pastoral de Conjunto
PROEX	Programa de Excelência da CAPES
QA	Exortação Apostólica Pós-sinodal *Querida Amazônia*
REPAM	Rede Eclesial Pan-Amazônica
RM	Encíclica *Redemptoris missio*
SC	Constituição Conciliar *Sacrosanctum Concilium*

SD   Documento de Santo Domingo
SELACC   Secretariado da América Latina e Caribe da Caritas
SGSB   Secretaria Geral do Sínodo dos Bispos
UR   Decreto *Unitatis redintegratio*

Prefácio
Ser Igreja na estrada

Dom Joaquim Giovani Mol Guimarães

No dia 18 de setembro de 2021, o Papa Francisco, em uma audiência concorrida na Sala Paulo VI, fez um breve e importante discurso sobre o Sínodo que mudaria a história dos sínodos e, muito mais do que isso, mudaria a Igreja (Vatican News, 21/09/2021). Refiro-me ao Sínodo que está em curso, com o tema "Por uma Igreja Sinodal: Comunhão, Participação, missão". Entendê-lo como um sínodo sobre a sinodalidade vale menos do que compreendê-lo como um sínodo sobre a urgente e grave necessidade de "sinodalizar" a Igreja, em bases bíblicas e eclesiológicas consistentes, sendo, o próprio sínodo, uma experiência de sinodalidade inédita.

Fazer sinodal a Igreja, hoje, acostumada a não sê-lo ou a sê-lo superficial e aparentemente, é uma tarefa ingente. Dessa forma transformamos o substantivo "sinodalidade" em verbo "sinodalizar", para usar um neologismo. É algo a ser feito para atender a indispensável necessidade de pertinência e significância da Igreja na sociedade contemporânea. É nessa audiência que o Papa Francisco usa a expressão "ser Igreja na estrada", determinando o que se espera da sinodalidade e, por ato contínuo, vislumbrando uma Igreja transformada, que recupera a eclesiologia do Concílio Vaticano II e a desenvolva.

São variadas as fundamentações teológicas para a Igreja sinodal e nenhuma delas é desprezível, mas nenhuma importa tanto quanto aquela que faz do Papa Francisco um persistente, convicto e qualificado atualizador do Vaticano II, cuja eclesiologia, condensada na expressão "Igreja Povo de Deus", ilumina toda a *Lumen Gentium* e, de alguma forma, os demais documentos conciliares, igualmente renovadores.

A Igreja, ensina o Concílio, sacramento no Cristo, "enriquecida pelos dons do seu fundador e observando fielmente os seus preceitos de caridade, de humildade e de abnegação, *recebe a missão de anunciar e instaurar em todas as gentes o Reino de Cristo e de Deus*, e constitui ela própria, na terra, o germe e o início deste Reino" (LG 5). A Igreja que é *redil*, cuja porta única e necessária é Cristo (Jo 10,1-10); que é *rebanho*, cujo pastor seria o Senhor (Is 40,11); que é *campo de Deus* (1Cor 3,9), onde cresce a oliveira cultivada pelo Senhor (cf. Mt 21,33-43) e cresce a verdadeira videira, cujo tronco é Jesus (Jo 15,1-5); que é um *edifício* (cf. 1Cor 3,9), onde se encontra a pedra angular, construído pelos apóstolos (cf. 1Cor 3,11), com o nome de casa de Deus (1Tm 3,5), morada do Espírito Santo (Ef 2,19-22), tenda de Deus entre os homens (Ap 21,3), templo santo (1Pd 2,5); que é a *Jerusalém do alto* (Gl 4,26); *esposa do Cordeiro* (cf. Ap 19,7), que Cristo amou e se entregou por ela a fim de santificá-la (Ef 5,25-26); *corpo de Cristo*, cujos membros são o povo e a cabeça é ele mesmo (cf. 1Cor 12,12)... (cf. LG 6). Essa Igreja, em seu mistério, é a Igreja Povo de Deus, que só pode ser Igreja sinodal, como elemento constitutivo de si mesma. Toda a riqueza dessas metáforas bíblicas confirma a Igreja como uma comunidade de fé, Povo de Deus a caminho, onde há lugar para "todos, todos, todos" (Papa Francisco, Vatican News 04.08.23), fiel ao seu Senhor, comprometida com o Evangelho do Reino.

Na atual estrada eclesial é preciso fazer muitas travessias para se alcançar o que a Igreja tem que ser. As travessias, sob o ponto de vista da fé, remontam a Abraão, que deixou tudo e, com sua família, caminhou na presença do Senhor; a Moisés, que organizou o povo escravizado em busca da liberdade; aos juízes e profetas, incômodos, que denunciavam os que oprimiam o povo e exigiam fidelidade do mesmo povo; a Maria que, pelo seu *fiat voluntas tua* fez a travessia para o pleno serviço ao

Senhor, com aguda consciência e sensibilidade em relação às necessidades do povo, expressas em seu contundente *Magnificat*.

A sinodalidade de hoje se inspira na sinodalidade da primeira Igreja, nas experiências e nos ensinamentos da patrologia, passando por normativas de concílios e por tentativas modernas. Contudo, todos esses esforços de vivências e reflexões sinodais ainda não foram suficientes para manter a Igreja, permanentemente, no caminho sinodal. Por isso justifica-se o título "por uma Igreja Sinodal".

Voltar às fontes da sinodalidade eclesial, depurar experiências realizadas e implantar novas modalidades de sinodalidade é uma obrigação que tem a Igreja no presente momento histórico, para que a sinodalidade jamais fuja de seu horizonte e sobretudo de sua práxis.

Nesse sentido chamo a atenção para uma situação complexa que é a necessidade de novas linguagens na Igreja, que acompanhem seus esforços para sinodalizar-se. Atualizar as linguagens da Igreja para que ela seja sinodal é atualizar-se. A linguagem são palavras e formulações, vivências e testemunhos, reflexões e um modo de estar no mundo. A Igreja que sempre deseja atualizar-se para se manter fiel ao Evangelho, à Tradição e ao Magistério, é uma Igreja que precisa atualizar sempre suas linguagens. Os que são Igreja em seu sentido profundo, sinodal, comunitário, com convicção de fé, que vivem em comunhão e missão, precisam assumir para si essa tarefa da atualização das linguagens da Igreja, porque essa tarefa tem sido reclamada mais pelos segmentos fundamentalistas, refratários a qualquer mudança, incapazes de entender o presente, dando-lhe inteligibilidade pastoral. Somam-se a eles pessoas e líderes mais conservadores da Igreja. O seu intuito é fazer entender as "novas" linguagens como retorno a linguagens do passado de cristandade ou a modelos eclesiológicos adaptados à modernidade, com características subjetivistas, devocionistas, intimistas, buscando "tocar o coração", mas sem a comunidade, sem alimentação bíblica e teológico-pastoral, sem planejamento da ação evangelizadora, processos participativos, sem conselhos efetivos e afetivos, sem renovação e simplificação das estruturas, sem descentralização, sem amor aos próximos feridos pessoal e socialmente, sem vida ativa na perspectiva transformadora da realidade tão dura para os pobres e miseráveis despossuídos e excluídos da vida em todas as suas etapas, sem compromisso com a construção cotidiana da paz e da não-violência, sem justiça.

É bela a expressão de Henri De Lubac, citada nesta obra: "mais do que uma instituição a Igreja é uma vida que se comunica" (Francisco Aquino, p. 34). Quando o caminho da Igreja é deslocado para a sinodalidade, como dito de várias formas neste livro, pode-se garantir que ela seja "vida que se comunica" e que narrativas falaciosas sobre a sinodalidade não vigorem, já que ser sinodal é vocação e missão da Igreja. Por isso, a todo tempo, em contextos históricos diversos, ela deve desenvolver processos sinodais, renovando e oxigenando a si mesma, no cumprimento de sua missão evangelizadora.

Não se pode gravitar a vida da Igreja ao redor de outro centro que não seja a pequena comunidade, da base eclesial, onde os obstáculos à Igreja sinodal, em Saída, para todas as periferias, devem ser superados. Cuidar, como prioridade das Igrejas locais, das experiências sinodais, corrigindo rotas e aprofundando as raízes; ousar sinodalizar mais, gerando novas experiências e consolidando-as, destemidamente, porque a sinodalidade é ação do Espírito Santo na Igreja e porque já está sabido que não é mais possível uma Igreja autocentrada, autorreferenciada, autoalienada, autopatriarcalizada. Nela deve prevalecer o exercício do poder como alegre serviço, "porque (na Igreja) a única autoridade é a autoridade do serviço", como nos recorda Maria Inês Millen, citando o Papa Francisco, neste livro, em seu capítulo sobre os ministérios leigos em uma Igreja Sinodal.

Mais uma tarefa. Já despontaram aspectos canônicos de sinodalidade. Cresce também a consciência de que uma Igreja verdadeiramente sinodal implicará reformas substanciais no Código de Direito Canônico, além de prever alguns institutos sinodais. A Igreja não é sinodal porque o CDC prevê instâncias de sinodalidade, mas, porque a Igreja é sinodal, também o CDC precisa ser sinodal, como um importante instrumento no ordenamento da vida eclesial.

Esse sínodo é para toda a Igreja. E tem que ser? Mas desconfio que ele é um sínodo especial para os leigos e leigas, não somente por razões quantitativas, já que o corpo laical da Igreja é a sua quase totalidade, muito mais por uma razão qualitativa, teológico-sacramental e pastoral, que procura colocar, efetivamente para dentro, aqueles que na Igreja já entraram, desde o seu batismo, como povo sacerdotal, ministerial, profético, pastoral, mas aos quais é reservado apenas um lugar secundário, caracterizado pela passividade. Avançar com os leigos e leigas para águas mais profundas só é possível numa Igreja verdadeiramente sinodal, participativa, não-piramidal, em comunhão e correlações fraternas, não hierarquizadas, a partir das diferenças e diversidades, consciente de sua missão evangelizadora no mundo, para que o Reino de Deus nele se torne presente. O incômodo que tudo isso vier a causar é saudável à Igreja *semper reformanda*.

A Igreja Sinodal haverá de ser sinodal em todas as instâncias, porque ela diz respeito à forma de ser e atuar da Igreja no mundo, portanto tem um alcance universal na própria Igreja, que será perceptível a todas as pessoas. Não se espera uma Igreja com um pouco mais de cores sinodais, com um pouco mais de institutos sinodais, com mais algumas aberturas sinodais a leigos e leigas escolhidos por algum clérigo, com um pouco menos de clericalismos. Precisaremos ser todos sinodais por inteiro, não só um pouco mais sinodais, ou não seremos a Igreja neste tempo, para as pessoas de hoje.

Este livro, precioso, que me deu alegrias no ato de lê-lo, porque ele tem uma diversidade harmônica, com bons conteúdos, é uma profissão de esperança ativa. Ele aborda, como não poderia deixar de fazer, os desafios e obstáculos à sinodalidade na Igreja de hoje, de uma forma altamente impactante e provocativa, assim como, ao mesmo tempo, impacta quando abre horizontes, narra e analisa experiências, dialoga com outras Igrejas cristãs e recorda a história da sinodalidade.

É um livro necessário. Precisamos dele.

Tome-o entre as mãos e escolha por onde começar, mas não despreze nenhum dos capítulos, porque eles conversam entre si em grande reciprocidade.

É um livro bem sinodal, próprio de quem é Igreja na estrada.

Apresentação

Geraldo Luiz De Mori
Francisco das Chagas de Albuquerque

"O caminho da sinodalidade é precisamente o caminho que Deus espera da Igreja do terceiro milênio"[1]. *Este itinerário, que se insere no sulco da "atualização" da Igreja, proposta pelo Concílio Vaticano II, constitui um dom e uma tarefa: caminhando lado a lado e refletindo em conjunto sobre o caminho percorrido, com o que for experimentando, a Igreja poderá aprender quais são os processos que a podem ajudar a viver a comunhão, a realizar a participação e a abrir-se à missão. Com efeito, o nosso "caminhar juntos" é o que mais implementa e manifesta a natureza da Igreja como "Povo de Deus peregrino e missionário"*
(SGSB, 2021, n. 1).

O Concílio Vaticano II, na *Lumen gentium* (LG), fez a Igreja redescobrir-se como mistério e sacramento de salvação, ícone da Santíssima Trindade, cuja expressão são as imagens da Igreja "Povo de Deus", "Corpo de Cristo" e "Templo do Espírito Santo". Todos os que dela fazem parte gozam de uma mesma dignidade, dada pelo batismo, que faz com que cada fiel participe do tríplice múnus do Cristo Sacerdote, Profeta

---

1. FRANCISCO. *Discurso na Comemoração do cinquentenário da instituição do Sínodo dos Bispos* (17/10/2015).

e Rei. Sua dimensão hierárquica, mais que tornar os ministros ordenados melhores que os demais fiéis, é compreendida pelo Concílio como serviço para o conjunto do "povo santo de Deus", de modo que o que a define é o sacramento do batismo e não o sacramento da ordem. Nesse sentido, como tão bem expressou a LG, n. 12, a totalidade dos fiéis "não pode enganar-se na fé"; e esta sua propriedade particular manifesta-se por meio do sentir sobrenatural da fé do Povo todo quando este, "desde os bispos até ao último dos fiéis leigos", manifesta o "consenso universal em matéria de fé e de moral".

Apesar de ter fecundado o conjunto dos fiéis no pós-Concílio, essa redescoberta de que a Igreja é o conjunto de todo o "povo santo de Deus" e não apenas de sua hierarquia, precisa ser continuamente revisitada, aprofundada e reapropriada por cada geração, pois a tendência a identificar a Igreja apenas com os ministros ordenados ou com os que estão mais próximos deles é recorrente, realimentando o clericalismo e o tornando uma verdadeira enfermidade não só entre os que receberam o sacramento da ordem, mas também entre os demais fiéis. O Papa Francisco tem reiteradamente denunciado o "excessivo clericalismo" (EG 102) e a "tentação" do clericalismo (CV 98). Segundo ele, é o mesmo "santo Povo de Deus que nos libertará da praga do clericalismo", que é o terreno fértil das "abominações" de todos os abusos (CV 102).

Dentre os desdobramentos dessa redescoberta da Igreja como Povo de Deus, é digna de nota a criação, por Paulo VI, em 1965, da Instituição do Sínodo dos Bispos, como órgão de escuta colegiada do conjunto dos bispos católicos ao redor de temas de interesse de toda a Igreja. As Conferências Episcopais nacionais e continentais também contribuíram para que a situação local fosse cada vez mais levada em conta na dinâmica da evangelização e da missão. Outra iniciativa de grande importância, embora vivida de modo diversificado nos diferentes contextos, foi a realização de sínodos diocesanos ou nacionais, dos quais participavam não somente os bispos, padres, religiosos/as e diáconos, mas também muitos fiéis. Uma variante dessa prática, as assembleias diocesanas, embora sem o caráter formal dos sínodos, também ajudaram a promover a participação das forças vivas de determinadas Igrejas diocesanas nos processos de escuta, avaliação e definição das principais orientações pastorais de igrejas locais.

Desde que assumiu o pontificado, o Papa Francisco tem promovido práticas que ajudam a expandir a compreensão de sinodalidade na Igreja. Nos sínodos que convocou e dirigiu, sempre previu um momento de escuta, através de questionários respondidos pelos fiéis das diferentes igrejas locais. Para o sínodo de 2021/2024, que tem como tema "*Para um Igreja sinodal:* comunhão, participação e missão", o Papa inovou de modo ainda mais radical, solicitando que todas as dioceses, todos os episcopados nacionais e continentais realizassem um amplo processo de escuta sobre como se entende e se vive a sinodalidade na prática eclesial.

Na América Latina e Caribe, as Conferências do Conselho Episcopal Latino-Americano e Caribenho (CELAM) – Medellín, em 1968; Puebla, em 1979; Santo Domingo, em 1992; Aparecida, em 2007 – introduziram uma dinâmica sinodal importante, que reconfigurou profundamente a presença do catolicismo no continente, dando-lhe um perfil característico, com práticas inovadoras, em termos de sinodalidade. Além das experiências das Comunidades Eclesiais de Base (CEBs) e das diversas formas de organização das pastorais, mais recentemente, após o Sínodo Para a região amazônica, foi criada, em 2020, e aprovada em 2021, a Conferência Eclesial da Amazônia (CEAMA). Também se realizou, entre os dias 21-28/11/2021, a I Assembleia Eclesial da América Latina e do Caribe (AE), em Guadalupe, México, em formato híbrido, que contou com grande participação todos os segmentos eclesiais.

O Brasil conheceu, no período que se seguiu ao fim do Concílio, experiências muito ricas de sinodalidade, tanto em nível diocesano, através das assembleias e dos sínodos, que reuniam representantes de todas as expressões do povo de Deus, quanto em nível nacional, através da Conferência Nacional dos Bispos do Brasil (CNBB), que comemorou 70 anos em 2022; as iniciativas de organismos eclesiais diversos, como o Conselho Indigenista Missionário (CIMI), que comemorou 50 anos em 2022, os Encontros Intereclesiais das CEBs, os Planejamentos Participativos, as Assembleias dos Organismos do Povo de Deus, entre outras.

O 2º Congresso Brasileiro de Teologia Pastoral, realizado entre os dias 02-05/05/2022, mesmo mês em que se comemoravam os 15 anos da Conferência de Aparecida (13-30/05/2007), teve como tema "*A Sinodalidade no processo pastoral da Igreja no Brasil*". Seu objetivo geral era "oferecer, a teólogos e teólogas, estudantes de teologia e áreas afins, pastoralistas e lideranças eclesiais, uma oportunidade de aprofundar o significado da sinodalidade na dinâmica da Igreja católica no Brasil, resgatando e valorizando as práticas sinodais que nela surgiram depois do Concílio, descobrindo os novos desafios que a Igreja enfrenta para viver a sinodalidade enquanto comunhão, participação e missão". Para atingir esse objetivo foram traçados alguns objetivos específicos: (1) Refletir sobre a sinodalidade à luz da história da Igreja, da retomada desta importante definição antiga do ser da Igreja pelo Concílio Vaticano II e de sua releitura pelo papa Francisco; (2) Reler a história das experiências sinodais na Igreja católica do Brasil, sobretudo no período pós-conciliar, no ano em que se comemoram o 70º aniversário de criação da CNBB e os 15 anos da Conferência de Aparecida, mostrando os aprendizados, impasses e desafios que essas experiências legaram para o conjunto da igreja no país, e as tarefas que se descortinam no momento presente; (3) Propor um primeiro balanço da experiência de sinodalidade vivida na Assembleia Eclesial, apontando seus aprendizados e limites, e indicando as questões e perspectivas que levantam ao processo sinodal; (4) Debruçar-se sobre um dos maiores obstáculos à sinodalidade na Igreja do Brasil hoje, o clericalismo, trazendo para o debate as recentes pesquisas sobre o perfil do novo clero no país; (5) Refletir sobre as questões levantadas pela presença e participação das mulheres numa Igreja sinodal, apontando pistas que ajudem a repensar de outro modo seu acesso aos ministérios e às decisões que impactam o conjunto da vida e das práticas das comunidades eclesiais católicas; (6) Oferecer pistas para fazer avançar a reflexão sobre os ministérios laicais numa igreja sinodal; (7) Trazer para a discussão os questionamentos levantados pelas estruturas participativas na Igreja e os limites impostos pelo atual Código de Direito Canônico, em vista de sua reformulação; (8) Contribuir na avaliação dos atuais processos de formação teológico-pastoral e espiritual de leigos e leigas, religiosos e religiosas, seminaristas, perguntando-se até que ponto eles estão formando na perspectiva de uma Igreja sinodal, que de fato caminha rumo à comunhão, participação e missão.

O Grupo de Pesquisa "Teologia e Pastoral", do Programa de Pós-Graduação em Teologia da FAJE, foi a instância inicial de discussão sobre a temática e a organização do 2º Congresso Brasileiro de Teologia Pastoral. As instituições de ensino e pesquisa em Teologia, que haviam participado em 2021, juntamente com outras, de vários lugares do país, também se envolveram, contribuindo assim para tecer relações e organizar atividades acadêmicas com enfoque pastoral num verdadeiro espírito científico e sinodal[2]. Além de Conferências, foram propostos Painéis, Seminários, mesas de Comunicações e uma "Roda de Conversa". A Coordenação Central de Atividades de Extensão Universitária da

---

2. Além da FAJE, Instituto Santo Tomás de Aquino (ISTA), Instituto Dom João Resende Costa (PUC Minas) e Centro Loyola, responsáveis pela realização do 2º Congresso Brasileiro de Teologia Pastoral, também participaram como instituições copromotoras: Faculdade Católica de Feira de Santana (BA), Faculdade Católica de Fortaleza (CE), Faculdade Católica de Santa Catarina (FACASC), Faculdade Diocesana São José (FADISI/AC), Instituto São Paulo de Estudos Superiores (ITESP), Instituto de Teologia do Seminário São José (Mariana, MG), Instituto Católico de Estudos Superiores do Piauí (ICESPI/PI), Instituto Humanitas Unisinos (IHU/RS), Departamento de Teologia da PUC Rio e da PUC RS, Faculdade de Teologia da PUC SP, Faculdade de Teologia da PUC PR (Campus Londrina), Departamento de Teologia da PUC Campinas, União das Faculdades Católicas de Mato Grosso, Departamento de Teologia da UNICAP, Departamento de Teologia da UCSAL (Salvador, BA), o Movimento da Boa Nova (MOBON).

FAJE (CCAEU) e o Setor de Comunicação da instituição ofereceram apoio logístico para as questões práticas de organização do evento. As atividades foram realizadas em formato virtual, através dos Canais do YouTube da FAJE, do Instituto de Filosofia e Teologia Dom João Resende Costa (PUC Minas), do Centro Loyola, do Instituto Santo Tomás de Aquino, e da Plataforma Teams, da FAJE. A Revista *Annales FAJE* publicou, no v. 7, n. 2, de 2022, boa parte das Comunicações apresentadas. O apoio do Programa de Excelência (PROEX), da CAPES, ofereceu apoio para a realização do Congresso e, sobretudo, para a publicação desta obra, que teve ainda o apoio de Edições Loyola.

A organização dos capítulos não segue à que foi adotada pela programação do evento. A obra está dividida em seis partes. A primeira, "A sinodalidade na história e na Igreja do Brasil", traz três capítulos, um sobre o conceito de sinodalidade e suas diversas "traduções" na história (Luiz Antônio Pinheiro), outro sobre a retomada desse conceito pelo Papa Francisco (Francisco Aquino Junior), outro sobre a experiência sinodal vivida pela Igreja do Brasil a partir do Concílio Vaticano II (Ney de Souza). A segunda parte, "A sinodalidade em outras Igrejas cristãs", é composta de dois capítulos, um sobre a experiência sinodal da Igreja Evangélica de Confissão Luterana no Brasil (Marcos Jair Ebeling) e outra sobre a experiência sinodal da Igreja Presbiteriana Independente do Brasil (Cleusa Caldeira). A terceira, "Expressões e espaços de sinodalidade", reúne dois textos, um sobre os aspectos canônicos da sinodalidade (Alberto Montealegre Vieira Neves, José Carlos Linhares Pontes Júnior), e outro sobre os ministérios leigos numa Igreja sinodal (Maria Inês de Castro Millen). A quarta parte, "Experiências sinodais na Igreja católica do Brasil", traz cinco contribuições: uma sobre o planejamento participativo como pedagogia de construção de uma Igreja sinodal (Manoel José de Godoy), outra sobre a experiência sinodal vivida nos Intereclesiais das CEBs (Marilza Schuina), outra sobre as Assembleias dos Organismos do Povo de Deus (Laudelino Augusto dos Santos Azevedo), outra sobre a experiência sinodal vivida pelo Conselho Indigenista Missionário (Paulo Suess), outra sobre a experiência de assessoria do Setor Pastoral Social da CNBB (Maria Soares Camargo). A quinta parte, "Desafios e obstáculos à sinodalidade", possui quatro textos: um sobre os desafios de se pensar a questão "mulheres e sinodalidade" (Alzirinha Souza), dois sobre o clericalismo e o novo clero no Brasil (João Décio Passos; Andréa Damacena Martins), um sobre os desafios de uma formação em perspectiva sinodal nos seminários (Carlos Sérgio Viana). A última parte, "horizontes da sinodalidade", traz quatro textos: um texto sobre a Conferência de Aparecida (Dom Dimas Lara Barbosa), outro sobre a experiência da Primeira Assembleia Eclesial (Maria Inês Vieira Ribeiro), outro sobre a conversão à qual a Igreja do continente latino-americano e caribenho é chamada (Maurício López Oropeza), e outro com um balanço sobre a "escuta" realizada na Igreja do Brasil e da América Latina e Caribe (Geraldo Luiz De Mori). O último texto não corresponde a um conteúdo apresentado no 2º Congresso. Ele foi inserido nesta obra pelo fato dela ter sido publicada após a elaboração da "síntese" da escuta feita na Igreja do Brasil e da "síntese" dos encontros regionais organizados para a etapa continental na América Latina e Caribe, processos nos quais o autor esteve envolvido e que ajudam a ampliar o horizonte da discussão do tema.

As temáticas abordadas no 2º Congresso Brasileiro de Teologia Pastoral, reunidas nessa obra, oferecem uma contribuição importante para a discussão da problemática da sinodalidade na Igreja, mas também para as pesquisas acadêmicas que se interessam pelo modo como se organiza uma das instituições religiosas com maior presença e capilaridade no país, tendo marcado profundamente sua história e hoje se defrontando com novos e urgentes desafios para seguir realizando sua missão, que, sem dúvida é a do anúncio do Evangelho de Jesus Cristo numa sociedade ainda marcada por enormes disparidades entre ricos e pobres, mas também cada vez mais impactada pela fragmentação e pela supervalorização do indivíduo pós ou hipermoderno. Oxalá os textos aqui publicados possam contribuir para fazer avançar certas discussões e para abrir novos horizontes, tanto na instituição eclesial privilegiada nos textos, quanto na sociedade em que ela está atuando.

Primeira Parte

A SINODALIDADE NA HISTÓRIA E NA IGREJA DO BRASIL

1
A história da sinodalidade

Luiz Antônio Pinheiro

Introdução

Um pouco antes de encerrar o Concílio Vaticano II, Paulo VI, pela Carta Apostólica *Motu proprio Apostolica sollicitudo* (1965), criava o Sínodo dos Bispos, um órgão consultivo formado por bispos representantes de vários lugares do mundo, para auxiliá-lo no governo da Igreja. Esta instituição tornou-se uma espécie de "conselho permanente", constituído por assembleias periódicas dos bispos para tratar temas importantes da vida da Igreja. Tais assembleias classificam-se em assembleias ordinárias, assembleias extraordinárias e, quando se trata de abordar temas específicos de uma ou mais regiões, assembleias especiais.

Na Constituição Apostólica *Episcopalis communio* (2018), o Papa Francisco, reconhecendo a evolução por que passou o Sínodo, de acordo com as circunstâncias e as necessidades dos tempos, acentuou sua importância e a necessidade de revisá-lo também periodicamente. No seu discurso em comemoração pelo 50º aniversário da criação do Sínodo (17/10/2015), ele usou a expressão que se tornou uma espécie de mote reproduzido à exaustão no processo sinodal por ele desencadeado: "O caminho da sinodalidade é precisamente o caminho que Deus espera da Igreja do terceiro milênio". Logo a seguir, o Papa declarou: "Aquilo que o Senhor nos pede, de certo modo está já tudo contido na palavra 'Sínodo'. Caminhar juntos – leigos, pastores, Bispo de Roma – é um conceito fácil de exprimir em palavras, mas não é assim fácil pô-lo em prática" (FRANCISCO, 2015).

"Sinodalidade" é um neologismo recente. No entanto, a realidade que ele evoca pode ser encontrada no nascedouro da Igreja, que, "convocada pelo Senhor, como assembleia santa" (ἐκκλησία), sabe-se peregrina, Povo de Deus a caminho. A inspiração desse "caminhar juntos", sob a guia do Espírito Santo, está presente na Igreja primitiva e, muito cedo, institucionalizou-se nos sínodos ou concílios, numerosos a partir do século III.

Este artigo não tem a pretensão de traçar uma "história da sinodalidade", mas apresentar alguns tópicos da sinodalidade da Igreja ao longo dos séculos. Esta bimilenar experiência, "que deu certo", pode ainda ajudar os batizados e batizadas a discernirem os "caminhos do Espírito" no já avançado século XXI.

1. A inspiração sinodal da Igreja Primitiva

A palavra sínodo (reunião) vem do grego, formada pelos termos συν (junto, com) + ὁδός (caminho) e pode ser compreendida de forma mais extensa como *caminho a ser feito junto, caminhar juntos*. Os sínodos constituem uma das mais importantes manifestações da vida eclesial dos primeiros séculos.

A Igreja nascente apropriou-se de muitos termos dos ambientes em que se inseriu, sobretudo de origem hebraica, grega e romana, reinterpretando-os e dando-lhes um significado próprio. O mesmo ocorreu com várias instituições do mundo antigo, que serviram de modelo para a organização eclesiástica. Quando começaram a aparecer problemas de ordem dogmática, litúrgica, disciplinar e pastoral, com a finalidade de buscar a comunhão entre as Igrejas, seus líderes se reuniam para juntos encontrarem a melhor solução.

Os sínodos ou concílios tomaram como modelos o sinédrio hebraico, o senado romano e as assembleias do mundo greco-romano. Os termos σύνοδος e *concilium* eram usados como sinônimos. Em sentido geral, designavam uma assembleia civil e logo também passaram a denominar as assembleias eclesiásticas. Há uma alternância dos termos *concilium* e *synodus* até alcançarem um sentido mais técnico após longa evolução semântica.

Jesus reuniu em torno de si discípulos, que se reuniam e caminhavam com ele em sua missão; eles também frequentavam o Templo e as sinagogas. Nos primeiros tempos, os cristãos, seguidores do "Caminho", iam à oração no Templo e se reuniam em casas particulares, nas quais se formaram as primeiras comunidades: "Eles eram assíduos à pregação dos apóstolos, fiéis à comunhão fraterna, à eucaristia, às orações" (At 2,42).

Os cristãos tomaram de empréstimo elementos da reunião sinagogal, onde se faziam leituras, cantos, orações e homilia, e juntaram também o que Jesus mandara perpetuar em sua memória, a *fractio panis*, o sacramento do Senhor, invisivelmente presente entre aqueles que se reúnem em seu nome. Dessa forma, a – ἐκκλησία – *ecclesia* atualizava em chave cristã a *qahal* (assembleia convocada em torno do Senhor). Nessa acepção, a assembleia expressa visivelmente o vínculo e a unidade dos cristãos, os quais, mesmo na sua dispersão, formam "um coração e uma só alma", um só corpo, como é simbolizado pelo único pão composto de diversos grãos (*Didaché* 9,10).

A "sinodalidade", que comporta os elementos da comunhão e colegialidade, possui seu fundamento na vida apostólica e nas primeiras comunidades. O princípio da colegialidade tem sua raiz no grupo dos "Doze", escolhidos por Jesus, os quais aparecem nitidamente como um "colégio". Não agem individualmente, mas colegialmente. (*cf.* Mt 6,7.30). A tradição evangélica é unânime em apresentá-los como enviados de Jesus, uma missão que perpassa a vida terrena do Cristo (*cf.* Mt 10,16-42 e 28,19-20). Pedro aparece como chefe e porta-voz dos demais (*cf.* Mt 16,18; 10,2; Lc 22,32; Jo 21,15-17). Essa "colegialidade" acompanha o nascimento e a difusão da Igreja (*cf.* At 1,8.15-26; 6,1-6). A Igreja, diante de novas dificuldades, buscou responder criativamente aos problemas que iam surgindo. Nos vários contextos em que se difundiu a missão cristã, sob a aparente diversidade, existe uma profunda continuidade (HALLEUX, 1993, p. 433-454).

O assim chamado "Concílio de Jerusalém" (At 15,6-23) é um exemplo paradigmático desse caminho em conjunto. A primeira crise da Igreja, o conflito entre judaizantes e helenizantes, é resolvida num "sínodo", com a presença dos apóstolos, dos anciãos e dos enviados da Igreja de Antioquia, Paulo e Barnabé.

A dinâmica da assembleia se desenrolou da seguinte maneira: houve uma solicitação da comunidade de Antioquia acerca do que constituía um autêntico seguimento de Jesus Cristo; para ser um bom cristão era necessário que os advindos da gentilidade se submetessem a certas usanças judaicas, como a circuncisão, as abluções e outros costumes?

Houve uma pronta acolhida da comunidade de Jerusalém onde se realizou a reunião; no encontro Paulo e Barnabé fizeram um relato da situação; seguiu-se uma acalorada discussão; houve o testemunho de fé de Pedro, seguido do discernimento e orientações de Tiago.

Por fim, chegaram a um consenso sobre os pontos essenciais que deviam ser seguidos por todos. À comunidade de Antioquia é enviada uma "carta apostólica", na qual se expressa a alegria da comunidade com a paz restabelecida. A fórmula final tornou-se uma fórmula de ratificação das decisões, assumida pela posteridade: "o Espírito Santo e nós decidimos…". Na diversidade, a escuta, o diálogo, a oração, o discernimento e a decisão à luz do Espírito Santo tornaram-se critérios da "prática sinodal".

2. A sinodalidade nos Padres Apostólicos e o nascimento da experiência sinodal

O cristianismo antigo era muito plural. As Igrejas espalhadas "até os confins do mundo" se sentiam unidas, mesmo na grande diversidade. Apesar da autonomia de cada comunidade, as Igrejas não vivem fechadas sobre si mesmas. Inácio de Antioquia é o primeiro a falar da "Igreja

Católica" – ἐκκλεσία καθολική (*Ep. Philad.* 3,2). Há uma "consciência sinodal" de toda a Igreja: todos os membros são σύνοδοι, companheiros de caminho, em virtude da dignidade batismal e amizade com Cristo (*Ep. Efésios*). A unidade, a ordem e a harmonia se expressam na comunidade presidida pelo bispo, tendo sua máxima expressão na celebração eucarística. Essa convicção de ser "Igreja Católica", de ser na unidade da Igreja, supõe uma unidade de fé e disciplina.

Na primeira metade do século II vê-se uma Igreja que enfrenta dois grandes perigos: externamente, a perseguição pela autoridade imperial e, internamente, as dissensões e cismas, com o surgimento das "heresias": judaizantes, gnósticos e tantas outras. Estamos diante de uma necessidade sociológica (perigos externos e internos) e de um imperativo teológico (dimensão trinitária da comunhão).

Irineu de Lião fundamenta a unidade da Igreja na unicidade de Deus, de seu único Filho, no querigma pregado em todo o orbe, na unidade dos dois Testamentos, na autoridade dos bispos. As Igrejas mais antigas, dentre as quais se sobressai a de Roma, genuinamente apostólicas, transmitem a *regula fidei*. A unidade da fé e da moral tem sua base na tradição dos apóstolos, consignada no *depositum*, custodiado pelos bispos e transmitido aos seus sucessores (IRINEU DE LION, *Adversus haereses*, III,1,1-4,3).

Cipriano de Cartago formula o princípio episcopal e sinodal que rege a Igreja local e universal: por um lado, na Igreja local nada deve ser feito *nihil sine epíscopo* (bispo), e, por outro, *nihil sine consilio vestro* (presbíteros e diáconos) *et sine consensu plebis* (povo de Deus). Os critérios da comunhão baseiam-se na fundação da Igreja sobre o colégio apostólico, a tradição apostólica, a tradição viva (os bispos), a liturgia, o credo, as Escrituras, na guia do Espírito Santo. A Igreja se entende como "comunhão de comunhões" (κοινωνία των κοινωνικών).

No século II, o montanismo, uma corrente "carismática" surgida na Frígia, convulsionou a Ásia Menor e suscitou a realização de sínodos locais e regionais desde Roma ao Oriente. Notória é a participação de leigos nessas reuniões. A prática de enviar "cartas sinodais" das decisões conciliares às Igrejas foi-se consolidando. No final do séc. II (por volta de 190), eclodiu a controvérsia pascal, sob o bispo Vítor, de Roma. Havia dois costumes relacionados à celebração da Páscoa: o quatordecimano e o dominical. Vítor queria impor o costume do Ocidente, a celebração da Páscoa no domingo da lua cheia da primavera. Uma vez mais, das Gálias à Mesopotâmia, realizaram-se muitos sínodos locais e regionais. Mantiveram-se os dois costumes e a paz voltou a reinar entre as Igrejas.

Nos finais do século II e inícios do III, desponta a tradição conciliar africana, com regularidade. Episodicamente aparecem os concílios do Egito (alguns deles firmaram a condenação de Orígenes). Vemos a condenação do batismo dos hereges pelos sínodos africanos (*ca.* 220). Os sínodos de Cartago postulavam a necessidade de um novo batismo, e divergiam das decisões de Roma e de outras Igrejas (256), que defendiam um único batismo, ocasionando uma grave tensão. Um dos complicadores era o que fazer com os *lapsi*, aqueles que sucumbiram na perseguição de Décio (249-251) e pediam o retorno à comunhão com a Igreja: as posições pendulavam entre o rigorismo e a misericórdia.

Nas Gálias, assistimos ao desenvolvimento do episcopado durante o século II; no entanto, o primeiro concílio só ocorrerá no século IV. Na Hispânia ainda que os bispos tivessem uma consciência "colegial", havia uma situação de isolamento interno em relação às outras Igrejas. No século III, constata-se a realização de muitos sínodos tanto dentro das fronteiras do Império como fora dele, envolvendo questões disciplinares, litúrgicas e doutrinárias. Destacam-se os sínodos realizados em Antioquia, Alexandria e Aquileia. No século IV, ganham proeminência os concílios de Elvira, Roma, Ancira, Arles, Antioquia. De particular importância reveste-se o Concílio de Arles (314), que condenou o donatismo e definiu a data da Páscoa comum para todas as Igrejas de acordo com o uso ocidental. Foi o primeiro concílio convocado pela autoridade civil, o imperador Constantino.

No século IV, já vemos bem delineadas as províncias eclesiásticas. Geralmente coincidiam com as províncias civis, em cujas capitais se encontravam os metropolitas, que disputavam, em algumas regiões, a hegemonia da autoridade com os primazes, às vezes de Igrejas muito antigas, mas já sem tanta expressão. A esta altura, a instituição sinodal já estava bem consolidada, e multiplicam-se os sínodos provinciais (JEDIN, 1980, p. 319-338).

Os concílios antigos, a maior parte deles antes da guinada constantiniana (313), caracterizam-se pelo grande número de bispos presentes: têm maior autoridade quanto mais numerosos. Havia grande liberdade de expressão, às vezes de forma bem intempestiva. Primavam pela unanimidade das decisões episcopais, tanto num mesmo concílio como entre os diversos concílios, pois era fundamental a aprovação de outras Igrejas, como sinal de comunhão. Desde tempos imemoriais se conservou o costume de enviar cartas sinodais às Igrejas, como forma de comunicar as decisões e buscar a sua aprovação. Os bispos atribuem uma grande autoridade aos concílios, dando-lhes um caráter definitivo. Sentiam-se particularmente comprometidos com as decisões conciliares (DI BERARDINO, 2001, p. 46-61).

3. Os Concílios Ecumênicos da "Igreja unida"

No início do século IV, a questão ariana convulsionou a Igreja, assumindo uma proporção que envolveu, uma vez mais, tanto o Oriente como o Ocidente. Talvez esta tenha sido uma das maiores crises do cristianismo dos cinco primeiros séculos (SIMONETTI, 1975). O contexto do cristianismo mudou radicalmente. Em 313, a Igreja cristã, juntamente com outras religiões, ganhou liberdade de culto. O cristianismo, que já atingira os altos escalões da sociedade, era uma força que não podia ser desconsiderada. Poderia dar a unidade político-religiosa que a antiga religião imperial já não conseguia oferecer. Constantino privilegiou a Igreja Católica (a "grande Igreja") e, em 380, Teodósio decretou o cristianismo como religião oficial do Império Romano.

As questões religiosas diziam respeito não apenas às comunidades cristãs, mas se transformaram em questões de Estado. A "era de ouro" dos Padres da Igreja, com o desenvolvimento da liturgia, catecumenato, espiritualidade e teologia, foi também a época dos grandes concílios ecumênicos. Aqui apenas os nominamos, procurando destacar-lhes as características principais. Em 325, realizou-se, em Niceia, o Concílio que definiu a divindade do Filho, contra a heresia ariana. O I Concílio de Constantinopla (381) ocupou-se da divindade do Espírito Santo, contra os macedonianos, e a completa humanidade do Filho, contra os apolinaristas. Éfeso (431), contra Nestório, definiu a maternidade divina de Maria: Maria é a mãe do Deus/Verbo encarnado (*Theotókos*). O dogma da "união hipostática" encontrou sua definição bem elaborada, com a "comunicação das propriedades" do divino ao humano e do humano ao divino em Calcedônia (451), contra o monofisismo de Êutiques.

No decorrer deste século e meio dos quatro primeiros concílios ecumênicos, firmou-se a base institucional da unidade da Igreja Antiga, por meio da Pentarquia, os cinco Patriarcados que se tornaram a referência visível no contexto da Cristandade: Roma, Constantinopla, Antioquia, Alexandria e Jerusalém. Nesses concílios se definiram os dogmas centrais da fé cristã, de caráter cristológico e trinitário. Além disso, junto aos decretos dogmáticos se estabeleceram os cânones disciplinares, base do "direito canônico". Havia ao lado dos bispos "padres conciliares", a participação aberta tanto de teólogos como leigos. Pouco a pouco cresceu a influência dos patriarcas. Havia também a participação de representantes dos ambientes monásticos, devido a seu crescente prestígio espiritual e social.

Esses concílios diferenciavam-se dos antigos nos seguintes aspectos: aqueles eram locais e regionais, estes universais (ecumênicos); os antigos eram convocados pelos bispos, e estavam disseminados pela cristandade, os ecumênicos pelos imperadores, e se realizaram todos na parte oriental do Império. Aqueles, quando se realizavam em Roma, eram presididos pelo Papa; estes, eram presididos por legados imperiais e o Papa se fazia representar por legados apostólicos. Antes da liberdade de culto, os ordenamentos conciliares limitavam-se à vida interna da Igreja e ela, apesar das perseguições, gozava de grande "liberdade evangélica". Quando o cristianismo se tornou religião oficial, os cânones tornam-se leis imperiais e a liberdade estava condicionada nos moldes de uma "Igreja imperial" (JEDIN, 1961).

O instituto do "concílio ecumênico" que nasce com Niceia constitui um salto de qualidade em relação ao passado. Nenhuma assembleia anterior teve tanta autoridade e representatividade como Niceia. Cada vez mais são tratadas questões de ordem dogmática. O concílio assume o caráter de uma "instância processual": preparado por sínodos e concílios locais e regionais, após sua realização é seguido por outros e assim sucessivamente. Nas suas linhas fundamentais, as definições desses concílios constituem atualmente, em termos dogmáticos, a base para o diálogo ecumênico entre as Igrejas Católica e as Igrejas Ortodoxas e as Igrejas da Reforma Protestante.

Os quatro concílios que se seguiram, encontram-se no contexto da Cristandade medieval, e trataram questões decorrentes das definições tomadas nos quatro anteriores e foram realizados ainda antes do Cisma Oriental (1054): II Constantinopla (553), III Constantinopla (881), II Niceia (787), IV Constantinopla (969-970).

4. A experiência sinodal das Igrejas Ortodoxas e os Concílios papais medievais

No Oriente, a práxis sinodal se consolida a partir do séc. III. Cada Igreja zela por sua autonomia e procura fundamentar a sua Apostolicidade, buscando a ligação com algum dos Apóstolos ou de seus sucessores. Mesmo assim, devido ao profundo sentimento de unidade, toda decisão que ultrapassa a competência do bispo local deve ser assumida sinodalmente. O bispo primaz goza de honra e garante a unidade em uma nação, mas não deve fazer nada sem o consentimento de todos. O metropolita possui, em nível provincial, a função de convocar e presidir os concílios, função que paulatinamente passa a assumir o patriarca.

Com o esfacelamento do Império Romano no Ocidente, sobretudo no Oriente se fez sentir a ingerência do Estado na vida da Igreja.

A formação das sés metropolitanas e a disputa pela hegemonia entre os Patriarcados, sobretudo entre Antioquia, Alexandria e Constantinopla, eram temas recorrentes nos sínodos regionais. O avanço do islamismo e o domínio árabe caíram como um duro golpe sobre regiões tradicionalmente cristãs. Nessa conjuntura, os patriarcados de Alexandria, Antioquia e Jerusalém perderam sua força e a influência dos patriarcas viu-se limitada enormemente, na busca de um *modus vivendi* com as autoridades muçulmanas. No entanto, a vida interna da Igreja continuava a ser regulada, dentro do possível, por meio da realização dos sínodos.

Assim se compreende a importância e a hegemonia da Sé de Constantinopla no Oriente, em que se consolidou a prática do "sínodo permanente". O progressivo distanciamento que, por múltiplos fatores, levou ao cisma de 1054, com a recíproca excomunhão entre Roma e Constantinopla, não apagou de todo, no entanto, a luz de que a unidade poderia se restabelecer em algum sínodo comum. O avanço turco e a formação do Império otomano, com a queda de Constantinopla em 1493, reconfigurou o mapa cristão no Oriente. Os sucessivos eventos que marcaram a história da área de influência do Patriarcado Ecumênico de Constantinopla, do Império turco à moderna Turquia, não impediram, no entanto, que o "sínodo permanente" se consolidasse e se mantivesse até os dias de hoje. No ínterim, com a ascensão da Terceira Roma, um novo Patriarcado, o de Moscou, aparece no cenário. Também aí a instituição sinodal adquire particular importância.

A Igreja Católica lista o Concílio Vaticano II como o 21º Concílio Ecumênico. Nesta lista, após os oito concílios ecumênicos, de comum patrimônio com as Igrejas Ortodoxas, soma os concílios medievais que, na verdade, foram "sínodos papais", todos realizados no Ocidente, com escassa participação, em um e outro caso, de representantes das sés orientais.

Após a queda de Roma, em 476, o Império Romano do Ocidente se esfacelou em muitos pequenos reinos, que digladiavam entre si pela disputa territorial. O bispo de Roma viu-se numa situação muito peculiar, constituindo-se como Patriarca de todo o Ocidente, ainda que houvesse outros patriarcados menores que, no entanto, tiveram apenas influência regional. O papa sentiu-se herdeiro e defensor da *romanitas* e empreendeu, por meio do monacato, a cristianização da "Europa bárbara". Nesse contexto, assume significativa importância a constituição das arquidioceses metropolitanas, que, no cenário do feudalismo, serviam de ponte entre o papado e as regiões estratégicas para assegurar a unidade da Cristandade. O desenvolvimento do regime de Cristandade, união da Igreja ao Estado, em que muitas vezes a Igreja se viu sufocada pelo domínio de reis, príncipes e senhores feudais, constitui um enorme condicionador para a evangelização. Na luta pela *libertas Ecclesiae*, contra as investiduras leigas, se entende, entre outros aspectos, a formação dos Estados Eclesiásticos.

Em meio a esse equilíbrio de forças, multiplicaram-se sínodos regionais que, por um lado, abordavam questões internas da Igreja e, por outro, representavam o esforço de colaboração entre o poder temporal e o poder religioso, para assegurar a sobrevivência da civilização e da fé cristã. Nessa linha encontram-se os concílios toledanos na Hispânia Visigótica, os sínodos britânicos, como o de Whitby (664), e os sínodos régios ou nacionais, como as assembleias capitulares no império franco, em que se destaca a série de Concílios de Aquisgrana, sob Carlos Magno (século IX).

Cabe aqui um aceno à "experiência sinodal" que se desenvolveu no monacato e nas demais experiências de vida consagrada na Idade Média. O monacato iniciou-se como experiência de consagração laical. As necessidades da Igreja fizeram com que se clericalizasse ao longo do tempo. Sua inspiração encontra-se na "Regra de Vida" dos Apóstolos, no modelo da primitiva comunidade cristã. Em momentos de crise, como a crise ariana, no século IV, ou na decadência do "século de ferro", os monges deram sua contribuição no movimento de retorno à simplicidade evangélica. Assim se deu com Cluny e depois com Cister, no século XI. O modelo de organização dos cistercienses, com seus capítulos provinciais e gerais; os cônegos regulares com a vida em comunidade nas colegiatas das catedrais testemunham um estilo de vida sinodal na Cristandade medieval.

O sínodo romano, instituição que se manteve, entre altos e baixos, durante a primeira metade da Idade Média, servirá de base para a organização dos sínodos papais medievais, considerados como "concílios ecumênicos", pela Igreja Católica. Estes sínodos serão a expressão da *christianitas*, com o seu ideal de condução de tudo e todos à unidade, a *reductio ad unum*, em que se congregam bispos, abades, superiores gerais, príncipes, legados imperiais, sob a presidência do papa ou de seus legados.

Para constância, nos contentamos aqui em citá-los: I Latrão (1123); II Latrão (1139); III Latrão (1179); IV Latrão (1215); I Lion (1245); II Lion (1274); Vienne (1311); Constança (1414-1418); Basileia-Ferrara-Florença (1431-1439). No contexto do Cisma Ocidental (1378-1417), em que a Cristandade ocidental se viu dividida, sendo governada por dois e depois três papas, foi sintomático o surgimento da "teoria conciliarista" que postulava, em momentos de crise, a supremacia do Concílio sobre um possível papa herético ou cismático. Foi no Concílio de Constança que se conseguiu a unidade da Igreja e se reafirmou a práxis eclesial, no Ocidente, da legitimidade de um concílio convocado, dirigido e aprovado pelo papa.

5. Os Concílios da Idade Moderna e a experiência sinodal das Igrejas da Reforma

A "reforma gregoriana", operada por Gregório VII e seus sucessores, reacendeu na Cristandade o desejo de retorno à pureza e simplicidade da Igreja apostólica, mesmo em meio às contradições impostas pelo regime de Cristandade. Nessa linha, inserem-se, principalmente, a partir do século XI, os movimentos de espiritualidade de corte mais radical, que questionavam as riquezas da Igreja institucional, vários deles de caráter herético. Destacam-se aqui as novas famílias de vida consagrada, de caráter eremítico, as ordens contemplativas, hospitalares e mendicantes e, um pouco depois, os "irmãos e as irmãs de vida comum", sob o influxo da *devotio moderna*. Vale salientar que, em geral, nos seus inícios, essas agremiações eram de caráter laical e, pouco a pouco, foram se clericalizando. De forma espontânea, traziam no seu bojo aquele desejo de "caminhar juntos" e representavam o *sensus fidelium*, um elemento que, de uma forma ou de outra, sempre esteve presente nos concílios e sínodos oficiais.

A decadência da Cristandade medieval foi acarretada pela crise de autoridade, estampada no "exílio de Avinhão" e no Cisma Ocidental, somando-se a ela a grande mortandade, o avanço turco, as debilidades institucionais no seio da hierarquia. Diante dessas vicissitudes, o clamor por uma reforma *in capite et in membris* se fazia sentir por toda a Cristandade. Uma vez mais, era a convicção de que um concílio universal seria o caminho. O V Concílio de Latrão (1512-1515) não conseguiu realizar a pretendida reforma.

Então eclodiu a Reforma Protestante, em várias vertentes, na Alemanha, Suíça, Países Baixos, Inglaterra. Esperava-se que um concílio universal suturasse o tecido cindido da Cristandade. Depois de muitos reveses, finalmente foi convocado o Concílio de Trento, que promoveu a reforma católica, um concílio conturbado que aconteceu em várias etapas, por dezoito anos (1545-1563). Apesar de ter um caráter de contrarreforma, foi a resposta católica à urgência de uma reforma, cujo influxo teve uma vigência de quase quatro séculos na vida da Igreja, com reflexos na mentalidade, no imaginário eclesial e na pastoral até os dias de hoje. Sua prerrogativa foi eminentemente eclesial, os príncipes participaram sem direito a voto.

Perdeu-se a consciência de uma *congregatio fidelium* (*sensus fidei fidelium*), ou pelo menos esta ficou em segundo plano. Por outro lado, foi este concílio que urgiu a realização no orbe católico dos concílios provinciais trienais e os sínodos diocesanos anuais. Um dos grandes propulsores da disciplina tridentina foi São Carlos Borromeu, que, na sé milanesa, realizou 5 sínodos provinciais e 11 sínodos diocesanos. No compasso da expansão colonizadora ibérica, com o estabelecimento da Cristandade colonial, realizaram-se muitos concílios e sínodos nos moldes do que foi estabelecido por Trento.

O Concílio Vaticano I (1869-1870), já na era contemporânea, aconteceu no contexto de uma Igreja que, para defender-se do mundo moderno, fechou-se em si mesma, acabando por condenar a modernidade. O processo revolucionário, em cujo bojo se destacam a independência das treze colônias da América do Norte, a Revolução Francesa, as revoluções liberais europeias e o processo de emancipação das colônias latino-americanas, representou para a Igreja um grande desafio. Era inaceitável para uma Igreja que se pensava como *perfecta societas*, a separação entre a Igreja e o Estado. Também nesse contexto se explica a proclamação do dogma da infalibilidade papal. No entanto, diante dos extremismos do racionalismo e do fideísmo, as proposições sobre a fé foram de um grande equilíbrio. A eclesiologia da *perfecta societas* mostra-se como a coroação de um processo iniciado em Trento, prevalecendo uma concepção piramidal da Igreja, em que a hierarquia aparece como a *Ecclesia docens* e o povo cristão como *Ecclesia discens*.

Na tradição evangélica, das "Igrejas da Reforma", firmaram-se os princípios da *sola gratia, sola fides, sola Scriptura*. Na tradição luterana, a centralidade da Palavra e a concepção do sacerdócio comum dos fiéis, derivante do batismo, trouxe consigo a visão de que todos os fiéis participam da eleição dos ministros e são responsáveis pela fidelidade ao Evangelho e pelo ordenamento eclesiástico. Várias Igrejas evangélicas se estruturaram em um "Estado evangélico" (*cujus regius eius religio*). O pacifismo anabatista questionou essa pertença sociológica e postulou a necessidade da profissão pessoal da fé. Na tradição calvinista, destacam-se os quatro ministérios (pastores, doutores, presbíteros e diáconos); o presbítero representa a dignidade e os poderes conferidos a todos os fiéis no batismo. Presbíteros e pastores são responsáveis pela comunidade local. A assembleia sinodal conta com ampla participação dos demais ministros e fiéis. Na Comunhão Anglicana, a praxe sinodal é uma constante. *The Church is sinodically governed but episcopally led*:

busca-se a sinergia entre carisma e autoridade episcopal, concebendo-se o dom do Espírito Santo sobre toda a comunidade

6. A experiência sinodal da América Latina e a experiência sinodal da Igreja estadunidense

A América Latina tem uma longa experiência sinodal, que remonta aos albores da primeira evangelização, já no século XVI. No processo da expansão ibérica, entendida como dilatação do "Império de Cristo", a evangelização se deu sob o regime do Padroado. Mesmo em meio às muitas contradições, "luzes e sombras" desses condicionamentos históricos, aconteceu um "caminhar juntos", em que se constata a realização de muitas juntas, sínodos e concílios, sobretudo na época colonial. A maior parte deles de acordo com as prescrições tridentinas (SUESS, 1992, p. 974-977). A título de exemplo, podemos citar as Juntas Apostólicas mexicanas, a primeira delas em 1524, sob Fr. Martín de Valencia, OFM; sob Frei Juan de Zumárraga, OFM, antes e depois de Trento, realizaram-se numerosas juntas. Em 1539, ocorreu o I Sínodo de Santo Domingo. Em 1555, o I Concílio Mexicano, sob Fr. Alonso de Montúfar, OP.

De grande significado histórico revestem-se os Concílios Limenses, em que estavam em jogo os temas da defesa da dignidade dos indígenas e da inculturação. Destaca-se a figura ímpar de Santo Toríbio de Mogrovejo, que realizou em Lima 5 sínodos provinciais e 13 sínodos diocesanos. No Brasil colonial ocorreu apenas um sínodo, o Sínodo Provincial da Bahia (1707), fruto do qual saiu o ordenamento eclesiástico-civil que vigorou na época colonial e imperial, as "Constituições Primeiras do Arcebispado da Bahia".

Em 1899 realizou-se em Roma o I Concílio Plenário Latino-americano que representa, na conjuntura do difícil relacionamento entre Igreja e Estado, a tentativa da construção de uma nova Cristandade, com o influxo do movimento ultramontano e a reconquista do espaço católico na sociedade. Este concílio determinou nesse novo contexto a realização regular de sínodos diocesanos e concílios provinciais. A criação de muitas dioceses e a estruturação de numerosas províncias eclesiásticas deu o ensejo para a organização de muitas "conferências episcopais", autênticos concílios provinciais, que emanavam cartas pastorais e deram início ao incipiente "afeto colegial" entre os bispos do continente.

Em 1939, ocorreu o I Concílio Plenário Brasileiro, liderado pelo Cardeal Leme. A Conferência Nacional dos Bispos do Brasil (CNBB) foi criada em 1952. No compasso dessas "experiências sinodais", devemos ainda citar a criação da Conferência Nacional dos Religiosos (CRB), em 1954 e a Conferência Latino-americana dos Religiosos (CLAR), em 1958. Multiplicaram-se a partir de então secretariados, comissões e outras organizações eclesiais, que, de alguma forma, antecipam o que será sancionado no Concílio Vaticano II nos princípios de comunhão, participação e colegialidade.

Dentre esses organismos, cabe destacar a criação do Conselho Episcopal Latino-Americano (CELAM), desejo brotado na I Conferência Geral do Episcopado Latino-americano no Rio de Janeiro, em 1955. Trata-se de um organismo único em termos de Igreja no mundo, que conferiu à Igreja da América Latina e Caribe um jeito próprio de caminhar juntos. Sua maior expressão aparece nas conferências gerais do episcopado latino-americano e caribenho: Medellín (1968), Puebla (1979), Santo Domingo (1992), Aparecida (1987) e, recentemente, a Assembleia Eclesial da América Latina e do Caribe (2021). Ainda com jeito latino-americano de caminhar juntos, é necessário recordar as Comunidades Eclesiais de Base (CEBS), os Encontros Intereclesiais, as pastorais sociais, os conselhos de pastoral e numerosas entidades congêneres.

A Igreja Católica nos Estados Unidos da América tem uma história peculiar, pois conviveu, desde o início, com a separação entre Igreja e Estado, beneficiando-se com a experiência democrática e o clima de liberdade religiosa, ainda que sob muitas tensões. O primeiro bispo e arcebispo dos EUA, Dom John Carroll, SJ, participou na elaboração da

Constituição do país. A sé primacial de Baltimore foi pródiga na organização de sínodos, o primeiro deles ocorrido em 1829. Sucederam-se aí vários concílios provinciais (1852, 1866, 1884). Em 1852, havia 6 arcebispos e 35 bispos sufragâneos. Já em 1884, eram 14 arcebispos e 61 bispos sufragâneos, a ponto de se dizer que, no século XIX, os EUA eram o "lugar mais conciliar da Igreja Católica". O Catecismo de Baltimore (1885-1960) foi a base do ensino religioso em todas as escolas católicas. No processo sinodal atual, vários setores da Igreja nos EUA sonham com um "concílio plenário autenticamente católico", projetado para 2029.

Há uma série de organizações internacionais surgidas no século XX que expressam em nível laico o desejo de "caminhar juntos", poderíamos dizer em "espírito sinodal", com a consciência e o sentido de responsabilidade em prol da paz e da colaboração internacional, como a Organização das Nações Unidas (ONU), as cúpulas internacionais, o Fórum Social Mundial. Sem minimizar os interesses econômicos que há por trás de eventos como os jogos esportivos, olimpíadas e outros, podemos entrever também neles uma dimensão que aponta para o anelo de congraçamento universal no seio da humanidade. A Igreja, no seu caminho sinodal deve contar como "companheiros e companheiras de caminho" todas as pessoas de boa vontade, as instituições e eventos da humanidade que sinalizam o desejo e o compromisso de caminhar juntos.

Conclusão

O Papa Francisco, sem desconsiderar os aspectos disciplinar e dogmático da vida eclesial, tem uma perspectiva eminentemente pastoral, em sua busca de chegar aos homens e mulheres de nossa época. Há alguns "temas programáticos" de seu pontificado que denotam a "sinodalidade": a alegria do Evangelho, Igreja em saída, Igreja samaritana, pastor com cheiro de ovelha, o cuidado da Casa comum, tudo está interligado, a conversão ecológica, o pacto educativo global, a economia de Clara e Francisco, as periferias existenciais, a amizade social, a fraternidade universal.

Desde o início, Francisco imprimiu um "estilo sinodal" ao seu pontificado. A começar por sua aparição na sacada da basílica de São Pedro, quando a todos surpreendeu com o nome de Francisco, apresentando-se como bispo de Roma, pedindo ao povo que rezasse por seu pastor. Ele demonstra por gestos e palavras uma grande sensibilidade em relação às questões do mundo, reconhecendo a todos, principalmente os pobres, como companheiros e companheiras de caminho. A espiritualidade do encontro, construir pontes ao invés de muros, dão a tônica frente a um mundo marcado por extremas desigualdades e divisões. Sua ênfase no aspecto colegial no governo da Igreja, o reconhecimento do papel das Igrejas locais, a maior participação de leigos e leigas, sobretudo das mulheres, são alguns aspectos que demonstram seu estilo sinodal. Nesse caminho há alguns "verbos sinodais" que chamam a atenção: encontrar, dialogar, refletir, rezar, discernir, decidir e agir, nem sempre nesta ordem.

Francisco já realizou vários sínodos: em 2014, a 3ª Assembleia Geral Extraordinária (AGE), que tratou dos desafios pastorais da família no contexto da evangelização. Em 2015, realizou a 14ª Assembleia Geral Ordinária (AGO), com o tema da vocação e a missão da família na Igreja e no mundo contemporâneo. Já em 2018, na 15ª AGO, o foco foram os jovens, a fé e o discernimento vocacional. Em 2019, convocou a Assembleia Especial (AE) Panamazônica, "Amazônia: novos caminhos para a Igreja e para uma ecologia integral". Para 2021, ele havia convocado a 16ª AGO, que se realizará em 2023 e 2024, para tratar da sinodalidade na vida e na missão da Igreja.

O Sínodo sobre "A Sinodalidade na Vida e na Missão da Igreja", na intenção do Papa Francisco, deve resgatar uma categoria teológica central da eclesiologia do Concílio Vaticano II: a Igreja é Povo de Deus peregrino a caminho. Tal eclesiologia sublinha a comum dignidade e missão de todos os batizados na variedade dos carismas, vocações, ministérios. A sinodalidade indica o *modus vivendi et operandi* da Igreja, "povo de Deus que manifesta e realiza concretamente o ser comunhão no caminhar juntos, no reunir-se em assembleia e no participar ativamente de todos os seus membros em sua missão evangelizadora" (CTI, 2018, n. 6).

Este sínodo, ainda por realizar-se, enquanto assembleia, reveste-se de um significado especial, pois centra-se na própria maneira de ser da Igreja, vivida de muitas maneiras ao longo da história: unidade na diversidade, comunhão, colegialidade, participação, corresponsabilidade de todo o Povo de Deus (notas do Vaticano II retomadas e alargadas no processo sinodal). A sinodalidade aparece como uma "dimensão constitutiva da Igreja": "aquilo que o Senhor nos pede, em certo sentido, já está tudo contido na palavra 'sínodo'" – "caminhar juntos". Decorre das notas da própria Igreja: *una sancta catholica apostolica*, e poderíamos também afirmar, *et sinodalis*.

A instituição sinodal e a própria sinodalidade da Igreja não são uma novidade, como o próprio Papa tem refletido em diversas ocasiões. No entanto, a magnitude e amplitude do estilo sinodal por ele desencadeado desponta como uma novidade eclesial. Sua insistência na escuta da totalidade dos batizados, "sujeito do *sensus fidei* infalível *in credendo*", tematiza o mais tradicional sentido do "caminhar juntos", mais da "linha da horizontalidade do que na verticalidade". Para ele, o sínodo vai até o limite, inclui todos: pobres, mendigos, toxicodependentes, todos os que a sociedade descarta (Francisco, 2021).

Referências

Alberigo, Giseppe (Org.). *História dos concílios ecumênicos*. São Paulo: Paulus, 2005.

Botte, B. La collégialité dans le Nouveau Testament et chez les Pères apostoliques. In: Botte, B. *Le Concile et les Conciles*. Contribution à l'histoire de la vie conciliaire de l'Église. Paris: Ed. De Chevetogne / Ed. Du Cerf, 1960. p. 1-18.

Comissão Teológica Internacional (CTI). *A sinodalidade na vida e na missão da Igreja*. Brasília: Edições CNBB, 2018. (Documentos da Igreja, 48).

Di Berardino, Angelo. Percursos de koinonia nos primeiros cristãos. *Concilium*, Petrópolis, v. 291, n. 3 (2001/3), p. 46-61.

Francisco. Comemoração do cinquentenário da instituição do Sínodo dos Bispos. Roma: Libraria Editrice Vaticana, 2015. Disponível em: https://www.vatican.va/content/francesco/pt/speeches/2015/october/documents/papa-francesco_20151017_50-anniversario-sinodo.html. Acesso em: 05 jan. 2022.

Francisco. Discurso aos fiéis da Diocese de Roma. Roma: Libreria Editrice Vaticana, 2021. Disponível em: https://www.vatican.va/content/francesco/pt/speeches/2021/september/documents/20210918-fedeli-diocesiroma.pdf. Acesso em: 20 fev 2022.

Halleux, André de. La collégialité dans l'Église ancienne. *Revue Théologique de Louvain*, Louvain, 24/4 (1993), p. 433-454.

Jedin, Hubert. *Concílios ecumênicos*. História e doutrina. São Paulo: Herder, 1961.

Jedin, Hubert. Estructura y organización de la Iglesia del Imperio. In: *Manual de historia de la Iglesia*. Barcelona: Herder, 1980. Vol. II. p. 319-338.

O'Malley, John. A história da sinodalidade: é mais velha do que você pensa. *Revista on line IHU*, 21/02/2022. Disponível em: https://www.ihu.unisinos.br/78-noticias/616321-a-historia-da-sinodalidade-e-mais-velha-do-que-voce-pensa-artigo-de-john-o-malley. Acesso em: 04 mai 2022.

Pinheiro, Luiz A. A experiência sinodal no Cristianismo antigo dos séculos II a IV. *Pesquisas em Teologia*, Rio de Janeiro, v. 3, n. 6 (jul./dez. 2020), p. 373-393.

Simonetti, Manlio. *La crisi ariana nel IV secolo*. Roma: Augustinianum, 1975. *Studia Ephemeridis Augustiniana*, 11.

Suess, Paulo (Coord.) *A conquista espiritual da América espanhola. 200 documentos: século XVI*. Petrópolis: Vozes, 1992. p. 974-977.

2
Aspectos sobre a sinodalidade na história e na Igreja do Brasil

Ney de Souza

Introdução

Este estudo objetiva retratar as dimensões históricas da sinodalidade. A sinodalidade teve uma marca mais acentuada no primeiro milênio, com o desenvolvimento das Igrejas locais e dos sínodos. O texto apresenta, inicialmente, um panorama dos primórdios da Igreja e a temática da sinodalidade. Em seguida, adentra a esta mesma temática no Vaticano II (1962-1965) e seus desdobramentos na Igreja do Brasil no século XX, especialmente no período pós conciliar.

Escrever sobre a temática da sinodalidade é desafiador em todos os períodos históricos. A prática sinodal tem se mostrado um desafio ainda maior na atualidade. Contudo, como diz a Comissão Teológica Internacional (CTI), se a finalidade é a renovação da vida eclesial se "requer ativar os processos de consulta de todo o povo de Deus" (CTI 65). A Igreja sinodal é aquela "participativa e corresponsável. No exercício da sinodalidade, esta é chamada a articular a participação de todos, segundo a vocação de cada um…" (CTI 67). O Papa Francisco afirma que "o caminho da sinodalidade é o caminho que Deus espera da Igreja no Terceiro Milênio" (AAS, 2015, 1139). A sinodalidade é o caminhar juntos, é o "comprometimento e a participação de todo o Povo de Deus na vida e na missão da Igreja…" (CTI 7).

Assim sendo, este estudo tem por objetivo, de maneira sintética, apresentar a temática da sinodalidade na história e, especialmente, no contexto e no texto do Concílio Vaticano II (1962-1965). A sinodalidade teve uma marca mais acentuada no primeiro milênio, com o desenvolvimento das Igrejas locais e dos sínodos. O estudo apresenta, inicialmente, um panorama dos primórdios da Igreja e a temática da sinodalidade. Em seguida, adentra a esta mesma temática no Vaticano II (SOUZA, 2022a, p. 17) e seus desdobramentos na Igreja do Brasil.

1. Primórdios da sinodalidade

A primeira experiência de cunho sinodal começou no "concílio de Jerusalém", no ano 49 (cf. At 15,6-29). Apóstolos e presbíteros reuniram-se com a comunidade para tratar da questão levantada em Antioquia. A decisão foi comunicada à Igreja antioquena através de uma carta (At 15,22). Em vários outros relatos é possível constatar as diversas formas de colegialidade, de assembleias reunidas para tratar e resolver assuntos locais, tendo a participação dos diferentes membros da comunidade (cf. At 1,14; 6,1-6; 14,27; 1Cor 5,3, 13; 7,17; 11,34; 16,1; Ef 2,25-29 e Mt 18,15-17). Tito recebeu o encargo de completar a formação da comunidade, constituindo em cada cidade um colégio de presbíteros (cf. ALBERIGO, 2007, p. 6). É evidente que cada comunidade local exercitava fórmula de colegialidade. De acordo com Atos 1,14, toda a comunidade se envolveu na substituição de Judas por Matias. Os sete diáconos (At 6,1-6) foram eleitos pela comunidade. Nas comunidades paulinas ocorreram assembleias comunitárias para resolver assuntos locais (cf. 1Cor 5,3, 13). Paulo orienta a comunidade e isto implica a coparticipação dos mais diferentes membros nas atividades do grupo (1Cor 7,17; 11,34; 16,1; Fl 2,25-29 e ainda Mt 18,15-17).

No primeiro milênio a Igreja estava unida na preservação da fé apostólica, mantendo a sucessão apostólica dos bispos, desenvolvendo estruturas de sinodalidade, vinculadas à primazia e em compreensão da autoridade como serviço. Porém, a situação deste estilo sinodal e, não somente da estrutura, foi entrando num ritmo acelerado de alterações, levando à centralização nas mãos dos membros ordenados e com isso gerando um autoritarismo que tem seus desdobramentos até o tempo presente (cf. SOUZA, 2022, p. 26-27, 2023, p. 80). O teólogo jesuíta França Miranda afirma que:

> ...a história da Igreja nos ensina que o protagonismo ativo foi se tornando responsabilidade apenas de uma elite, a saber, da classe de clérigos dotados de uma formação especial e separados do restante do povo de Deus. As razões dessa mudança são várias: o perigo das heresias, a elevação do cristianismo a religião oficial do império romano, a sociedade medieval com suas classes sociais bem definidas, a disputa pelo poder da Igreja com os principados no tempo da cristandade e posteriormente com o Estado nascente, apresentando-se como uma sociedade perfeita, tal como a sociedade civil dotada de hierarquias e distribuição desigual de poder. Desse modo, chegou-se ao extremo de ver nos clérigos os únicos sujeitos ativos na Igreja a instruir e guiar um laicato majoritário, porém, passivo e carente de formação adequada, a tal ponto que, quando então se falava de Igreja, para louvar ou para se criticar, se referia sempre ao papa, aos bispos e aos padres (MIRANDA, 2018, p. 15-16).

No decorrer do tempo histórico se estabeleceu uma progressiva extinção da pluralidade de ministérios e carismas dentro da Igreja, em prol da única forma do ministério sacerdotal. Com o início da estruturação da Idade Média o laicato perde qualquer possibilidade de presença ativa e produtiva no plano da reflexão religiosa. Nesta Igreja da Cristandade, surge a divisão entre clérigos e leigos, acontece também a ruptura entre a Igreja Ocidental Latina e a Igreja do Oriente e, na transição de épocas, a divisão entre a Igreja romana e as Igrejas da Reforma e as divergências entre a sociedade e a Igreja (cf. SOUZA, 2019, p. 5-6). Em 1517 teve início um dos momentos mais importantes e marcantes da Época Moderna: a questão envolvendo Martinho Lutero e o Papa Leão X, da qual resultou a excomunhão do primeiro. O movimento teve causas e clamores profundos. A resposta da Igreja Católica virá com o Concilio de Trento (1545-1563).

Assim, "a Reforma tridentina não admitia nenhum diálogo com o povo [...] o resultado foi uma distinção radical entre um povo puramente passivo e um clero que tinha todos os poderes..." (COMBLIN, 2002, p. 390). O fosso entre clero e laicato vai se aprofundando e, assim, se distanciando da Igreja primitiva e, por consequência, do estilo sinodal. Além disso, Trento oficializa disciplinarmente a fundação dos seminários, modelando uma tipologia de clérigo. De certa maneira, ocorre o prolongamento até a atualidade, com uma urgência de transformação do modelo (cf. SOUZA, 2022, p. 29-30, 2023, p. 81).

2. Lumen Gentium e a definição conceitual de Igreja

Sínodo e sinodalidade são duas das principais questões postas às Igrejas hoje como também à pesquisa histórica. Teólogos católicos romanos têm trabalhado sobre esse tema desde o final dos anos cinquenta, quando a necessidade de comunhão entre bispos se tornou uma das questões essenciais para o Concílio Vaticano II. Provinda de diferentes caminhos científicos – estudos patrísticos sobre eclesiologia, pesquisas litúrgicas sobre a consagração dos bispos, estudos históricos a respeito da *historia conciliorum* e o impulso ecumênico a revisitar a atitude em relação ao papel do Romano Pontífice – todos marcaram uma mudança na percepção do tema e de sua centralidade (MELLONI; SCATENA, 2005, p. 1).

Por sua vez, o historiador italiano Giuseppe Alberigo afirma que "a difícil e insatisfatória recepção do Vaticano II mostrou que estão essencialmente em jogo as potencialidades do vigor profundo do Concílio da sua *dynamis* de coenvolver a comunidade eclesial" (ALBERIGO, 2007, p. 2-3). No Concílio (cf. SOUZA, 2004, p. 17-67; LATOURELLE, 1992, p. 1596-1609), pela primeira vez, a Igreja deu uma definição de si mesma na Constituição Dogmática *Lumen Gentium*. Nesse documento, privilegia-se o seu caráter de mistério e uma concepção mais bíblica, com uma raiz litúrgica, atenta a uma visão missionária, ecumênica e histórica, em que a Igreja é descrita como sacramento da salvação. Retoma o conceito primordial da comunhão, ideia central da definição de Igreja no Vaticano II (com Deus, pela Palavra e sacramentos, que leva à unidade dos cristãos entre si e se realiza concretamente na comunhão das Igrejas locais em comunhão hierárquica com o Bispo de Roma). Uma das categorias determinantes da eclesiologia do Vaticano II foi a de comunhão. Na Constituição *Lumen Gentium*, "o termo comunhão expressa a essência mais profunda da natureza eclesial, a Trindade Santa" (WOLFF, 2015, p. 162; 164). Assim, "a comunhão eclesial não é fruto de um esforço voluntarista. É obra da graça. Tem sua origem e referência na Trindade Santíssima" (SANTOS, 2004, p. 11). Desta forma,

> o termo grego *koinonia* é traduzido para o latim como *communio, communicatio* e para o português "comunhão". Os termos correlatos são, sobretudo, aliança, unidade, participação, partilha, comunicação, relação, compromisso, corpo [...]. Há várias passagens nos documentos do Concílio que falam de comunhão (cf. LG 4, 8, 13-15, 18, 21, 24-25; DV 10; GS 32; UR 2-4, 14-15, 17-19, 22; AG 22). Somente na *Lumen Gentium*, o termo comunhão aparece 22 vezes (cf. WOLFF, 2015, p. 162, 164).

Por isso,

> As estruturas colegiadas ou sinodais na Igreja, não são um problema puramente exterior de estrutura nem uma questão puramente organizacional. Elas tampouco são uma questão de simples repartição do poder na Igreja: pelo contrário, elas estão ancoradas na essência da Igreja como *communio*, e devem cunhar a sua vida e seu estilo de modo geral (KASPER, 2012, p. 343).

A Igreja trouxe à luz da fé trinitária a sua identidade mais profunda. Ela vem de Deus, portanto possui uma dimensão divina. A recuperação da eclesiologia de comunhão faz parte do movimento de "volta às fontes" e do resgate da dimensão espiritual da Igreja.

O Concílio recuperou a vivência comunial das primeiras comunidades evangélico-patrísticas. Os documentos conciliares, máxime a *Lumen Gentium*, superam a apresentação da Igreja como sociedade, sociedade desigual ou sociedade perfeita, característica da eclesiologia anterior (Idade Média, Trento, Vaticano I). Predomina a dimensão mistérica da Igreja (LOPES, 2011, p. 17).

3. Kenosis, serviço, ministério

É importante evidenciar que houve um espírito de mudança que animou o Concílio na direção da descentralização. Descentralização no sentido de *Kenosís*, humilde serviço ou ministério. Essa descentralização se deu em cinco direções: (1) em direção a Cristo, pois antes a atenção se direcionava para o papa e os bispos como centro; (2) descentralização do mundo todo, gerando a colegialidade; (3) descentralização da hierarquia em direção ao povo de Deus; (4) descentralização na direção ou abertura ao diálogo com outras religiões; (5) descentralização para uma solicitude para com o mundo e seus problemas (cf. SCHILLEBEECKX, 1966, p. 159). A eclesiologia conciliar representa a valorização de tudo o que é autêntico sobre a realidade da Igreja. O Concílio rejeitou a postura apologética da eclesiologia pós-tridentina. Voltou à Escritura e à patrologia, mas sem escravizar-se ao tempo passado (cf. CIPOLINI, 1987, p. 48). O núcleo central desta reflexão foi constituído pela consideração da própria Igreja, sobre o seu ministério, identidade e estruturas.

A Igreja deixou de considerar-se exclusivamente nas categorias de sociedade perfeita ou corpo místico, para compreender-se também como sacramento de salvação universal, como povo de Deus peregrinante na história e como comunhão católica na fé. Novos aspectos... a carismaticidade de suas estruturas, a diaconalidade em suas funções, a corresponsabilidade ordenada em suas decisões (Pastor, 1982, p. 22).

4. Povo, conceito judaico-cristão

Pode-se afirmar que, "com o conceito povo de Deus, os padres conciliares tinham a intenção de mudar a imagem piramidal tradicional da Igreja para outra de forma circular, em que todos pudessem participar ativamente" (Cavaca, 2013, p. 124). O conceito povo é criação judaico-cristã e não meramente um elemento sociológico.

> O conceito de "povo" é conceito espiritual, não científico. É significativo que nem os filósofos nem as ciências humanas, deram muita importância a este conceito. O "povo" é tão fundamental no cristianismo como o conceito de "liberdade", de "palavra".
> Se a Igreja é povo, isso quer dizer que a sua unidade não consiste simplesmente na comunhão de fé, de sacramentos e de governo. Essas funções geram uma comunhão espiritual. Porém, essa comunhão deve encarnar-se numa comunhão humana (Comblin, 2002, p. 14, 147).

É fundamental compreender a sinodalidade a partir do conceito povo de Deus. No povo de Deus a comunhão se realiza na vertical e na horizontal. Neste sentido, o Vaticano II fechou a porta ao individualismo, abrindo-se à fraternidade. Deus quer salvar em comunidade (cf. LG 9), pois "o individualismo não nos torna mais iguais, mais irmãos" (FT 105), sustenta o Papa Francisco. E ainda afirma,

> A evangelização é dever da Igreja. Este sujeito da evangelização, porém, é mais do que uma instituição orgânica e hierárquica; é, antes de tudo, um povo que peregrina para Deus. Trata-se certamente de um mistério que mergulha as raízes na Trindade, mas tem a sua concretização histórica num povo peregrino e evangelizador... (EG 111).

Um dos traços de grande relevância do Vaticano II sobre a temática eclesiológica foi a passagem de um modelo de eclesiologia para outro: de uma eclesiologia jurídica e apologética para uma eclesiologia pneumática. De uma eclesiologia voltada para si mesma para uma eclesiologia voltada para a sociedade contemporânea. De uma eclesiologia societária e corporativa para uma eclesiologia comunial e colegial. De uma eclesiologia dogmatizada para uma eclesiologia cristocêntrica. De uma eclesiologia clericalizada e hierarquizada para uma Igreja de todo o Povo de Deus. Desse modo, o Vaticano II recuperou a eclesiologia de comunhão dos primeiros séculos da Igreja. É uma Igreja que almeja deixar-se guiar novamente pelo Espírito Santo e, qualquer modo de uniformidade é contrário ao Espírito.

5. Francisco e a sinodalidade

O processo sinodal guiado pelo Papa Francisco é verdadeiramente o que se entende na história por processo: fase preparatória, celebrativa e atuativa (cf. FRANCISCO, 2018). O Papa afirma que "para caminhar juntos, a Igreja de hoje precisa de uma conversão à experiência sinodal" (Sínodo para a Amazônia, 88). A necessidade de exercer a sinodalidade é expressa nestes termos pelo perito conciliar Henri de Lubac, "mais do que uma instituição a Igreja é uma vida que se comunica" (DE LUBAC, 1980, p. 53). Francisco, na *Episcopalis communio* (EC), orienta no sentido que "a história da Igreja testemunha amplamente a importância do processo consultivo, para se conhecer o parecer dos Pastores e dos fiéis no que diz respeito ao bem da Igreja". E, continua, "assim, é de grande importância que, mesmo na preparação das Assembleias sinodais, receba especial atenção a consulta de todas as Igrejas particulares" (EC 7, 6).

Na proposta sinodal de Francisco não há conflito entre a comunhão de todos na Igreja e sua estrutura hierárquica. Do Sínodo dos Bispos, a esse respeito, o Papa afirma que é "instrumento adequado para dar voz a todo o Povo de Deus precisamente por meio dos Bispos" (EC 6). E também, que a dinâmica sinodal promove a comunhão entre todos os membros da Igreja.

Graças também ao Sínodo dos Bispos, aparecerá cada vez mais claro que, na Igreja de Cristo, vigora uma profunda comunhão quer entre os Pastores e os fiéis, pois cada ministro ordenado é um batizado entre os batizados, constituído por Deus para pastorear o seu Rebanho, quer entre os Bispos e o Romano Pontífice, pois o Papa é um Bispo entre os Bispos, chamado simultaneamente – como Sucessor do apóstolo Pedro – a guiar a Igreja de Roma que preside no amor a todas as Igrejas (EC 10).

A sinodalidade promove a corresponsabilidade missionária de todos os membros da Igreja. A condição de "primeiro nível da sinodalidade" atribuída à Igreja local tem sua razão de ser na convivência e na colaboração cotidiana entre todos os membros da Igreja, já que é primariamente nesse âmbito eclesial que se concretizam a corresponsabilidade e a participação na evangelização, bem como nos processos conduzidos em vista do regular funcionamento das estruturas e dos eventos de natureza sinodal (no Discurso o Papa menciona o Sínodo diocesano e os "organismos de comunhão": Conselho Presbiteral, Colégio dos Consultores, Cabido de Cônegos e Conselho Pastoral). Diversas vezes, Francisco pede que o Bispo ouça o que "Espírito diz às Igrejas" (Ap 2,7) e a "voz das ovelhas" também através dos organismos diocesanos de comunhão e participação, cuja "contribuição pode ser fundamental", por meio de diálogo leal e construtivo (EC 6, 7).

E, ainda, é fundamental relembrar o pensamento elaborado por Joseph Ratzinger (Papa Bento XVI) que afirma que há duas grandes distorções históricas a respeito do conceito original de Igreja. No primeiro momento, na compreensão bíblico-patrística, a Igreja foi concebida como Povo de Deus que se concentra no corpo de Cristo mediante a celebração da eucaristia, que é uma concepção eclesiológica sacramental. A primeira distorção foi o conceito medieval que apresentou o *corpus ecclesiae mysticum*, é uma concepção do corpo jurídico corporacionista. A igreja é, desse modo, compreendida, não como corpo de Cristo, mas como corporação de Cristo. E a segunda distorção, foi nos tempos modernos que se preferiu desenvolver o conceito romântico: *Corpus Christi Mysticum,* misterioso organismo místico de Cristo. É uma concepção místico organológica. Bento XVI mostrou ainda que o conceito Povo de Deus e Corpo de Cristo estão em uma perfeita harmonia: "como o Antigo Testamento está incluído no Novo, assim, o Povo de Deus está imerso no Corpo de Cristo" (RATZINGER, 1974, p. 97-98). Da compreensão desta realidade depende o assumir o estilo sinodal no século XXI (SOUZA, 2022, p. 21-40).

6. A sinodalidade na Igreja do Brasil

A seguir serão apresentadas notas de algumas experiências sinodais na Igreja do Brasil. Organizadas dentro da dinâmica da pirâmide invertida, se começa pelas Comunidades Eclesiais de Base (CEBs). Algumas dessas experiências, enquanto acontecimentos sinodais, se transformaram em práticas sinodais na busca de mudanças na estrutura da instituição, para que toda a organização seja sinodal, outras permaneceram como eventos, sem ulteriores desdobramentos.

6.1. Comunidades Eclesiais de Base (CEBs)

A tarefa de se precisar o momento do nascimento das CEBs no Brasil não é fácil. Elas não foram resultantes de uma ação burocrática, administrativa e planejada por algum órgão já estabelecido. Nas Diretrizes Gerais da Ação Pastoral da Igreja no Brasil 1975-1978, da CNBB, aparece pela primeira vez o nome *comunidades eclesiais de base*: "Embora numerosas e válidas, as primeiras experiências das 'comunidades eclesiais de base' não conseguiram ainda indicar os caminhos para uma extensão maior e verdadeiramente ampla dessas experiências" (CNBB, 1975, 2.3). O início, do que mais tarde se denominaria Comunidade Eclesial de Base, foi de ações isoladas e com objetivos de evangelização bem definidos, para atender às necessidades pastorais de uma determinada diocese ou região. Essa experiência evangelizadora se deu com o desenvolvimento da prática da vida comunitária. Estes são alguns pontos comuns a todas elas: a partir da leitura e reflexão da Sagrada Escritura, tendo como ponto principal o Mistério Pascal, estendia-se para a compreensão da vida existencial da comunidade, com suas dificuldades, injustiças e desigualdades sociais. Outro traço comum entre as CEBs é que surgiram em áreas pobres, muitas delas rurais, onde o poder público era ausente e a Igreja-instituição não tinha uma estrutura atuante. A experiência evangelizadora das CEBs migrou do meio rural para o meio urbano, principalmente para as periferias pobres e desassistidas das cidades.

As experiências ocorridas no final da década de 1950 em Barra do Piraí (RJ), com Dom Agnelo Rossi e do MEB (Movimento de Educação de Base), com Dom Eugênio Salles, em Natal (RN), são geralmente citadas como precursoras das CEBs. O movimento de Barra do Piraí se originou por uma falha da estrutura eclesiástica. Devido à falta crônica de sacerdotes, a população foi ficando desassistida e, com o crescimento das igrejas pentecostais, na época chamadas de "igreja dos crentes", o bispo Dom Agnelo Rossi lançou um programa que formava e instruía o laicato para ocuparem algumas atividades eclesiais, suprindo, desse modo, a falta de clero. A instrução era fornecida para um ou uma catequista popular que sabia ler. O laicato que tivesse boa vontade e quisesse ajudar a Igreja, recebia um material catequético que deveria ler na sua comunidade, mas, de modo algum, comentá-lo ou interpretá-lo. "Dar a leigos morigerados, de boa vontade, o material necessário para que eles leiam. O catequista popular lê e não fala. É um leitor, não um pregador ou um improvisador" (ROSSI, 1957, p. 732).

As comunidades que se formaram foram, sem dúvida, para atender às necessidades eclesiais do povo, devido à ausência de padres. Porém, com o crescimento do movimento, passaram a ocupar todos os povoados da diocese. Os lugares de encontro deixaram de ser as capelas e passaram a ser os salões comunitários, onde a reunião sistemática organizava a vida comunitária e passava a responder por soluções das demandas existenciais da população, fornecendo cursos de alfabetização, corte e costura, mutirões para a construção de outros salões, organização de arrecadação de recursos. A experiência originária de uma necessidade pastoral adentra para a reflexão e o agir de uma experiência de vida. O crescimento dos núcleos comunitários foi expressivo.

6.2. O movimento de Natal

"Qualquer plano de desenvolvimento que não se baseia na organização de comunidades – com uma efetiva participação de seus membros – e na preparação de seus líderes será extremamente difícil de concretizar-se" (SALES, 1968, p. 65). O Movimento de Natal (RN) foi o primeiro e o mais consistente programa de alfabetização popular realizado pela Igreja. É necessário recordar que naquele período a taxa de analfabetismo no Nordeste era superior a 60% da população. Esta experiência foi levada a efeito por Dom Eugênio de Araújo Sales, bispo auxiliar de Natal (futuro arcebispo do Rio de Janeiro e cardeal) que, através das escolas radiofônicas, levava para as classes mais desassistidas não apenas a alfabetização, mas também aspectos sociais, comunitários, religiosos e de conscientização política. O Movimento de Natal surgiu igualmente de uma necessidade, esta material, da visão da realidade de miséria em que vivia grande parte da população nordestina e da preocupação de alguns padres em fazer algo para mudar aquela situação (SALES, 1964, p. 129-136).

6.3. Nízia Floresta

Ainda dentro do Movimento de Natal houve a experiência pastoral de Nízia Floresta, onde mais uma vez por falta de sacerdotes, o arcebispo Dom Eugênio Sales incentivou e estabeleceu que freiras assumissem a condução de uma paróquia. Nízia Floresta é uma localidade nas proximidades de Natal, onde não havia luz elétrica, nem água encanada ou assistência médica. Com mais de 70% da população analfabeta as famílias eram mal constituídas tanto diante da lei civil como na formação religiosa. As irmãs, após receberem uma formação litúrgica, assumiram a paróquia, exceto as tarefas próprias do ministro ordenado, incluindo a Celebração da Palavra durante a semana. Isso aconteceu em uma época em que se rezava a missa em latim, de costas para o povo e o laicato não podia se aproximar do altar. Um padre celebrava a missa aos domingos e ministrava os outros sacramentos (TEIXEIRA, 1988, p. 67-71). Nesta localidade está o embrião da Campanha da Fraternidade (CF), sinal de sinodalidade. A primeira CF ficou restrita à Arquidiocese de Natal. Em 1964 será organizada como Campanha nacional o que ocorre até a atualidade, tornando-se um evento do "caminhar juntos" do conjunto da Igreja do Brasil. Até 2021 foram realizadas 5 Campanhas da Fraternidade ecumênicas, isto revela "a abertura da Igreja Católica para as outras Igrejas e Comunidades eclesiais no empenho irreversível para caminhar juntos em direção à plena unidade na diversidade reconciliada das respectivas tradições" (CTI 106d). Aqui um outro fator pertinente, no decorrer destes anos, que vai além da CF é a "convergência da Igreja como *Koinonia*, que se realiza em cada Igreja local e na sua relação com as outras Igrejas através de específicas estruturas e processos sinodais" (CTI 116).

No período pós-conciliar as CEBs se multiplicaram pelo Brasil e alcançaram as periferias das grandes cidades. O laicato se engajava decididamente em uma nova forma de ser Igreja ou de participar da Igreja e se lançava nas chamadas pastorais sociais, fé e vida, ou qualquer outro nome para tentar transformar as estruturas seculares que influenciavam a sua existência. A Bíblia tornou-se companheira das comunidades, suscitando iniciativas ecumênicas como o Centro Ecumênico Bíblico (CEBI). É evidente que este é um "empenho prioritário e critério de toda a ação social do Povo de Deus o imperativo de escutar o grito dos pobres e aquele da terra…" (CTI 119). Neste processo histórico a próxima etapa das CEBs foi a organização dos Encontros Intereclesiais.

6.4. Encontros Intereclesiais
Para a renovação da missão da Igreja

é essencial a participação dos fiéis leigos. Estes são a imensa maioria do povo de Deus e se tem muito a aprender da sua participação nas diversas expressões da vida e da missão das comunidades eclesiais, da piedade popular e da pastoral de conjunto, assim como da sua específica competência nos vários âmbitos da vida cultural e social (EG 126; CTI 73).

Os Encontros Intereclesiais das Comunidades de Base são de enorme relevância em sua história no Brasil na perspectiva da sinodalidade.

Até o presente momento já foram realizados 15 desses Encontros, que contam com a participação do laicato, de bispos, religiosos, religiosas, padres, membros de outras comunidades religiosas e participação de pessoas de outros países. O 1º Intereclesial foi realizado em Vitória (ES – 1975), com o tema: *Uma Igreja que nasce do povo pelo espírito de Deus*. Em sequência vieram os outros 14: Vitória (ES – 1976), João Pessoa (PB – 1978), Itaici (SP – 1981), Canindé (CE – 1983), Trindad (GO – 1986), Duque de Caxias (RJ – 1989), Santa Maria (RS – 1992), São Luís (MA – 1997), Ilhéus (BA – 2000), Ipatinga (MG – 2005), Porto Velho (RO – 2009), Juazeiro do Norte (CE – 2014), Londrina (PR – 2018), Rondonópolis (MT – 2023). Do Encontro de Juazeiro do Norte participaram 2248 mulheres e 1788 homens, 72 bispos, 232 padres e 146 religiosas e religiosos, 75 indígenas, 20 membros de outras igrejas cristãs, 35 pessoas de outras religiões, 36 estrangeiros e 68 assessores e membros da coordenação ampliada. Assim foi se evidenciado a tipologia sinodal destes Encontros.

6.5. CNBB. Assembleias das Igrejas locais, regionais.
Assembleias do Episcopado

No final dos anos 40, a Igreja do Brasil vivia uma profunda descentralização, justamente no momento em que o país caminhava para uma centralização. É neste contexto que o padre Hélder Câmara procurou unir os bispos numa Conferência episcopal. A fundação da CNBB aconteceu no Rio de Janeiro, no palácio São Joaquim (14/10/1952), tendo como 1º Presidente Dom Carlos Carmelo de Vasconcellos Motta, cardeal arcebispo de São Paulo, e como Secretário Geral D. Hélder Pessoa Câmara, bispo auxiliar no Rio de Janeiro (BARROS, 2003, p. 26-31). Em 1954 foi criada a Conferência dos Religiosos do Brasil (CRB), responsável pela renovação da vida religiosa e pela articulação e participação dos religiosos e religiosas na pastoral de conjunto da Igreja no Brasil.

Na V Assembleia da CNBB (1962) foi aprovado o Plano de Emergência (PE) (FREITAS, 1997, p. 95-136), um conjunto de diretrizes e medidas pastorais com o propósito de renovação eclesial. Pode-se ver aí o início de uma pastoral de conjunto. De fato, foi na última Sessão do Concílio que se discutiu e aprovou, na VII Assembleia da CNBB, o Plano de Pastoral de Conjunto (PPC), que marcou profundamente a pastoral da Igreja do Brasil. A aprovação do PPC se deu no dia 15 de novembro de 1965. De acordo com o objetivo geral, o PPC deveria criar meios e condições para que a Igreja do Brasil se ajustasse, o mais rápido e plenamente possível à imagem do Vaticano II. Coube à X Assembleia (1969) rever o PPC e levar adiante o processo, mesmo sem grandes demonstrações de entusiasmo pelo Plano. Neste momento foi criado o órgão executivo colegiado da entidade, a Comissão Episcopal de Pastoral (CEP) e a elaboração de Planos Bienais (a partir de 1971). E, a partir de 1974, teve início a elaboração das Diretrizes Gerais da Ação Pastoral da Igreja do país e que, desde 1995, passou a denominar-se Diretrizes Gerais da Ação Evangelizadora da Igreja no Brasil.

A CNBB, com suas Campanhas (Fraternidade e Evangelização); suas 12 Comissões Episcopais de Pastoral para promover a pastoral orgânica; suas 23 Pastorais Nacionais, articulando a ação pastoral da Igreja no Brasil; seus 16 Organismos que representam as diversas categorias do Povo de Deus (como, por exemplo, o Conselho Nacional do Laicato do Brasil (CNLB), o Conselho Indigenista Missionário

(CIMI), lutando pelo direito dos Povos Indígenas, a Comissão Pastoral da Terra (CPT), com as Romarias da Terra, posteriormente Terra e Água); suas 5 Entidades parceiras e vinculas à Conferência; e seus 19 Regionais, experimentou de muitas maneiras a vivência da sinodalidade em nível nacional. As Assembleias dos Regionais, das Províncias, das Dioceses e Prelazias e tantas outras atividades ligadas a elas, constituem um inerente ardor de uma ação conjunta, um desejo e ato de caminhar juntos. Eis um sinal de sinodalidade, mesmo com sinais pontuais de pensamentos e práticas diversos.

A Igreja do Brasil participou e participa ativamente da sinodalidade latino-americana e caribenha, como por exemplo, nas Conferências Gerais do Episcopado em Medellín (1968), Puebla (1979), Santo Domingo (1992) e Aparecida (2007). E recentemente, 2014, na organização da REPAM (Rede Eclesial Pan-Amazônica)[1]. As entidades fundadoras da REPAM são: Conselho Episcopal Latino-Americano (CELAM), Conferência Nacional dos Bispos do Brasil (CNBB), Secretariado da América Latina e Caribe da Caritas (SELACC), Confederação Latino-Americana e Caribenha de Religiosos e Religiosas (CLAR).

Conclusão

Enquanto o clericalismo mantiver acento primordial pela porta central, a sinodalidade não sai correndo, mas é expulsa pela janela. Para que ela seja a prática efetiva da instituição é urgente que a grande maioria da hierarquia se reconcilie com o Evangelho, com o Concílio Vaticano II e com o laicato. O laicato não é inimigo do clero, o Vaticano II afirma que o ministério sacerdotal somente pode ser exercido em comunhão com todo o corpo da Igreja (cf. PO 15). É o sacerdócio comum dos fiéis: "os leigos, dado que são participantes do múnus sacerdotal, profético e real de Cristo, têm um papel próprio a desempenhar

---

1. Outras informações em: https://repam.org.br/?page_id=868 e https://repam.org.br/. Acesso: 05/09/2022, 18:31.

na missão do inteiro povo de Deus, na Igreja e no mundo" (AA 2). Sem dúvida "...o futuro da Igreja e a Igreja do futuro dependerão da vitalidade da participação dos leigos" (LIBANIO, 2005, p. 182). Sem espírito de serviço nunca ocorrerá a sinodalidade. O autoritarismo é uma das grandes causas do afastamento dos fiéis das comunidades. Eles se sentem alijados de qualquer processo da condução da comunidade e, de maneira especial, quando das transferências dos padres das paróquias e das decisões internas das comunidades, dioceses. É urgente a inversão piramidal. Na Igreja sinodal "não convém que o Papa substitua os episcopados locais no discernimento de todas as problemáticas que sobressaem nos seus territórios. Neste sentido, sinto a necessidade de proceder a uma salutar descentralização" (EG 16), afirma Francisco. Uma Igreja centralizadora está fadada à infertilidade e ao descrédito por mais que tenha visibilidade.

O que é mais do que evidente é que a Igreja necessita de renovação.

> Uma Igreja sinodal é como estandarte erguido entre as nações (cf. Is 11,12) num mundo que, apesar de invocar participação, solidariedade e transparência na administração dos assuntos públicos, frequentemente entrega o destino de populações inteiras nas mãos gananciosas de grupos restritos de poder. Como Igreja que caminha junto com os homens, compartilhando as dificuldades da história, cultivamos o sonho de que a redescoberta da dignidade inviolável dos povos e da função de serviço da autoridade poderá ajudar também a sociedade civil a se edificar na justiça e na fraternidade, gerando um mundo mais belo e mais digno do homem para as gerações que hão de vir depois de nós (FRANCISCO, 2015).

As mudanças ainda dependem de uma realidade piramidal. Em parte, alguns clérigos pensam que a sinodalidade é um exercício de legislar contra si mesmos. Só o Espírito para abrir mentalidades e horizontes para que a instituição caminhe num processo sinodal e ofereça muito mais no interior da sociedade contemporânea. A sinodalidade está na origem da Igreja. É necessário voltar às fontes tendo os pés fincados na realidade do tempo presente.

Referências

AAS – *Acta Apostolicae Sedis* 107 (2015) 1139. Disponível em: http://www.vatican.va/archive/aas/documents/2015/acta-novembre2015.pdf. Acesso: 21/01/2022, 19:10.

ALBERIGO, G. Sinodo come liturgia. In: *Storia del Cristianesimo* 28 (2007), p. 2-21.

ALBERIGO, G. *A Igreja na história*. São Paulo: Paulinas, 1999.

ALBERIGO, G. Prefácio. Os concílios ecumênicos na história. In: ALBERIGO, G. (Org.). *História dos concílios ecumênicos*. São Paulo: Paulus, 1995, 2005, p. 5-10.

BARROS, R. C. Gênese 3. Consolidação da CNBB no contexto de uma Igreja em plena renovação. In: INSTITUTO NACIONAL DE PASTORAL (Org.). *Presença pública da Igreja no Brasil*. São Paulo: Paulinas, 2003.

CAVACA, O. A Igreja, povo de Deus em comunhão – *Lumen Gentium* 1-59. In: ALMEIDA, J. C.; MANZINI, R.; MAÇANEIRO, M. (orgs.). *As janelas do Vaticano II*: A Igreja em diálogo com o mundo. Aparecida: Santuário, 2013.

CF (Campanha da Fraternidade) em: https://www.cnbb.org.br/experiencia-piloto-que-deu-origem-a-campanha-da-fraternidade-teve-inicio-em-1961-em-natal-rn/. Acesso: 30/03/2022, 19:36.

CEBs. Em http://cebsdobrasil.com.br/intereclesiais/ e https://www.cnbb.org.br/memoria-dos-primeiros-13-encontros-intereclesiais-das-cebs-no-brasil/. Acesso: 08/04/2022, 19:41.

CIPOLINI, P. C. *A identidade da Igreja na América Latina*. São Paulo: Loyola, 1987.

CNBB – Diretrizes. Em https://www.cnbbo2.org.br/wp-content/uploads/2016/11/04-Diretrizes-Gerais-da-a%C3%A7%C3%A3o-Pastoral-da-Igreja-no-Brasil-1975-1978.pdf. Acesso: 29/03/2022, 09:42.

COMBLIN, J. *O povo de Deus*. São Paulo: Paulus, 2002.

CRB. Em https://crbnacional.org.br/sobre-a-crb-nacional/. Acesso: 08/04/2022, 19:44.

CTI – COMISSÃO TEOLÓGICA INTERNACIONAL. *A sinodalidade na vida e na missão da Igreja*. Documento disponível em: https://www.vatican.va/ro

man_curia/congregations/cfaith/cti_documents/rc_cti_20180302_sinodalita_po.html. Acesso: 20/03/2023.

DE LUBAC, H. *Meditación sobre la Iglesia*. Madri: Encuentros, 1980.

ESTRADA, J. A. *Para compreender como surgiu a Igreja*. São Paulo: Paulinas, 2005.

FREITAS, M. C. *Uma opção renovadora*. A Igreja no Brasil e o planejamento pastoral, estudo genético- interpretativo. São Paulo: Loyola, 1997.

KASPER, W. *A Igreja católica*: Essência, realidade, missão. São Leopoldo, Unisinos, 2012.

LATOURELLE, R. Vaticano II. In: FISICHELLA, R.; LATOURELLE, R. (dir.). *Diccionario de teología fundamental*. Madrid: Ediciones Paulinas, 1992, p. 1596-1609.

LIBANIO, J. B. *Concílio Vaticano II*. Em busca de uma primeira compreensão. São Paulo: Loyola, 2005.

LOPES, Geraldo. *Lumen Gentium*: texto e comentário. São Paulo, Paulinas, 2011.

MELLONI A.; SCATENA, S. (org.). Synod and Synodality. Theology, History, Canon Law and Ecumenism. In: *New Contact*. International Colloquium Bruges 2003. Münster: Lit Verlag, 2005.

MIRANDA, M. de F. *A Igreja em transformação*. São Paulo: Paulinas, 2019.

PAPA FRANCISCO. *Evangelii gaudium*. A alegria do Evangelho. Sobre o anúncio do Evangelho no mundo atual. São Paulo: Paulus, 2013.

PAPA FRANCISCO. *Vamos sonhar juntos*. O caminho para um futuro melhor. Rio de Janeiro: Intrínseca, 2020.

PAPA FRANCISCO. Constituição *Episcopalis Communio* (EC), 2018. Disponível em https://www.vatican.va/content/francesco/pt/apost_constitutions/documents/papa-francesco_costituzione-ap_20180915_episcopalis-communio.html. Acesso: 22/03/2023.

PAPA FRANCISCO. *Discurso comemorativo dos 50 anos do Sínodo*, 2015. Disponível em https://www.vatican.va/content/francesco/pt/speeches/2015/october/documents/papa-francesco_20151017_50-anniversario-sinodo.html. Acesso: 21/02/2023.

PAPA FRANCISCO. *Christus vivit*. Para os jovens e para todo o povo de Deus. São Paulo: Paulus, 2019.

PAPA FRANCISCO. *Exortação Apostólica Evangelii Gaudium*. São Paulo: Paulinas, 2013.

Papa Francisco. *Fratelli tutti*. Todos irmãos. Sobre a fraternidade e a amizade social. São Paulo: Loyola, 2020.

Paulo VI. *Eclesiam Suam*. Documento disponível em https://www.vatican.va/content/paul-vi/pt/encyclicals/documents/hf_p-vi_enc_06081964_ecclesiam.html Acesso: 12/04/2022, 12:27.

Pastor, F. A. *Reino e história*. São Paulo: Loyola, 1982.

Ratzinger, J. *O novo Povo de Deus*. São Paulo: Paulinas, 1974.

Rossi, A. Uma experiência de catequese popular. *Revista Eclesiástica Brasileira*, Petrópolis: Vozes, n. 17, fasc. 3, 1957, p. 732.

Sales, E. A Igreja na América Latina e a promoção humana. *Revista Eclesiástica Brasileira*. Petrópolis: Vozes, v. 28, fasc. 3, 1968, p. 65.

Sales, E. Uma experiência pastoral em região subdesenvolvida do Nordeste brasileiro. In: *Revista da Conferência dos Religiosos do Brasil* 10 (1964) p. 129-136.

Santos, B. B. dos. O projeto eclesiológico do Vaticano II. In: *Revista de Cultura Teológica*, São Paulo, v. 12, n. 48, [jul/set] 2004, p. 11.

Schillebeeckx, E. *La Chiesa l'uomo moderno e il Vaticano II*. Roma: Edizione Paoline, 1966.

Souza, N. *História da Igreja*. Notas introdutórias. Petrópolis: Vozes, 2020.

Souza, N. A Igreja na História: notas introdutórias de um Tratado. In: *Fronteiras* 2 (2019) p. 1-31.

Souza, N. Contexto e desenvolvimento histórico do Concílio Vaticano II. In: Gonçalves, P. S. L.; Bombonato, V. (orgs.). *Concílio Vaticano II análise e prospectivas*. São Paulo: Paulinas, 2004, p. 17-67.

Souza, N. Dimensões históricas da sinodalidade. In: Aquino, F.; Passos, J. D. (orgs.). *Por uma Igreja sinodal*. Reflexões teológicos-pastorais. São Paulo: Paulinas, 2022, p. 21-40.

Souza, N. Vaticano II e a sinodalidade. In: Lopes, A. L. L.; Santos, T. M. (orgs.). *Sinodalidade e pastoralidade*, olhares diversos. São Paulo: Paulus, 2022ª.

Souza, N. Notas sobre a sinodalidade na história e na Igreja do Brasil. In: Wardison, A.; Pinas, R. H. *Elementos de Teologia: uma abordagem sistemático-pastoral*. Curitiba: CRV, 2023.

Teixeira, F. L. C. *A gênese das CEBs no Brasil*. São Paulo: Paulinas, 1988.

Wolff, E. Comunhão. In: Passos, J. D.; Sanchez, W. L. (orgs.). *Dicionário do Concílio Vaticano II*. São Paulo: Paulinas/Paulus, 2015.

3
Francisco e a sinodalidade

Francisco de Aquino Júnior

Introdução

A insistência na *natureza sinodal da Igreja* e o esforço por desencadear *processos de sinodalidade* que favoreçam o desenvolvimento de uma mentalidade e de estruturas e espaços de efetiva comunhão, participação e corresponsabilidade missionária é uma das características mais marcantes do ministério pastoral de Francisco. Os primeiros anos do seu ministério foram marcados por uma *ênfase* na "transformação missionária da Igreja" (EG 19-49), formulada de modo emblemático em termos de "Igreja em saída para as periferias" (EG 20, 30, 46, 191). Nos últimos anos, a *ênfase* maior está na natureza sinodal da Igreja e na necessidade e urgência de processos e estruturas de sinodalidade (FRANCISCO, 2015a), dos quais são expressões emblemáticas o processo de escuta dos últimos Sínodos dos Bispos (família, juventude, Amazônia), a criação da Conferência Eclesial da Amazônia (junho de 2020), a realização da Primeira Assembleia Eclesial da América Latina e do Caribe (novembro de 2021) e o processo de escuta sinodal em curso que culminará com o próximo Sínodo dos Bispos sobre a sinodalidade da Igreja (outubro de 2023 e outubro de 2024).

Falamos de "ênfase" porque, na verdade, missão e sinodalidade são inseparáveis: a missão deve ser assumida por todos os batizados ("caminhar juntos" do *Povo de Deus*) e a sinodalidade tem uma perspectiva e um dinamismo missionário ("caminhar juntos" na *missão*). A renovação/reforma eclesial proposta e animada por Francisco tem, assim, um caráter e um dinamismo missionário-sinodal. E aqui está o núcleo fundamental da "eclesiologia" de Francisco. Por mais que destaque um ou outro aspecto, dependendo do contexto, dos interlocutores e do objetivo do discurso, eles sempre se remetem e se implicam mutuamente: quando fala de missão, pensa na totalidade do povo de Deus; quando fala de sinodalidade, pensa sempre na missão.

No discurso que fez aos fiéis da Diocese de Roma, pouco antes da abertura do processo sinodal, Francisco insistiu que "o tema da sinodalidade não é o capítulo de um tratado sobre eclesiologia, e muito menos uma moda, um slogan ou um novo termo a ser usado ou instrumentalizado nos nossos encontros". Ele "expressa a natureza da Igreja, a sua forma, o seu estilo, a sua missão" e, por isso mesmo, não pode ser considerado "um título entre outros, um modo de considerar [a Igreja] que preveja alternativas" (FRANCISCO, 2021d).

Tratando do tema da sinodalidade, na perspectiva de Francisco, tratamos, portanto, de uma "dimensão constitutiva da Igreja" (FRANCISCO, 2015a) ou de algo que diz respeito à própria "natureza da Igreja" (FRANCISCO, 2021d). Podemos mesmo afirmar ser esse o núcleo/cerne de sua compreensão e perspectiva eclesiais – uma espécie de pressuposto eclesiológico ou de eclesiologia mais ou menos explícita e elaborada. Para compreender bem essa perspectiva eclesiológica de Francisco, é preciso situá-la no processo de renovação conciliar da Igreja, explicitar seus fundamentos teológico-eclesiológicos e se enfrentar com os desafios de sua vivência/realização no atual contexto eclesial.

1. Retomada e aprofundamento do processo de renovação conciliar da Igreja

Por mais que as expressões "sinodalidade" e "Igreja sinodal" não apareçam explicitamente nos debates e nos textos conciliares, expressam muito bem, retomando e aprofundando, o espírito e a perspectiva eclesiais do Concílio Vaticano II (cf. CTI, 2018, n. 5-6; Repole, 2018, p. 77; Schickendantz, 2020, p. 112 s; Madrigal Terrazas, 2019, p. 871-875). Não se pode compreender a insistência de Francisco na natureza e no dinamismo sinodais da Igreja e, consequentemente, seu esforço por desencadear processos de sinodalidade na Igreja sem situá-lo no processo de renovação eclesial desencadeado pelo Concílio.

O Documento da Comissão Teológica Internacional sobre *A sinodalidade na vida e na missão da Igreja* fala de "novidade no sulco do Vaticano II". Há novidade (sinodalidade), mas ela é parte/fruto de um processo (Concílio): "No sulco traçado pelo Vaticano II e percorrido pelos seus predecessores, [Francisco] sublinha que a sinodalidade exprime a figura de Igreja que brota do Evangelho de Jesus e que é chamada a encarnar-se hoje na história, em fidelidade criativa à Tradição" (CTI, 2018, n. 9). Ao mesmo tempo em que se insere no "sulco do Vaticano II", a sinodalidade constitui uma "novidade" que bem pode ser compreendida em termos de retomada e aprofundamento do espírito e da reforma conciliares da Igreja ou como uma nova fase/etapa de recepção do Concílio (Aquino Júnior, 2022, p. 8-23).

No mesmo sentido, Roberto Repole, professor da Faculdade Teológica de Turim, nomeado recentemente bispo da Arquidiocese de Turim, no livro *O sonho de uma Igreja evangélica: A eclesiologia do Papa Francisco*, adverte a quem quiser "percorrer e estudar qual é a visão eclesiológica subjacente nos documentos principais e nas intervenções do Papa Francisco" que é preciso situar-se no "sulco aberto pelo Vaticano II". Ele constitui o "pano de fundo" de seu ministério/magistério pastoral. Certamente, "isso não significa que as perspectivas oferecidas por Francisco estejam privadas de originalidade"; mas, simplesmente, que "tal originalidade vai enquadrada no sulco aberto pelo Vaticano II". E é neste sentido que Repole fala de "uma nova fase de recepção do ensinamento eclesiológico expresso pelo Vaticano II": "com Francisco a recepção do Concílio entra em uma nova fase" (Repole, 2018, p. 16-18).

E o próprio Francisco faz referência explícita a isso em muitas ocasiões: 1ª. Na entrevista que concedeu a Antonio Spadaro, em agosto do 2013, afirma que "o Vaticano II foi uma releitura do Evangelho à luz da cultura contemporânea", que ele "produziu um movimento de renovação que vem simplesmente do Evangelho" e que a "dinâmica de leitura do Evangelho no hoje, que é própria do Concílio, é absolutamente irreversível" (SPADARO, 2013, p. 25 s); 2ª. Em sua programática Exortação Apostólica *Evangelii gaudium: Sobre o anúncio do Evangelho no mundo atual*, ao "propor algumas diretrizes que possam encorajar e orientar, em toda a Igreja, uma nova etapa evangelizadora, cheia de ardor e dinamismo", afirma explicitamente fazer isto "com base na doutrina da Constituição Dogmática *Lumen gentium*" (EG 17); 3ª. Na Bula de proclamação do jubileu extraordinário da misericórdia, *Misericordiae vultus*, justifica a escolha do dia 8 de dezembro para abertura do Ano Santo em comemoração do cinquentenário de conclusão do Concílio Vaticano II, no intuito de "manter vivo aquele acontecimento" que marca um "percurso novo" na história da Igreja, uma "nova etapa na evangelização de sempre" (FRANCISCO, 2015b, n. 4); 4ª. No discurso que fez à Associação Teológica Italiana (19/12/2017), por ocasião do cinquentenário de sua fundação, destaca seu nascimento "no espírito de serviço e comunhão indicado pelo Concílio Ecumênico Vaticano II"; diz que "a Igreja deve referir-se sempre àquele acontecimento, através do qual teve início 'uma nova etapa da evangelização'"; fala da necessidade de uma "fidelidade criativa" ao Concílio; e pede aos teólogos para "permanecer fiéis e ancorados ao Concílio e à capacidade que ali a Igreja demonstrou de se deixar fecundar pela novidade perene do Evangelho de Jesus Cristo" (FRANCISCO, 2017b); 5ª. No encontro com os jesuítas em Vilnius, Lituânia, 23 de setembro de 2018, respondendo à pergunta de um jovem jesuíta de como ajudá-lo em seu ministério, diz sentir que "o Senhor quer que o Concílio abra caminho na Igreja" e, se ele quer ajudá-lo, "aja de modo a levar adiante o Concílio na Igreja" (FRANCISCO, 2018c). Poderíamos estender muito a lista de referências explícitas ao Concílio, mas as indicações feitas são suficientes para demonstrar que o Concílio não é apenas um evento e uma referência importantes para Francisco, mas o ponto de partida, o horizonte e o caminho de seu ministério pastoral como bispo de Roma.

O tema da sinodalidade aparece aqui como expressão emblemática do processo de retomada e aprofundamento da "recepção conciliar" que caracteriza o ministério pastoral de Francisco. Falando de "sinodalidade", ele insiste na natureza e no dinamismo sinodais ("caminhar juntos") da Igreja. E com isso não faz senão retomar e aprofundar a eclesiologia do Povo de Deus que constitui uma das maiores novidades do Concílio (COMBLIN, 2002, p. 9; CTI, 1984), mas que se apresenta como uma obra/agenda inacabada e, sob muitos aspectos, sufocada ou mesmo interrompida (VELASCO, 1995, p. 229-231; COMBLIN, 2002, p. 9; LIBANIO, 2005, p. 179-203; SCANNONE, 2019, p. 185). Daí o entusiasmo (de muitos) e a resistência (de outros) que esse processo gera na Igreja. E não poderia ser diferente, uma vez que isso mexe com interesses e privilégios de determinados grupos e afronta mentalidades/ideologias que justificam e legitimam esses interesses e privilégios.

Francisco reconhece que "há muitas resistências em superar a imagem de uma Igreja rigidamente dividida entre líderes e subordinados, entre os que ensinam e os que têm de aprender", ao mesmo tempo em que insiste que "caminhar juntos evidencia como linha mais a horizontalidade do que a verticalidade" (FRANCISCO, 2021d). E sempre que fala de "sinodalidade" ou "Igreja sinodal", refere-se ao Concílio Vaticano II: Povo de Deus, unção do Espírito, *sensus fidei*, missão etc. (FRANCISCO, 2015a). Na reflexão que fez para o início do processo sinodal, por exemplo, ao comentar as palavras-chave do Sínodo, "comunhão, participação, missão", afirma que "comunhão e missão são expressões teológicas que designam o mistério da Igreja", mas que "comunhão e missão correm o risco de permanecer termos meio abstratos, se não se cultiva uma práxis eclesial que se exprima em ações concretas de sinodalidade". Mostra como a Constituição Dogmática *Lumen gentium* esclarece o mistério da Igreja em termos de "comunhão e missão". Recorda que Paulo VI condensou nestas duas palavras as "linhas mestras, enunciadas pelo Concílio" e que João Paulo II advertiu que para que os sínodos dos bispos possam dar frutos "é preciso que nas Igrejas locais se trabalhe pela sua preparação com participação de todos" (FRANCISCO, 2021e). De modo que, tratando da sinodalidade da Igreja (comunhão, participação, missão), Francisco se insere plenamente no processo de renovação conciliar da Igreja, retomando e aprofundando a eclesiologia do Povo de Deus.

2. Fundamentos teológico-eclesiológicos da sinodalidade

Não se deve buscar nos escritos de Francisco (documentos, discursos, homilias) nem esperar dele um tratado ou estudo sistemático de eclesiologia. Isso não compete ao ministério dos bispos, mas ao ministério dos/as teólogos/as. Mesmo papas, como Bento XVI, que foram professores de teologia, publicaram livros e têm uma reflexão mais sistemática e elaborada, não oferecem, no exercício de seu ministério pastoral, tratados ou estudos sistemáticos de temas ou áreas da teologia[1]. Abordam, certamente, muitos temas/assuntos teológicos, destacando aspectos que consideram relevantes e/ou parecem comprometidos em determinado contexto, sem, contudo, tomar para si a tarefa própria dos teólogos de um estudo mais abrangente e aprofundado desses temas. É importante insistir nesse ponto para advertir contra insinuações apelativas que pretendem desqualificar teologicamente as reflexões e orientações teológico-pastorais de Francisco, como se elas carecessem de solidez/fundamento teológico ou, pior ainda, desvirtuassem e comprometessem a Tradição da Igreja. No exercício de seu ministério, o bispo de Roma, Francisco ou qualquer outro, age como pastor e não como professor. Seu ministério é de ordem pastoral e não teológica, por mais que suponha, implique e faça teologia.

---

1. Não por acaso, no Prefácio da primeira parte de sua obra *Jesus de Nazaré*, ele afirma explicitamente que "este livro não é de modo algum um ato de magistério, mas unicamente expressão de [sua] própria procura pessoal 'do rosto do Senhor' (Sl 27,88)" (RATZINGER, 2007, p. 19).

Dito isto, é preciso insistir na mútua implicação e colaboração entre o ministério dos pastores e o ministério dos teólogos, reconhecendo, ao mesmo tempo, as sensibilidades e afinidades teológicas de cada papa no exercício de seu ministério pastoral. O modo de abordar/enfrentar problemas ou temas pastorais (compreensão, enfoque, ênfase, linguagem etc.), pressupõe/implica sempre concepções e perspectivas teológicas mais ou menos explícitas e elaboradas. E é neste sentido que falamos aqui de pressupostos e perspectivas eclesiais, de fundamentos eclesiológicos ou mesmo de eclesiologia de Francisco. Em seus documentos, discursos, homilias, gestos e orientações pastorais há uma compreensão ou noção de Igreja, mais ou menos explícita e elaborada, expressa de modo emblemático, com conceitos e imagens, em termos de "sinodalidade" ou "Igreja sinodal", que precisa ser explicitada e desenvolvida. Trata-se, como indicamos acima, de uma compreensão/noção de Igreja desenvolvida no "sulco" aberto/traçado pelo Concílio Vaticano II e que se configura como retomada e aprofundamento da noção ou compreensão conciliar da Igreja como Povo de Deus.

Falando de "sinodalidade" ou "Igreja sinodal", Francisco se refere ao "povo de Deus" em sua totalidade: o "caminhar juntos" do "povo santo de Deus". E esse "caminhar juntos" indica a natureza e o dinamismo da Igreja, seu modo de ser e agir.

Isso leva Francisco a falar do clericalismo como "um dos males" ou uma "perversão" da Igreja: ele "separa o sacerdote, o bispo, do povo" (FRANCISCO, 2021d); mantém os leigos "à margem das decisões" (EG 102); "não só anula a personalidade dos cristãos, mas tende também a diminuir e a subestimar a graça batismal que o Espírito Santo pôs no coração do nosso povo", esquecendo/negando que "a visibilidade e a sacramentalidade da Igreja pertencem a todo o povo de Deus e não só a poucos eleitos e iluminados" (FRANCISCO, 2016); gera uma "cumplicidade pecadora", na qual "o pároco clericaliza e o leigo lhe pede por favor que o clericalize, porque, no fundo, lhe resulta cômodo" (FRANCISCO, 2013b) e vai reproduzindo, a seu modo, nos discursos, nas relações, nos gestos e nas ritualidades, essa mentalidade e prática clericais.

Ao mesmo tempo em que critica radicalmente o clericalismo como um "mal" ou uma "perversão", Francisco retoma e aprofunda a compreensão conciliar da Igreja como "povo de Deus", insistindo na comunhão, na participação e na corresponsabilidade missionária de todos os cristãos. Seu fundamento é o batismo: "Dele, nossa fonte de vida, deriva a igual dignidade dos filhos de Deus, embora na diferença de ministérios e carismas. Por isso, todos somos chamados a participar na vida da Igreja e na sua missão" (FRANCISCO, 2021e). Francisco se refere aqui constante e insistentemente à "unção do Espírito", ao *"sensus fidei"* e ao "famoso infalível *'in credendo'*" da totalidade do povo de Deus (EG 119; FRANCISCO, 2015a, 2021d) – aspectos essenciais e fundamentais da eclesiologia do "povo de Deus", pouco desenvolvidos pelo magistério e pela teologia pós-conciliar (REPOLE, 2018, p. 51; SCHICKENDANTZ, 2020, p. 113 s). Isso "impede" tanto uma "rígida separação entre *Ecclesia docens* e *Ecclesia discens*, já que também o rebanho possui a sua 'intuição' para discernir as novas estradas que o Senhor revela à Igreja", quanto um "esquema de evangelização realizado por agentes qualificados enquanto o resto do povo fiel seria apenas receptor das suas ações" (FRANCISCO, 2015a).

Além de recorrer a esses conceitos teológico-eclesiológicos que estão na base da concepção/perspectiva conciliar da Igreja como "povo de Deus", Francisco recorre com frequência a imagens/figuras que tornam ainda mais visível e acessível sua compreensão e perspectiva de sinodalidade ou Igreja sinodal: a. *Pirâmide invertida*: "nesta Igreja, como numa pirâmide invertida, o vértice encontra-se abaixo da base. Por isso, aqueles que exercem a autoridade chamam-se 'ministros', porque, segundo o significado original da palavra, são os menores no meio de todos" (FRANCISCO, 2015a); b. *Horizontalidade*: "caminhar juntos evidencia como linha mais a horizontalidade que a verticalidade" (FRANCISCO, 2021; c. *Poliedro*: "reflete a confluência de todas as partes que nele mantém sua originalidade" (EG 236).

Dessas três imagens, a mais recorrente, usada em contextos e com sentidos diversos (EG 236; CV 207; QA 29-30; FT 215) e a mais importante é certamente a última. Embora todas elas estejam referidas a imagens eclesiais que devem ser superadas (pirâmide, verticalidade, esfera), enquanto as duas primeiras conservam ainda aspectos da ambiguidade que pretendem superar (pirâmide, referência a verticalidade), a terceira expressa uma imagem coerente com a natureza e a missão da Igreja (unidade na diversidade). Contrapondo o "modelo do poliedro" (unidade constituída por partes diversas e irredutíveis) ao "modelo da esfera" (todos os pontos são iguais e equidistantes do centro), Francisco adverte contra a tentação da "uniformidade" e insiste numa "unidade na diversidade": "O poliedro é uma unidade, mas com todas as partes diversas; cada uma tem a sua peculiaridade, o seu carisma. Esta é a unidade na diversidade" (Francisco, 2014a). E aqui está "uma das chaves teológicas mais significativas" do magistério de Francisco (Galli, 2018, p. 142).

O tema da *sinodalidade* permite retomar a eclesiologia do *povo de Deus*, reafirmando a igualdade e a corresponsabilidade fundamentais de todos os cristãos na diversidade de seus carismas e ministérios ("caminhar juntos" do povo de Deus) e oferecendo o "quadro interpretativo mais apropriado para compreender o próprio ministério hierárquico" (serviço ao povo de Deus). Se a constituição fundamental da Igreja como povo de Deus faz com que nela "ninguém [possa] ser 'elevado' acima dos outros", seu caráter ministerial faz com que nela "alguém 'se abaixe' pondo-se a serviço dos irmãos ao longo do caminho" (Francisco, 2015a). Não é o povo de Deus que existe em função dos ministérios eclesiais, particularmente do ministério ordenado. São os vários ministérios, dentre os quais está o ministério ordenado, que existem em função da Igreja e sua missão no mundo. Tudo isso mostra como o tema da sinodalidade aparece em Francisco como retomada e aprofundamento da eclesiologia do povo de Deus.

3. Desafios para a vivência/realização de um processo sinodal na Igreja

Se não é fácil falar da "natureza sinodal" da Igreja ou da sinodalidade como "dimensão constitutiva" da Igreja (fundamento teológico-eclesiológico), mais difícil ainda é desenvolver um dinamismo sinodal que favoreça um processo de efetiva comunhão, participação e corresponsabilidade missionária na Igreja (mentalidade e estruturas). E isso tem a ver, em última instância, com o dinamismo clerical que se impôs na Igreja ao longo dos séculos. Por mais que o Concílio Vaticano II tenha desencadeado um processo de superação dessa eclesiologia clerical por uma concepção de Igreja como povo de Deus, na diversidade de seus carismas e ministérios, não conseguiu se impor como mentalidade e modo de organização eclesiais. Pior ainda: por mais que nunca se tenha deixado de falar do Concílio, o que constatamos nas últimas décadas é um processo intenso de autocentramento e de clericalização da Igreja que vai na contramão do processo conciliar de abertura ao mundo e de afirmação da igualdade e corresponsabilidade fundamentais de todos os batizados (LIBANIO, 1984; LIBANIO 2005, p. 173-178). Daqui brotam as resistências e oposições mais ou menos veladas ou escancaradas ao processo de renovação sinodal da Igreja. Essas resistências e oposições se dão de muitas formas: seja tratando com indiferença ou de modo meramente formal; seja tentando relativizar e esvaziar sua densidade teológico-dogmática ou distorcendo e manipulando seu sentido e sua abrangência; seja opondo-se abertamente a ele. No fundo, estão em jogo aqui concepções e modelos eclesiológicos distintos e incompatíveis: eclesiologia clerical *versus* eclesiologia sinodal (CIPOLLINI, 2021, p. 11, 91).

O processo de renovação sinodal da Igreja, desencadeado e conduzido por Francisco, põe-nos diante de uma série de dificuldades que, mais que empecilhos ou impedimentos, devem ser tomadas como desafios a serem enfrentados e superados. Sem poder abordar essas dificuldades de maneira abrangente e aprofundada, limitamo-nos aqui a indicar algumas delas em torno de dois aspectos que nos parecem fundamentais e decisivos para um autêntico processo de conversão sinodal da Igreja: dinamismo sinodal da Igreja e dinamismo missionário da sinodalidade.

3.1. Dinamismo sinodal da Igreja

Falar de dinamismo eclesial é falar do modo de ser e agir da Igreja. Isso implica tanto uma forma concreta de organização e funcionamento da Igreja (sujeitos, estruturas, instâncias de direção e decisão, legislação), quanto um imaginário ou uma mentalidade eclesial (imagem ou ideia da Igreja). Se na Igreja nascente predominou um *dinamismo comunitário* (comunidade com seus carismas e ministérios), nos séculos seguintes foi se consolidando e se impondo um *dinamismo clerical* (centrado no clero). Por mais que o Concílio Vaticano II tenha desencadeado um processo de superação desse dinamismo clerical em função de um dinamismo comunitário que corresponde à natureza da Igreja que é mistério de comunhão, nem de longe é uma tarefa acabada. Temos um longo caminho pela frente. E é aqui que se insere o desafio de promover e/ou aprofundar na Igreja um *dinamismo sinodal* (o "caminhar juntos" do povo de Deus). Em boa medida, o dinamismo sinodal, que envolve a totalidade do povo de Deus, é um modo de ser e agir que se contrapõe ao dinamismo clerical, centrado no clero (CIPOLLINI, 2021, p. 11, 91). Daí as enormes dificuldades de sua efetivação. Não é nada fácil se contrapor e superar um dinamismo tão arraigado em nosso imaginário eclesial e tão consolidado nas relações, nos ritos, nas práticas e nas estruturas de governo da Igreja. E não se deve esquecer que o clericalismo está profundamente vinculado às mais diversas formas de elitismo social. Também na sociedade há um imaginário elitista materializado em estruturas e instituições que produzem e reproduzem relações de dominação e subordinação. E esses dinamismos de dominação/subordinação são muito mais cúmplices do que se pode imaginar. Seu enfrentamento na Igreja implica tanto estruturas que favoreçam e promovam efetiva comunhão, participação e corresponsabilidade missionária de todos os batizados, quanto a desconstrução e reconstrução do imaginário eclesial.

a. Estruturas eclesiais

Um dinamismo sinodal implica processos e estruturas que possibilitem, favoreçam e promovam efetiva comunhão, participação e corresponsabilidade entre todos na Igreja. O "caminhar juntos" do povo de Deus não pode ser um mero ideal/sonho, mas precisa ser concretizado em processos e estruturas reais e efetivos. Em sua Exortação Apostólica *Evangelii gaudium*, Francisco já advertia que "uma identificação dos fins, sem uma condigna busca comunitária dos meios para alcançá-los, está condenada a traduzir-se em mera fantasia" (EG 236). E na reflexão que fez para o início do percurso sinodal, comentando as palavras-chave do Sínodo, advertia que "comunhão e missão correm o risco de permanecer termos meio abstratos, se não se cultiva uma práxis eclesial que se exprima em ações concretas de sinodalidade [...], promovendo o efetivo envolvimento de todos e cada um" ou que, "se falta uma participação real de todo o povo de Deus, os discursos sobre a comunhão arriscam-se a não passar de pias intensões" (FRANCISCO, 2021e).

Francisco reconhece que nos últimos tempos "deram-se alguns passos em frente"; mas reconhece também que "sente-se ainda uma certa dificuldade e somos obrigados a registrar o mal-estar e a tribulação de muitos agentes pastorais, dos organismos de participação das dioceses e paróquias, das mulheres que muitas vezes são deixadas à margem" (FRANCISCO, 2021e). E insiste na necessidade de revigorar/dinamizar os espaços e os meios de participação já existentes na Igreja e de aprofundá-los e ampliá-los para que a Igreja seja cada vez mais aquilo que é chamada a ser: sacramento de comunhão no mundo.

A perspectiva processual de Francisco o leva a reconhecer e destacar o que já existe de positivo, por mais limitado e ambíguo que seja, e, a partir daí, indicar e propor caminhos/processos para seu aprofundamento e sua ampliação. É importante não perder de vista que um princípio fundamental do ministério/magistério pastoral de Francisco é que "o tempo é superior ao espaço", o que significa e implica "ocupar-se mais com iniciar processos do que possuir espaços" (EG 222-225). Seu modo ou sua estratégia de ação não é produzir rupturas drásticas, mas construir pontes, abrir caminhos, desencadear processos. Sempre com o cuidado de envolver os mais diversos sujeitos eclesiais, favorecendo e promovendo o "caminhar juntos" do povo de Deus. Sinodalidade não é apenas uma meta para Francisco, mas deve ser o modo habitual de agir na/da Igreja. E isso vale também para os processos e as estruturas de comunhão, participação e corresponsabilidade missionária.

Na Exortação *Evangelii gaudium*, Francisco destaca três âmbitos/formas de participação eclesial que precisam ser revitalizados, aprofundados e ampliados.

Em primeiro lugar, a *comunidade* que é o "âmbito para a escuta da Palavra, o crescimento da vida cristã, o diálogo, o anúncio, a caridade generosa, a adoração e a celebração". Ele se refere aqui tanto à paróquia como "presença eclesial no território" e como "comunidade de comunidades", quanto a "outras instituições eclesiais" como "comunidades de base e pequenas comunidades, movimentos e outras formas de associações" (EG 28-29). E toda insistência nesse ponto será pouca: sem comunidade e sem vida comunitária não há real e efetiva sinodalidade.

Em segundo lugar, os *organismos de participação*. Francisco insiste aqui na necessidade de "estimular e procurar o amadurecimento dos organismos de participação propostos pelo Código de Direito Canônico e de outras formas de diálogo pastoral" (EG 31). Fala não apenas do "amadurecimento" dos organismos já previstos no Direito Canônico como sínodo diocesano, conselho econômico, conselho presbiteral, conselho pastoral, mas também da busca de "outras formas de diálogo pastoral" como, por exemplo, as assembleias de pastoral em muitas paróquias e dioceses e as equipes mistas (presbíteros, religiosos, leigos) de animação pastoral em algumas paróquias e dioceses etc.

Em terceiro lugar, o *ministério do bispo de Roma* e os *organismos de colegialidade episcopal*. Francisco afirma que "também o papado e as estruturas centrais da Igreja universal precisam ouvir este apelo a uma conversão pastoral"; reconhece que "ainda não foi suficientemente explicitado um estatuto das conferências episcopais que as considere como sujeitos de atribuições concretas, incluindo alguma autêntica autoridade doutrinal" e que "uma centralização excessiva, em vez de ajudar, complica a vida da Igreja e sua dinâmica missionária" (EG 32). Diz que "não convém que o papa substitua os episcopados locais no discernimento de todas as problemáticas que sobressaem em seus territórios" e que sente necessidade de "proceder a uma salutar descentralização" (EG 16). Isso explica algumas medidas que favorecem uma maior colegialidade episcopal como, por exemplo, a reforma da Cúria (FRANCISCO, 2022b), a reforma do Sínodo dos Bispos (FRANCISCO, 2018b) e a ampliação das competências das conferências episcopais: textos litúrgicos (FRANCISCO, 2021b), catecismos (FRANCISCO, 2022a) etc. e dos bispos diocesanos: processos matrimoniais (FRANCISCO, 2015d), rito tridentino (FRANCISCO, 2021c), seminários (FRANCISCO, 2022a) etc.

Avançando ainda mais no processo de participação e corresponsabilidade eclesiais, Francisco ampliou e regulamentou o processo de escuta do povo de Deus nos sínodos dos bispos, aprovou a criação da Conferência Eclesial da Amazônia, convocou a Primeira Assembleia Eclesial da América Latina e do Caribe, fez algumas alterações na legislação para ampliar a participação das mulheres na Igreja: lava-pés (FRANCISCO, 2014b), acolitado e leitorado (FRANCISCO, 2021a), funções na cúria etc., e instituição do ministério dos catequistas (FRANCISCO, 2021b). Merecem particular destaque aqui, a conferência e a assembleia eclesiais, enquanto organismo e espaço representativos de todo povo de Deus e não apenas dos bispos.

Todas essas iniciativas de reformas das estruturas são sinais e caminhos de sinodalidade já presentes na Igreja que, se revitalizados e aprofundados, ampliarão os processos e os espaços de comunhão, participação e corresponsabilidade eclesiais. Nunca é demais recordar que sinodalidade não é algo que se impõe por decreto, mas fruto e expressão de processos complexos, ambíguos, limitados e mesmo conflitivos. Daí a perspectiva e o modo processuais de renovação/conversão sinodal da Igreja propostos e conduzidos por Francisco.

b. *Imaginário eclesial*

Certamente, sem processos e estruturas que possibilitem, favoreçam e promovam efetiva comunhão, participação e corresponsabilidade missionária de todos os batizados não há verdadeira sinodalidade na Igreja. Sem espaços e processos de real e efetiva participação, os discursos sobre comunhão e corresponsabilidade missionária terminam em "mera fantasia" (EG 236) ou em "pias intensões" (FRANCISCO, 2021e). Daí a necessidade de revitalização, aprofundamento e ampliação das estruturas de participação na Igreja. E tanto no nível da prática pastoral, quanto no nível de sua institucionalização e regulamentação jurídica. Mas isso não é tudo. Além de estruturas de participação, é necessário espírito/dinamismo de comunhão e corresponsabilidade eclesiais. Francisco insiste aqui que "as boas estruturas servem quando há uma vida que as anima, sustenta e avalia", advertindo que "sem vida nova e espírito evangélico autêntico, sem 'fidelidade da Igreja à própria vocação', toda e qualquer nova estrutura se corrompe em pouco tempo" (EG 26). Basta ver como vários espaços, organismos e meios de participação política na sociedade (associações, conselhos, eleições etc.) são manipulados, instrumentalizados e acabam servindo para legitimar processos e interesses contrários à população. E isso se dá também na Igreja. Sem espírito de comunhão e corresponsabilidade missionária, os processos e meios de participação terminam em disputa de poder e/ou em formalismo burocrático.

Nunca se deve minimizar o poder do clericalismo no conjunto da Igreja e seu vínculo estreito com o poder dos elitismos no conjunto da sociedade. Isso cria um dinamismo de dominação/subordinação na Igreja e na sociedade que se materializa e se consolida tanto em processos, relações e estruturas, quanto em mentalidade/imaginário que justifica e reproduz processos, relações e estruturas de dominação. E nunca se deve minimizar o poder do imaginário ou da mentalidade clericais que concebe a Igreja como "sociedade desigual" (clero X leigos; Igreja docente X Igreja discente; ativo X passivo; manda X obedece), reduzindo a eclesiologia a uma espécie de "hierarcologia" (CONGAR, 1966, p. 65, 72), que acentua a centralidade da hierarquia em detrimento do povo de Deus. Essa mentalidade ou esse imaginário se materializa em *doutrinas* mais ou menos difusas ou elaboradas acerca do ministério/ministro ordenado (ungido, sagrado, servo de Deus, próximo de Deus, age *"in persona christi"* etc.), no *lugar que ocupa* nas celebrações, nos encontros, nas atividades eclesiais e até nas fotografias (sempre no centro), nos *gestos/ritos relacionais* (pronomes de tratamento, pedir benção, beijar a mão, primeiros lugares etc.), no *calendário "litúrgico" clerical* (dia do padre, aniversário de nascimento, de vida religiosa, de ordenação diaconal e presbiteral, de "posse" na paróquia etc.), nas *vestes litúrgicas* e nos *distintivos clericais* (sempre mais pomposos e exóticos) etc. Tudo isso faz do ministro ordenado o centro (e o dono!) da Igreja e o transforma num ser ontologicamente superior ao resto do povo de Deus, ofuscando "a graça batismal que o Espírito Santo pôs no coração do nosso povo", esquecendo/negando que "a visibilidade e a sacramentalidade da Igreja pertencem a todo o povo de Deus e não só a poucos eleitos e iluminados" (FRANCISCO, 2016).

Daí a insistência de Francisco na necessidade e no desafio de "superar a imagem de uma Igreja rigidamente dividida entre líderes e subordinados, entre os que ensinam e os que têm de aprender", evidenciando e favorecendo como "linha" (perspectiva, estruturas, dinamismo) "mais a horizontalidade do que a verticalidade" (FRANCISCO, 2021d). E isso implica uma nova compreensão do ministério/ministro ordenado na Igreja: ele não está "acima dos outros", mas, como ministro, deve ser o "menor no meio de todos", pondo-se ao "serviço dos irmãos" (FRANCISCO, 2015a); não é o "patrão da barraca", mas o "pastor de toda uma Igreja" (FRANCISCO, 2021e). Não se trata de negar a importância e a especificidade do ministério ordenado, mas de superar uma visão clerical que transforma o ministério em privilégio e dominação e acaba comprometendo a graça batismal e a sacramentalidade de todo povo de Deus. Não há oposição entre povo de Deus e ministério ordenado. Os ministros ordenados são membros do povo de Deus e recebem da Igreja um ministério a serviço da Igreja e sua missão no mundo. Não é a Igreja que existe e deve ser pensada a partir e em função dos ministros ordenados, mas, pelo contrário, são os ministros ordenados que existem e devem ser pensados a partir e em função da Igreja e sua missão no mundo. Sem essa mudança de mentalidade ou imaginário eclesial, não é possível verdadeira sinodalidade na Igreja. A participação eclesial termina sendo concessão do clero (depende sempre dele) e/ou disputa de poder (entre algumas lideranças leigas e o clero), mas não expressão do modo de ser e agir da Igreja que é mistério de comunhão. E essa mudança de mentalidade diz respeito à totalidade do povo de Deus e não apenas aos ministros ordenados.

Assim como o imaginário clerical está arraigado em doutrinas, ritos, organização do espaço e do tempo, também um imaginário sinodal precisa se materializar em *doutrinas* (unção batismal, *sensus fidei*, infalível *in crendendo*, sacerdócio comum, agir *in persona christi* de todo povo de Deus etc.), *cantos* ("nós somos muitos, mas formamos um só corpo"; "agora é tempo de ser Igreja, caminhar juntos, participar" etc.), *espaço litúrgico* (comunidade reunida em torna da Palavra e da Eucaristia e não voltada para o ministro; visibilidade dos vários ministérios; comunidade celebrante etc.), *imagens* (poliedro; não identificar a Igreja com o templo, o presbitério e o ministro, mas com o povo de Deus com seus carismas e ministérios; não separar a eucaristia da comunidade, identificando-a com o ministro etc.); *relações* (fraternidade e corresponsabilidade) etc. Assim como um imaginário clerical legitima e reproduz um dinamismo clerical, um imaginário sinodal legitima e reproduz um dinamismo sinodal. E se não é fácil promover uma descentralização do poder e ampliar os espaços de participação na Igreja, menos ainda é transformar a mentalidade ou o imaginário eclesial que expressa e legitima as relações e estruturas de poder. Em todo caso, sem mudança de mentalidade/imaginário eclesial, sem espírito de comunhão e corresponsabilidade missionária, as mudanças estruturais não se consolidam e acabam esvaziadas, burocratizas e corrompidas.

3.2. Dinamismo missionário da sinodalidade

Falamos das dificuldades e dos desafios para revigorar, aprofundar e ampliar os espaços e os meios de participação na Igreja (estruturas) e desenvolver um espírito e uma mentalidade de comunhão e participação na Igreja (imaginário), num contexto de arrefecimento e até aversão ao processo de renovação conciliar da Igreja e fortalecimento do clericalismo que se impôs e se consolidou ao longo dos séculos. Mas é importante não perder de vista que o dinamismo sinodal da Igreja deve ser vivido e pensado em função de sua missão que é "tornar o Reino de Deus presente no mundo" (EG 176). Sinodalidade e missão se implicam e se remetem mutuamente: a missão é de todos os batizados ("caminhar juntos" de *todo povo de Deus*) e a comunhão e participação eclesiais se dão na missão e em função da missão ("caminhar juntos" na *missão*). Daí que, se a missão deve ser assumida num dinamismo sinodal, a sinodalidade deve ser vivida num dinamismo missionário.

E isso não é tão evidente nem tão simples como pode parecer à primeira vista. Mesmo os setores da Igreja que se entusiasmam com as reflexões, os processos e os espaços de participação eclesiais, nem sempre se dão conta ou tomam em sério o caráter essencialmente missionário da sinodalidade ou, em todo caso, nem sempre entendem e assumem a missão no espírito conciliar, que pensa a Igreja como sacramento de salvação ou do reinado de Deus no mundo (LG 1, 5, 8, 9, 42, 45, 48), retomado por Francisco, que propõe pensar a Igreja em saída para as periferias (EG 20, 30, 46, 191). Muitas vezes entendem a missão como participação em atividades, espaços e instâncias de decisão na Igreja, pouco se importando e se envolvendo com os problemas, os dramas e os desafios do mundo em que vivemos (GS 1). Quando isso acontece, a Igreja deixa de ser "fermento", "sal" e "luz" do Evangelho no mundo, "sinal e instrumento da íntima união com Deus e da unidade de todo o gênero humano" (LG 1) e se torna uma instituição/empresa de eventos religiosos e/ou um espaço de disputa de poder, que Francisco identifica como "mundanismo espiritual" (EG 93-97).

Desde o início de seu ministério pastoral, Francisco tem advertido contra a tentação à "autorreferencialidade" eclesial e insistido na necessidade e urgência de uma "transformação missionária da Igreja".

Retomando uma expressão de Henri de Lubac, Francisco fala do autocentramento ou da autorreferencialidade da Igreja como "mundanismo espiritual" e diz que ele é "infinitamente mais desastroso do que qualquer outro mundanismo meramente moral" (EG 93). Esse "mundanismo espiritual" se manifesta tanto em um "cuidado exibicionista da liturgia, da doutrina e do prestígio da Igreja" sem a preocupação de que "o Evangelho adquira uma real inserção no povo fiel de Deus e nas necessidades concretas da história" (neognosticismo), como no "fascínio de poder mostrar conquistas sociais e políticas, ou numa vanglória ligada à gestão de assuntos práticos, ou numa atração pelas dinâmicas de autoestima e de realização autorreferencial", denominada pelo Papa de neopelagianismo (EG 95). Em ambos os casos está em jogo a pretensão de "dominar o espaço da Igreja" (EG 95), alimentando a "vanglória de quantos se contentam com ter algum poder e preferem ser generais de exércitos derrotados antes que simples soldados de um batalhão que continua a lutar" (EG 96).

Ao mesmo tempo em que adverte contra esse "mundanismo espiritual" que é a autorreferencialidade eclesial, Francisco insiste na necessidade e urgência de uma "transformação missionária da Igreja". Aliás, este é o título do primeiro capítulo de sua Exortação Apostólica *Evangelii gaudium*, onde fala de "Igreja em saída" e de "pastoral em conversão" a partir do "coração do Evangelho", de uma "missão que se encarna nas limitações humanas" e da Igreja como "uma mãe de coração aberto" (EG 19-49). E, antes mesmo de sua exortação programática, a escolha do nome Francisco, pensando nos pobres, na paz e na criação (FRANCISCO, 2013a), já expressava essa perspectiva missionária de "descentramento eclesial" e de "saída para as periferias". Isso explica sua preocupação e seu envolvimento com os vários problemas e dramas existenciais e sociais de nosso tempo (FRANCISCO 2017, 2018a). Isso explica a centralidade de suas encíclicas sociais *Laudato si'*: "sobre o cuidado da casa comum" (FRANCISCO, 2015c) e *Fratelli tutti*: "sobre a fraternidade e a amizade social" (FRANCISCO, 2020b). E é nesse sentido que se deve tomar sua insistência quase obsessiva da Igreja viver num processo permanente de "saída para as periferias" sociais e existências (EG 20, 30, 46, 191):

> Prefiro uma Igreja acidentada, ferida e enlameada por ter saído pelas estradas, a uma Igreja enferma pelo fechamento e a comodidade de se agarrar às próprias seguranças. Não quero uma Igreja preocupada com ser o centro, e que acaba presa num emaranhado de obsessões e procedimentos [...] Mais do que o temor de falhar, espero que nos mova o medo de nos encerrarmos nas estruturas que nos dão uma falsa proteção, nas normas que nos transformam em juízes implacáveis, nos hábitos em que nos sentimos tranquilos, enquanto lá fora há uma multidão faminta e Jesus repete-nos sem cessar: "dai-lhes vós mesmo de comer" (EG 49).

E essa perspectiva missionária de "saída para as periferias" deve dinamizar todo o processo sinodal da Igreja. O "caminhar juntos" do povo de Deus tem um caráter e um dinamismo essencialmente missionários. Não existe por si mesmo nem para si mesmo, mas para a missão. Falando da dinâmica dos sínodos, Francisco não se cansa de recordar que o Sínodo não é um "parlamento" nem uma "investigação sobre as opiniões" (FRANCISCO, 2021e); que a escuta não é "uma questão de recolher opiniões" nem um "inquérito"; que "o exercício do *sensus fidei* não pode ser reduzido à comunicação e ao confronto de opiniões que possamos ter sobre este ou aquele tema, aquele aspecto único da doutrina, ou aquela regra de disciplina" nem a uma questão de "maiorias e minorias" – "quantas vezes os 'descartados' se tornaram a 'pedra angular', os 'distantes' tornaram-se 'próximos'" (FRANCISCO, 2021d). E falando dos "organismos de comunhão" da Igreja particular, adverte que "só na medida em que estes organismos permanecerem ligados a 'baixo' e partirem do povo, dos problemas do dia-a-dia, é que podem começar a tomar forma uma Igreja sinodal" (FRANCISCO, 2015a).

Tudo isso ajuda a compreender que o que está em jogo na sinodalidade não é a participação pela participação. Ela não é a meta ou o fim, mas é expressão/mediação de uma Igreja que é e deve ser sempre mais mistério de comunhão: "povo reunido na unidade do Pai e do Filho e do Espírito Santo" (LG 4) e constituído como "sinal e instrumento da íntima união com Deus e da unidade de todo gênero humano" (LG 1). Sem essa perspectiva missionária ("saída para as periferias"), a participação terminaria em autopromoção, disputa de poder e/ou mero burocratismo institucional ("mundanismo espiritual"). Por isso, nunca será demais insistir no caráter missionário da sinodalidade. Trata-se de "caminhar juntos" na "missão": a. Cultivando uma cultura do encontro, do diálogo e da solidariedade; b. Consolando e socorrendo os pobres e marginalizados em suas dores e participando de suas lutas por direitos e justiça social; c. Promovendo a fraternidade e a amizade social; d. Cuidando da casa comum. Isso faz da Igreja "povo de Deus" – "sacramento de salvação no mundo". Nisso consiste a sinodalidade da Igreja!

Conclusão

Situamos a reflexão sobre o tema da sinodalidade no contexto de retomada e aprofundamento da renovação conciliar da Igreja que caracteriza o ministério pastoral de Francisco. Indicamos a modo de teses e imagens seus fundamentos teológico-eclesiológicos. E apresentamos algumas dificuldades para a vivência de um autêntico processo sinodal que possibilite, favoreça e promova a comunhão, a participação e a corresponsabilidade missionária de todos os batizados.

Concluindo essa reflexão, convém destacar a importância do processo sinodal em curso que culminará na Assembleia do Sínodo dos

Bispos em outubro de 2023 e outubro de 2024. Seu mérito maior é provocar no conjunto da Igreja uma reflexão e um discernimento sobre a natureza e o dinamismo sinodal-missionário da Igreja. Certamente, não se pode esperar que o Sínodo resolva todos os problemas da Igreja nem supere suas ambiguidades. Mas ele pode desencadear processos de renovação/conversão eclesial que levem a uma maior fidelidade da Igreja à sua vocação e missão no mundo. Tampouco se deve desconsiderar ou banalizar o fato de que, sendo um "tempo de graça", o sínodo não está isento de "alguns riscos".

Dentre os riscos que corre o processo sinodal, Francisco advertiu várias vezes contra a tentação a transformá-lo num *parlamento* com suas disputas entre minorias e maiorias. E na reflexão que fez para o início do percurso sinodal, chamou a atenção para outros três riscos: a. *Risco do formalismo*: "reduzir [o] sínodo a um evento extraordinário, mas de fachada" – "não podemos contentar-nos com a forma, mas temos necessidade também de substância, instrumentos e estruturas que favoreçam o diálogo e a interação do povo de Deus, sobretudo entre os sacerdotes e os leigos"; b. *Risco do intelectualismo*: "transformar o sínodo numa espécie de grupo de estudo, com intervenções cultas, mas alheias aos problemas da Igreja e aos males do mundo; uma espécie de 'falar por falar'"; c. *Risco do imobilismo*: a tentação do "se fez sempre assim"; "quem se move neste horizonte, mesmo sem se dar conta, cai no erro de não levar a sério o tempo que vivemos. O risco é que, no fim, se adotem soluções velhas para problemas novos" (FRANCISCO, 2021e).

Ao mesmo tempo em que adverte contra esses riscos, convida-nos e anima-nos a vivermos esta ocasião de encontro, escuta e reflexão como um "tempo de graça" que nos oferece, na alegria do Evangelho, algumas "oportunidades": a. "encaminhar-nos, *não ocasionalmente, mas estruturalmente para uma Igreja sinodal*: um lugar aberto, onde todos se sintam em casa e possam participar"; b. *Igreja da escuta*: "escutar o Espírito na adoração e na oração"; "escutar os irmãos e as irmãs sobre as esperanças e as crises de fé nas diversas áreas do mundo, sobre as urgências de renovação da vida pastoral, sobre os sinais que provém das realidades locais"; c. *Igreja da proximidade*: voltar ao "estilo de Deus"; "o estilo de Deus é proximidade, compaixão e ternura"; "uma Igreja que não se alheie da vida, mas cuide das fragilidades e pobrezas do nosso tempos, curando as feridas e sarando os corações dilacerados com o bálsamo de Deus" (FRANCISCO, 2021e).

Certo de que tudo isso só é possível no Espírito, Francisco não se cansa de invocar o Espírito sobre o Sínodo, sobre a Igreja e sobre o mundo. Sabe que "é do Espírito que precisamos, da respiração sempre nova de Deus, que liberta de todo o fechamento, reanima o que está morto, solta as cadeias, espalha a alegria". Por isso, invoca insistentemente: "Vinde, Espírito Santo". Unidos a ele, a toda a Igreja, aos pobres da terra, também suplicamos ardentemente:

> Vinde, Espírito Santo! Vós que suscitais línguas novas e colocais nos lábios palavras de vida, livrai-nos de nos tornarmos uma Igreja de museu, bela, mas muda, com tanto passado e pouco futuro. Vinde estar conosco para que na experiência sinodal não nos deixemos dominar pelo desencanto, não debilitemos a profecia, não acabemos por reduzir tudo a discussões estéreis. Vinde, Espírito Santo de amor, e abri os nossos corações para a escuta. Vinde, Espírito de santidade, e renovai o santo povo fiel de Deus. Vinde, Espírito criador, e renovai a face da terra. Amém (FRANCISCO, 2021e).

Referências

AQUINO JÚNIOR, Francisco de. Sinodalidade como 'dimensão constitutiva da Igreja'. Retomando e aprofundando a eclesiologia conciliar. *REB* 321 (2022), p. 8-23.

CIPOLLINI, Pedro Carlos. *Sinodalidade*: Tarefa de todos. São Paulo: Paulus, 2021.

COMBLIN, José. *O Povo de Deus*. São Paulo: Paulus, 2002.

COMISSÃO TEOLÓGICA INTERNACIONAL (CTI). *A sinodalidade na vida e na missão da Igreja*. Brasília: CNBB, 2018.

COMISIÓN TEOLÓGICA INTERNACIONAL (CTI). *Temas selectos de teología* (1984). Disponível em: https://www.vatican.va/roman_curia/congregations/cfaith/cti_documents/rc_cti_1984_ecclesiologia_sp.html. Aceso 25/04/2022.

COMPÊNDIO DO VATICANO II. *Constituições, decretos, declarações*. Petrópolis: Vozes, 1995.

CONGAR, Yves. *Os leigos na Igreja*: Escalões para uma teologia do laicato. São Paulo: Herder, 1966.

FRANCISCO. "Discurso no encontro com os representes dos Meios de Comunicação Social". Roma: Libreria Editrice Vaticana, 2013a. Disponível em: https://www.vatican.va/content/francesco/pt/speeches/2013/march/documents/papa-francesco_20130316_rappresentanti-media.html. Acesso: 20/04/2022.

FRANCISCO. "Discurso aos bispos responsáveis do Conselho Episcopal Latino-americano por ocasião da reunião geral de coordenação", durante a Visita Apostólica ao Brasil, por ocasião da XXVIII Jornada Mundial da Juventude. Roma: Libreria Editrice Vaticana, 2013b. Disponível em: https://www.vatican.va/content/francesco/pt/speeches/2013/july/documents/papa-francesco_20130728_gmg-celam-rio.html. Acesso: 20/04/2022.

FRANCISCO. *Exortação Apostólica Evangelii Gaudium*: Sobre o anúncio do Evangelho no mundo atual (EG). São Paulinas, 2013c.

FRANCISCO. "Visita privada a Caserta para o encontro com o pastor evangélico Giovanni Traettino". Roma: Libreria Editrice Vaticana, 2014a. Disponível em: https://www.vatican.va/content/francesco/pt/speeches/2014/july/documents/papa-francesco_20140728_caserta-pastore-traettino.html. Acesso: 20/03/2022.

FRANCISCO, "Carta ao Prefeito da Congregação para o Culto Divino e a Disciplina dos Sacramentos sobre o rito do lava-pés na liturgia *in coena Domini*". Roma: Libreria Editrice Vaticana, 2014b. Disponível em: https://www.vatican.va/content/francesco/pt/letters/2014/documents/papa-francesco_20141220_lettera-lavanda-piedi.html. Acesso: 20/04/2022.

FRANCISCO. *Misericordiae vultus*: bula de proclamação do Jubileu Extraordinário da Misericórdia. São Paulo: Paulinas, 2015b.

FRANCISCO. *Carta Encíclica Laudato si'*: Sobre o cuidado da casa comum (LS). São Paulo: Paulinas, 2015c.

FRANCISCO. *Carta Apostólica em forma de Motu Proprio Mitis Iudex Dominus Iesus*: Sobre a reforma do processo canônico para as causas de declaração de nulidade do matrimônio no Código de Direito Canônico. Roma: Libreria Editrice Vaticana, 2015d. Disponível em: https://www.vatican.va/content/francesco/pt/motu_proprio/documents/papa-francesco-motu-proprio_20150815_mitis-iudex-dominus-iesus.html. Acesso: 21/04/2022.

FRANCISCO. "Discurso em comemoração do cinquentenário da instituição do Sínodo dos Bispos". Roma: Libreria Editrice Vaticana, 2015a. Disponível em: https://www.vatican.va/content/francesco/pt/speeches/2015/october/documents/papa-francesco_20151017_50-anniversario-sinodo.html. Acesso: 23/04/2022.

FRANCISCO. "Carta ao Cardeal Marc Ouellet, Presidente da Pontifícia Comissão para a América Latina". Roma: Libreria Editrice Vaticana, 2016. Disponível em: https://www.vatican.va/content/francesco/pt/letters/2016/documents/papa-francesco_20160319_pont-comm-america-latina.html. Acesso: 22/04/2022.

FRANCISCO. *Quem sou eu para julgar?* Rio de Janeiro: LeYa, 2017.

FRANCISCO. *Carta Apostólica em forma de "Motu Poprio" Magnum Pricipium*. Roma: Libreria Editrice Vaticana, 2017a. Disponível em: https://www.vatican.va/content/francesco/pt/motu_proprio/documents/papa-francesco-motu-proprio_20170903_magnum-principium.html. Acesso: 22/04/2022.

FRANCISCO. "Discurso à Associação Teológica Italiana". Roma: Libreria Editrice Vaticana, 2017b. Disponível em: https://www.vatican.va/content/francesco/pt/speeches/2017/december/documents/papa-francesco_20171229_associazione-teologica-italiana.html. Acesso: 22/04/2022.

FRANCISCO. *O futuro da fé*. Entrevista com o sociólogo Dominique Wolton. Rio de Janeiro: Petra, 2018a.

FRANCISCO. *Constituição Apostólica Episcopalis Communio*. Brasília: CNBB, 2018b.

FRANCISCO. "Incontro con i gesuiti": Viaggio Apostolico in Lituania, Letonia e Estonia. Roma: Libreria Editrice Vaticana, 2018c. Disponível em: https://www.vatican.va/content/francesco/it/speeches/2018/september/documents/papa-francesco_20180923_gesuiti-vilnius-lituania.html. Acesso: 23/04/2022.

FRANCISCO. *Exortação Apostólica Christus vivit* (CV). São Paulo: Paulinas, 2019a.

FRANCISCO. *Exortação Apostólica Pós-Sinodal Querida Amazônia* (QA). São Paulo: Paulinas, 2020a.

FRANCISCO. *Carta Encíclica Fratelli Tutti*: Sobre a fraternidade e a amizade social (FT). São Paulo: Paulinas, 2020b.

FRANCISCO. *Carta Apostólica sob forma de Motu Próprio Spiritus Domini*: Sobre a modificação do Cân. 230 § 1 do Código de Direito Canônico acerca do acesso das pessoas do sexo feminino ao Ministério Instituído do Leitorado e do Acolitado. Roma: Libreria Editrice Vaticana, 2021a. Disponível em: https://www.vatican.va/content/francesco/pt/motu_proprio/documents/papa-francesco-motu-proprio-20210110_spiritus-domini.html. Acesso: 24/04/2022.

FRANCISCO. *Carta Apostólica em forma de Motu Proprio Antiquum Ministerium pela qual se institui o "Ministério de Catequista"*. Roma: Libreria Editrice Vaticana, 2021b. Disponível em: https://www.vatican.va/content/francesco/pt/motu_proprio/documents/papa-francesco-motu-proprio-20210510_antiquum-ministerium.html. Acesso: 24/04/2022.

FRANCISCO. *Carta Apostólica en forma de Motu Proprio Traditionis Custodes*: Sobre el uso de la liturgia romana antes de la reforma de 1970. Roma: Libreria Editrice Vaticana, 2021c. Disponível em: https://www.vatican.va/content/francesco/es/motu_proprio/documents/20210716-motu-proprio-traditionis-custodes.html. Acesso: 24/04/2022.

FRANCISCO. "Discurso aos Fiéis da Diocese de Roma". Roma: Libreria Editrice Vaticana 2021d. Disponível em: https://www.vatican.va/content/francesco/pt/speeches/2021/september/documents/20210918-fedeli-diocesiroma.html. Acesso: 25/04/2022.

FRANCISCO. "Momento de reflexão para o início do percurso sinodal". Roma: Libreria Editrice Vaticana, 2021e. Disponível em: https://www.vatican.va/content/francesco/pt/speeches/2021/october/documents/20211009-apertura-camminosinodale.html. Acesso: 24/04/2022.

FRANCISCO. *Carta Apostólica sob forma de Motu Proprio Competentias Quasdam Descernere*. Roma: Libreria Editrice Vaticana, 2022a. Disponível em: https://www.vatican.va/content/francesco/pt/motu_proprio/documents/20220211-motu-proprio-assegnare-alcune-competenze.html. Acesso: 25/04/2022.

FRANCISCO. *Costituzione Apostolica "Praedicate Evangelium" sulla Curia Romana e il suo servizio ala Chiesa nel mondo*. Roma: Libreria Editrice Vaticana, 2022b. Disponível em: https://press.vatican.va/content/salastampa/it/bollettino/pubblico/2022/03/19/0189/00404.html. Acesso: 25/04/2022.

GALLI, Carlos María. *La alegria del Evangelio en América Latina*: de la Conferencia de Medellín a la canonización de Pablo VI (1968-2018). Buenos Aires: Agape, 2018.

LIBANIO, João Batista. *A volta à grande disciplina*: reflexão teológico-pastoral sobre a atual conjuntura da Igreja. São Paulo: Loyola, 1984.

LIBANIO, João Batista. *Concílio Vaticano II*: em busca de uma primeira compreensão. São Paulo: Loyola, 2005.

MADRIGAL TERRAZAS, Santiago. "Sinodalidad e Iglesia sinodal: Sus fundamentos teologales a la luz del Concilio Vaticano II". *Sal Tarrae* 107 (2019), p. 871-885.

RATZINGER, Joseph. *Jesus de Nazaré*: Do batismo no Jordão à transfiguração. São Paulo: Planeta do Brasil, 2007.

REPOLE, Roberto. *O sonho de uma Igreja evangélica*: A eclesiologia do Papa Francisco. Brasília: CNBB, 2018.

SCANNONE, Juan Carlos. *A teologia do povo*: raízes teológicas do Papa Francisco. São Paulo: Paulinas, 2019.

SCHICKENDANTZ, Calos. "A la búsqueda de una 'completa definición de sí misma': Identidad eclesial y reforma de la Iglesia en el Vaticano II". *Teología y Vida* 61/2 (2020), p. 99-130.

SPADARO, Antonio. *Entrevista exclusiva do Papa Francisco*. São Paulo: Paulus; Loyola, 2013.

VELASCO, Rufino. *A Igreja de Jesus*: Processo histórico da consciência eclesial. Petrópolis: Vozes, 1995.

Segunda Parte

A SINODALIDADE EM OUTRAS IGREJAS CRISTÃS NO BRASIL

4

Igreja Evangélica de Confissão Luterana no Brasil: uma igreja sinodal[1]

Marcos Jair Ebeling

Mas vós sois a geração eleita, o sacerdócio real, a nação santa, o povo adquirido, para que anuncieis as virtudes daquele que vos chamou das trevas para a sua maravilhosa luz
(1Pd 2,9)

Introdução

O objetivo deste texto é contribuir com a reflexão do tema da sinodalidade a partir da ótica e do modo de a compreender na Igreja Evangélica de Confissão Luterana no Brasil (IECLB).

A fala está estruturada em quatro pontos: 1. Destaque para fundamentos teológicos na perspectiva do documento "Discipulado Permanente e o Catecumenato Permanente" na IECLB e servir como o fundamento da Igreja de Jesus Cristo e uma breve análise do Conceito de Sacerdócio Geral de todas as pessoas que creem; 2. Uma partilha sobre a ideia e a prática da sinodalidade na IECLB; 3. Cuidados necessários e dificuldades na caminhada; 4. Uma conclusão que é uma

---

1. O presente texto corresponde à participação do autor na Mesa Redonda "A sinodalidade em outras Igrejas cristãs", do II Congresso Brasileiro de Teologia Pastoral.

provocação: o conceito de Comunidade Adulta conforme o Teólogo e Pastor Gotfried Brakemeier e os conceitos de Procissão e Processo em Mary Daly.

1. Fundamento Teológico

A "sinodalidade" na IECLB está fundada em três "princípios":

1. O Discipulado Permanente – Catecumenato Permanente: a IECLB apresentou ao IX Concílio, em 1974, um documento com o mesmo nome. Valho-me da sua valiosa reflexão como fundamento teórico das ideias aqui compartilhadas.

O ano era 1974. Está marcado na IECLB como ano no qual aconteceu uma ampla consulta às comunidades da Igreja acerca do tema do Ensino Confirmatório (catequese de adolescentes que acontece num tempo médio de 2 anos). Na prática de fé de muitas famílias, receber a confirmação equivalia a uma "formatura na fé", a conquista do direito de uma vida social "adulta", além de direitos para a vida de fé como o de ser chamado para ser padrinho/madrinha de batismo. A consequência deste pensamento era que muitos desses/as jovens não viviam e nem praticavam sua fé em comunidade, mesmo permanecendo vinculados/as a ela como membros. Constatou-se nesta consulta que dois anos de catecismo (catequese) não eram suficientes para uma vivência madura da fé e comprometida com o Evangelho no cotidiano da vida. Concluiu-se então que essa formação precisava ser permanente, ou seja, perpassar toda a vida cristã. Hoje falamos em formação Cristã Contínua.

Nesse movimento ganhou força inicialmente a reflexão teológica no sentido de definir o que é ser discípulo/a de Jesus Cristo. Por um lado, tem em si a conotação de aprendizado. Discípulo/a é o/a aprendiz do mestre; por outro, é também herdeiro/a de uma mensagem evangélica pois recebe o perdão dos pecados, a vida em liberdade, a esperança, o Espírito Santo e a filiação divina. O/a discípulo/a aprende um conteúdo de fé, mas também atos de fé.

Unir esses dois elementos do discipulado exige tempo de maturação, um jeito que une a mensagem e a prática da fé, o assumir-se como sal da terra e luz do mundo (Mt 5) com as consequências que são inerentes. Ser uma pessoa seguidora de Jesus exige tempo e muita formação.

Percebeu-se também que o que vale para o indivíduo vale igualmente para a comunidade de fé que quer ser seguidora de Jesus. A comunidade é composta de discípulos/as: há aprendizagem conjunta por serem todos irmãos/ãs (Mt 23,8). Não há hierarquia a despeito de conhecimentos e maturação na fé diferentes. Estes não justificam domínio de uns sobre outros. As diferenças asseguram o dinamismo eclesial. Considere-se ainda que a fé se traduz em comportamento social, pois não existe discipulado sem comunidade, nem amor a Deus sem amor ao próximo, nem comunhão com Deus sem comunhão com os/as irmãos/ãs. Trata-se de uma simultaneidade de dar e receber (uma constante troca entre discípulo/a e comunidade num processo de verdadeira interdependência).

A estrutura eclesial é importante e deve servir ao seu fim, qual seja, fomentar o culto a Deus e a comunhão entre as pessoas. A estrutura dinamiza a comunidade compreendida em diferentes níveis: a Igreja Universal (rompida e carente de reconciliação), a Igreja denominacional, a congregação local e a dimensão do "onde dois ou três" se reúnem em nome de Cristo. Em todos estes níveis o fim da estrutura é fomentar comunhão.

Ainda uma palavra sobre a pedagogia do discipulado: preconiza-se não uma doutrinação na fé, mas a formação de sujeitos/as na fé, o despertamento do carisma, a integração da pessoa na comunidade, o caráter dialogal do aprendizado e sua inserção concreta na vida de forma autônoma.

b. Servir, o fundamento da Igreja de Jesus Cristo: a Igreja Cristã é definida pela ação de servir. No Evangelho de Marcos, capítulo 10,35-45 [43-44], os discípulos Tiago e João anseiam por um lugar no Reino dos Céus. Surpreende a resposta de Jesus ao pedido que fazem: "Mas entre vós não será assim; antes, qualquer que entre vós quiser ser grande, será vosso serviçal; E qualquer que dentre vós quiser ser o primeiro, será servo de todos". Tiago e João carregam em si a lógica meritória da sociedade que, no dizer de Jesus, é invertida: a autoridade não está ligada a privilégios, mas ao serviço.

O servir tem um foco claro: serve-se às pessoas em suas necessidades (1Pd 5,1-4). Este princípio rege a maioria dos documentos normativos da IECLB e define seus ministérios – ordenados e não ordenados – em todos os níveis.

Este serviço é desempenhado de boa vontade (1Pd 2) e como resposta de gratidão: Deus nos serviu com seu amor, perdão, vida e salvação em Jesus Cristo. Nossa resposta de gratidão só pode ser esta: servir ao próximo da mesma forma como fomos graciosamente servidos por Deus. Lutero expressava assim este servir:

> Eis que em Cristo meu Deus deu a mim, homúnculo indigno e condenado, sem nenhum mérito, por mera e gratuita misericórdia, todas as riquezas da justiça e da salvação, de sorte que além disso não necessito absolutamente de mais nada a não ser da fé que crê que as coisas são de fato assim. Portanto, como não faria a este Pai, que me cobriu com suas inestimáveis riquezas, livre e alegremente, de todo o coração e com dedicação espontânea, tudo que sei ser agradável e grato perante ele? Assim me porei à disposição de meu próximo como um Cristo, do mesmo modo como Cristo se ofereceu a mim, nada me propondo a fazer nesta vida a não ser o que vejo ser necessário, vantajoso e salutar a meu próximo, visto que, pela fé, tenho abundância de todos os bens em Cristo (LUTERO, 1520, vol. 2, p. 453).

3. Sacerdócio Geral de Todas as Pessoas que Creem: este é um tema sobremodo importante para a IECLB e define bem a relação dos ministérios com Deus. Para este nosso diálogo faço dois destaques que nos são apresentados no *Guia para o Presbitério* (VOIGT, 2010, p. 21), ciente de que há compreensões diferentes entre as denominações cristãs:

a. Por um lado, a IECLB entende que o/a pastor/a (sacerdote) não é mediador/a do sagrado entre Deus e as pessoas. Esta prerrogativa é exclusiva de Cristo, conforme 1Tm 2,5 (veja também Hb 4,14; 6,20). Martim Lutero argumentava que Deus nos serve com sua graça que é acolhida pela fé. Deus escolheu Cristo Jesus para nos alcançar sua graça e deu à pessoa a fé como forma de acolhê-la, não sendo necessário mais ninguém como mediador/a;

b. Por outro lado, Kirst enfatiza que todas as pessoas são chamadas ao sacerdócio através do batismo e da fé com fundamento em 1Pd 2,9: "Mas vós sois a geração eleita, o sacerdócio real, a nação santa, o povo adquirido, para que anuncieis as virtudes daquele que vos chamou das trevas para a sua maravilhosa luz" (KIRST, 2008, p. 145 s).

Servir é, portanto, uma tarefa de todas as pessoas batizadas e de fé. Não há quem serve por um lado e quem é servido por outro. "Todos servem e, ao mesmo tempo, são servidos" (VOIGT, 2010, p. 33). O fundamento é a reciprocidade:

> Portanto, o leigo não é um simples "consumidor" religioso, dependente de um intermediário. O membro leigo possui participação ativa na missão de Deus e na vida da comunidade. O sacerdócio geral de todas as pessoas que creem é uma concretização da igreja como corpo, onde cada membro participa e serve com o seu dom. Os dons são diferentes, mas todos têm o mesmo valor. Portanto, o sacerdócio geral pressupõe essa igualdade em termos de dons na comunidade (VOIGT, 2010, p. 21).

Todo membro da igreja de Jesus Cristo é chamado a assumir este sacerdócio a partir do batismo. A responsabilidade pelo testemunho da fé cristã é conjunta, coletiva, de todo o corpo de Cristo (1Cor 12).

O Sacerdócio Geral não exclui o ministério específico. Este tem atribuições específicas, é incumbido pela Igreja e é necessário que tenha condições de realizá-lo. Não há ministérios distintos, mas pessoas vocacionadas, preparadas, examinadas e incumbidas para exercer atribuições específicas da missão de Deus. A ordenação não confere mais direitos aos ministérios específicos, antes uma maior quota de responsabilidade, principalmente no que se refere ao respeito ao sacerdócio geral de todas as pessoas que creem, o reconhecimento de dons na comunidade e a criação de espaço para eles (Preâmbulo do Estatuto do Ministério com Ordenação na IECLB).

Há um pressuposto comum entre o Sacerdócio Geral e o Ministério Ordenado, qual seja: testemunhar o Evangelho de Jesus Cristo como fruto do chamado batismal. Todas as pessoas batizadas, todos os ministérios (ordenados ou não) anunciam a salvação em Cristo e o próprio Cristo age através delas (Lc 10,16; Rm 10,15-17; 2Cor 5,20). A diferença entre um e outro está na atribuição, não no chamado ou na missão. O fundamento é o mesmo – batismo – e a atribuição não torna ninguém especial ou superior diante de Deus e das pessoas.

Esses pressupostos teológicos são importantes na definição da estrutura de trabalho da Igreja Luterana.

2. A sinodalidade na IECLB

A ideia da sinodalidade na Igreja Luterana é caminho longo e ainda inconcluso. A sinodalidade é tema transversal, define um modo de ser Igreja de Jesus Cristo, define nossa autocompreensão eclesiológica, define nossa compreensão ministerial e também a governança da Igreja.

A IECLB deixa-se impulsionar pelo Sacerdócio geral de todas as pessoas que creem, seja nos grupos comunitários de trabalho, seja no ministério ordenado e na governança da Igreja. A título de exemplo cito que celebramos em 2022 os 40 anos de ordenação de mulheres na IECLB. Especificamente na sua governança, no modo como conhecemos a IECLB hoje, desde 1998. Com o intuito de melhor compreender este jeito sinodal de ser Igreja destaco:

1. É um modo de ser igreja de Jesus Cristo: "sínodo" é palavra grega que significa "caminhar em conjunto". Para a IECLB indica que estamos juntos/as no caminho. Somos todos/as, conjuntamente, responsáveis pela missão de Deus.

Como já salientado, o Sacerdócio Geral é um dos alicerces desta perspectiva. Deus, ao batizar seus filhos e filhas, concede-lhes dons e conta com todos os dons concedidos para Sua missão que é a de testemunhar o Evangelho.

2. Integra a autocompreensão do ser Igreja de Jesus Cristo: a IECLB não se entende como uma igreja episcopal (onde os bispos e o clero são a referência principal da Igreja) e nem congregacional (onde a comunidade é autônoma e decide seus caminhos). Entende-se como Igreja sinodal, ou seja, em completa e total interação da comunidade local, das instâncias intermediárias, chamadas de Sínodos, e Igreja nacional.

A comunidade local é compreendida como o início e o fim da missão de Deus. A estrutura da Igreja sinodal (regional ou nacional) cumpre seu papel quando está a serviço da comunidade local. A estrutura da Igreja sinodal não tem sua finalidade em si, mas está em função do fomento da missão e da vida de fé comunitária, na forma da comunhão, da diaconia e da liturgia.

3. A governança da Igreja: os documentos normativos da IECLB preveem administração compartilhada entre ministros/as ordenados/as e leigos/as na proporção de 2/3 (em média) favorável aos leigos/as[2]. Nas instâncias nacionais, como o Concílio (órgão máximo de decisões da IECLB, que se reúne a cada dois anos) e o Conselho da Igreja (órgão imediatamente inferior ao Concílio, que toma as decisões nos entretempos conciliares) é coordenado por leigo/a. Da mesma forma, as Assembleias sinodais (instâncias regionais da IECLB) e seus Conselhos sinodais são dirigidos por leigos/as. O mesmo acontece na Paróquia e na Comunidade. Em todos esses espaços decisórios, ministros/as são

---

2. Este termo "leigo/a" não é mais bem acolhido na Igreja. É entendido de forma pejorativa e não expressa o valor das lideranças no seio da Igreja.

parte e têm como principal tarefa ser a voz e o zelo bíblico-pastoral nas decisões e na condução da Igreja.

Ressalte-se que nenhuma pessoa, seja ministra ou leiga, se autoproclama candidata para determinada função ou cargo. Ela necessariamente precisa ser indicada pelas comunidades para então, entre as indicadas, ser eleita pela assembleia ou Concílio reunido. A comunidade, início e fim da missão, indica as pessoas a quem confia o exercício da governança espiritual e temporal da Igreja.

Há um fator que precisa ser ponderado: as comunidades, geralmente, indicam lideranças locais para esses cargos ou funções por elas serem conhecidas. Há grande dificuldade de lideranças tornarem-se conhecidas nacionalmente por razões bastantes óbvias. Por outro lado, há que se considerar que sempre surgem novos nomes para os pleitos.

Outro fator a ser considerado é a necessária interação entre as instâncias locais, as regionais e a nacional. Cada instância tem uma função específica e o todo faz sentido na interação:

a. A comunidade local reúne pessoas de fé, testemunhas do Evangelho, que vive a comunhão comunitária, pratica a diaconia, cuida da catequese etc.;

b. O Sínodo (instância regional) é a reunião de comunidades e paróquias de determinada região geográfica. Tem a tarefa de fomentar o testemunho comum, contextualizado, a formação comum, e de zelar pela unidade das comunidades, fortalecendo-as no efetivo testemunho do Evangelho etc.;

c. A instância nacional é a reunião de Sínodos, num total de dezoito. Tem a tarefa de zelar pela unidade confessional da Igreja, realizar conjuntamente as tarefas que uma comunidade não consegue executar (formação de ministros/as, por exemplo).

Há, portanto, espaços de decisão local, regional e nacional. O diálogo constante entre esses espaços é fundamental para a boa execução da missão e do ser Igreja. O diálogo constante supera tendências e vertentes do ser igreja e percebe a pluralidade de dons e teologias como uma virtude. O diálogo é construtor de pontes e aproxima os diferentes. Leva à superação dos códigos legais e fomenta a maturidade da fé.

A ausência de diálogo, por sua vez, cria o espaço para a tentação da autossustentação, da autorregulamentação e um consequente distanciamento da necessária caminhada com a comunidade próxima, gerando dificuldades para o testemunho evangélico comum.

3. Cuidados e dificuldades no caminho

No limite e alcance desta mesa de diálogo, aponto – não necessariamente nesta ordem:
a. A intenção da Igreja sinodal é proporcionar o protagonismo das pessoas batizadas, torná-las sujeito da caminhada de fé da Igreja. Uma ação para alcançar esse fim é a aproximação da estrutura eclesial das comunidades de fé. Em boa medida este objetivo é alcançado através da participação de leigos e leigas nos conselhos regionais ou nacionais. Mas a aproximação entre a estrutura e a comunidade de fé depende ainda de outros fatores que precisam ser considerados: empatia, boa comunicação, sentimento de pertença, objetivos de fé comuns, além de boa dose de determinação;
b. A missão de Deus é fortalecida quando as comunidades estão próximas umas das outras. A força do testemunho da fé está na caminhada conjunta. Na IECLB, em geral, e no Sínodo Sudeste, em particular, a distância geográfica entre algumas das comunidades é empecilho para a caminhada sinodal. O isolamento é sentimento a ser superado;
c. Formação como exigência constante. A igreja sinodal clama por pessoas na base comprometidas com uma leitura fiel e dinâmica da desafiadora realidade vivida. E mais, pessoas com capacidade de oferecer testemunho fiel a Cristo no sentido de ser sal e luz no mundo. Mas requer ainda um ministério ordenado que compreende ser a comunidade o início e o fim da missão de Deus. Além da formação, o planejamento é ferramenta indispensável para coordenar as ações;

d. É constante o desafio de (re)assumir o corpo de Cristo, o conjunto, o ser Igreja una. A tentação de cada Sínodo (instância regional) é a de ser uma "pequena igreja", de movimentos teológicos ou mesmo comunidades fechadas em si mesmas;

e. A relação descentralização X centralização exige constante atenção. O objetivo é descentralizar as ações administrativas e pastorais. Mas experimentamos a crescente centralização administrativa e pastoral. Seja como forma de manter a unidade da Igreja, seja para desenvolver orientações comuns ou mesmo por exercício de poder.

Conclusão

Encerro minha participação com uma provocação: o conceito de Comunidade Adulta conforme o Teólogo e Pastor Gottfried Brakemeier, e a ideia do Processo.

A Igreja Adulta é assim definida por Brakemeier:

> A gratidão pela existência das comunidades não significa conformidade com o status quo das mesmas. Como visto, as transformações sociais, bem como o imperativo evangélico exigem adaptações, correções, mudanças. De acordo com a tradição luterana, a proposta a ser perseguida só poderá ser a da comunidade adulta. É a única que corresponde ao sacerdócio geral de todos os crentes, afirmado pela Bíblia e enfaticamente reafirmado pela Reforma luterana. É projeto altamente ambicioso, com o qual as Igrejas luteranas, elas mesmas, por demais vezes permanecem em débito. Requer a comunidade apta a dar razão da esperança (1Pd 3,15), a justificar a fé, a desafiar a sociedade pelo amor. Lutero traduziu a Bíblia e escreveu catecismos exatamente com o propósito de educar o povo cristão e conduzi-lo à maioridade na fé (cf. 1Cor 3,1s). Empenhou-se em emancipar os fiéis da tutela do clero. A pessoa cristã deve saber por que crê e o quê. Em razão disto, a formação teológica não é privilégio de uma

classe especial, e, sim, causa popular. Ainda que a comunidade cristã não possa prescindir de especialistas, o que importa mesmo é a equiparação da comunidade para a militância e o testemunho cristão no mundo. Eis o perfil cabível à comunidade evangélica de confissão luterana. Ainda que seja improvável ela alcançar a maturidade integral, a aproximação parcial já será um grande passo (BRAKEMEIER, in HASENAK, 2006, p. 412).

A Igreja do Processo[3] é compreendida em contraposição ao conceito de procissão. Segundo Daly, as pessoas sentem-se bem e confortáveis dentro de uma procissão. Tem alguém que conduz o grupo e mostra o caminho a ser seguido com exatidão. O caminho é bem demarcado e definido, quando não sempre o mesmo. As pessoas não precisam pensar no que fazem. Basta caminhar seguindo a procissão. Isto faz das procissões ações programadas e todos/as os/as participantes sabem quando e onde iniciam e quando e aonde chegarão. Ninguém sai do caminho, pois sair é romper. Para isto não acontecer, basta seguir quem vai à frente.

Já o Processo não é previsível. Implica em correr riscos. Colocar-se fora da procissão e fazer uma caminhada onde é necessário assumir um protagonismo. É preciso seguir sem saber aonde chegar. Seguir sem ter um caminho definido. Avaliar o caminho na medida em que é feito. Avaliar as possibilidades na medida em que se colocam e somente então definir o próximo passo. Na ideia do processo o caminho não está feito, é descoberto à medida que é explorado. Naturalmente que, ao fazer-se o processo, faz-se necessário renunciar às seguranças que já temos estabelecidas e administrar as situações que se geram a cada dia.

Paz e bem.

---

3. Conceito de Processo foi abordado nas aulas de Teologia das Religiões na Universidade Metodista de São Bernardo do Campo pela Prof. Dra. Lieve Troch, em 09.11.2012. O conceito é da teóloga americana Mary Daly.

Referências

BRAKEMEIER, Gottfried. *Confessionalidade luterana:* manual de estudos. São Leopoldo: Sinodal/EST, 2010.

KIRST, Nelson (org.). *Livro de Batismo*. Igreja Evangélica de Confissão Luterana no Brasil. 2. ed. rev. e atual. São Leopoldo: Oikos, 2008.

HASENAK, Johannes Friedrich; BOCK, Carlos Gilberto (org.). *Avaliação da Reestruturação da IECLB*. Blumenau: O. Kuhr, 2006. Fóruns da IECLB, vol. II. Disponível: em: https://issuu.com/portaluteranos/docs/f__rum_avalia____o_da_reestrutura. Acesso: 25/04/2022.

GESTÃO ADMINISTRATIVA (da Igreja Evangélica de Confissão Luterana no Brasil). Disponível em: https://www.luteranos.com.br/noticias/www.luteranos.com.br/conteudo/gestaoadministrativa. Acesso: 25/04/2022.

IECLB. Estatuto do Ministério com Ordenação. Redação aprovada pelo XXIX Concílio da Igreja, em 15 a 19 de outubro de 2014, publicada no *Boletim Informativo* 217 – 06/03/2015. Disponível em: https://www.luteranos.com.br/conteudo/estatuto-do-ministerio-com-ordenacao-da-ieclb. Acesso: 25/04/2022.

IECLB. *Discipulado Permanente – Catecumenato Permanente*. Moção encaminhada (e aprovada) no IX Concílio da IECLB. Disponível: https://www.luteranos.com.br/conteudo_organizacao/governanca-suporte normativo/discipulado-permanente-catecumenato-permanente-1. Acesso: 03/05/2022.

IECLB. Reestruturação da IECLB em Sínodos completa 24 anos de aprovação. 01.03.2021. Disponível em: https://www.luteranos.com.br/noticias/reestruturacao-da-ieclb-emsinodos-completa-24-anos-de-aprovacao. Acesso: 25/04/2022.

LUTERO, Martim. *Tratado de Martinho Lutero sobre a Liberdade Cristã* [1520]. In: Comissão Interluterana de Literatura. Martinho Lutero: Obras Selecionadas. São Leopoldo, Porto Alegre: Sinodal, Concórdia, vol. 2, 1989, p. 436-460 (Introdução de Martim N. Dreher).

VOIGT, Emílio (org.). *Guia para o presbitério*: manual de Estudos. São Leopoldo: Sinodal; Porto Alegre: IECLB, 2010.

5
A sinodalidade na Igreja Reformada. A ordenação de mulheres no Presbiterianismo brasileiro

Cleusa Caldeira

Introdução

Iniciarei com o testemunho pessoal de minha experiência de ordenação ao ministério pastoral na Igreja Reformada[1]. Também conhecida por Tradição Reformada, trata-se de um ramo do protestantismo que se originou com a Reforma Protestante, no século XVI. Esta tem Martinho Lutero (1483-1546) como seu precursor, aquela está diretamente vinculada às proposições teológicas do reformador João Calvino (1509-1564). Veremos que o Presbiterianismo[2] faz parte das Igrejas Reformadas no mundo.

Era início de 1997, recém-convertida ao Presbiterianismo, convencida de que Deus estava me chamando para o ministério pastoral, no momento histórico em que este ramo da Igreja Reformada não ordenava mulheres, perguntei a uma irmã da comunidade reformada

---
1. Por Igreja Reformada se compreende as Igrejas que confessam a fé calvinista, isto é, que abraçam o conjunto teológico do reformador João Calvino e não todas as confissões que derivaram da Reforma Protestante.
2. Usarei Presbiterianismo, com letra maiúscula, para me referir às Igrejas Presbiterianas no mundo. E presbiterianismo, com letra minúscula, para me referir ao sistema de governo.

como era o processo para uma pessoa ser reconhecida como líder. Ela, prontamente, respondeu: "Deus tem de falar com toda a Igreja". Pensei comigo mesma: estou perdida! Como Deus vai falar com todas essas pessoas sobre aquilo que Ele está falando de maneira tão discreta no meu interior? Pensava comigo mesma: como toda a Igreja vai crer no meu testemunho?

Eu não tinha coragem de dizer para ninguém, muito menos para a liderança da Igreja, que Deus estava me chamando para o ministério pastoral, sobretudo, porque a Igreja Presbiteriana Independente do Brasil (IPIB) não ordenava mulheres. Desde 1934, a IPIB ordenava mulheres ao diaconato e, no início de 1998, fui ordenada diaconisa na Primeira Igreja Presbiteriana de Curitiba. Porém, a ordenação ao diaconato não calou a voz que me chamava ao ministério pastoral. Era, com efeito, uma experiência conflitiva. Isso porque tinha a convicção interior da vocação divina para o ministério pastoral e, ao mesmo tempo, a realidade da não ordenação de mulheres. Além de tudo, tinha a minha própria condição de mulher negra e pobre que me fazia pensar: quem irá acreditar que uma jovem negra e pobre recém-chegada no arraial presbiteriano – sem nenhum histórico familiar na instituição, sem gozar de nenhum *status* social ou educacional – está sendo separada por Deus para o ministério pastoral? Temia que me dissessem: você não sabe que somente os homens podem ser ordenados ao sagrado ministério? Diante da realidade que me confrontava e confrontada, inclusive, a voz da *Ruah* divina (Espírito Santo) que me chamava ao ministério pastoral, pensei comigo mesma: é impossível que essa Igreja reconheça que Deus está me chamando! E, assim, não ousei dizer a ninguém da convicção do meu chamado para o ministério pastoral. Porém, guardando no coração a interpelação da *Ruah* divina para aceitar a vocação pastoral e "esperando contra toda esperança" (cf. Rm 4,18), segui servindo à comunidade com meus dons e talentos ainda não lapidados.

Exatamente dois anos depois, no início de 1999, durante um culto dominical, o pastor da Igreja local anunciou, para meu assombro, que a Igreja Presbiteriana Independente do Brasil (IPIB) reunida em Assembleia Geral (o Órgão máximo na estrutura administrativa eclesiástica do Presbiterianismo) havia aprovado a ordenação de mulheres ao ministério da Palavra e dos Sacramentos. É importante ressaltar que somente nessa instância pode ocorrer mudanças teológicas e, consequentemente, significativas na vida das Igrejas Presbiterianas. No mesmo ano, no final de 1999, além da ordenação feminina, houve outras mudanças teológicas significativas que mudaram a estrutura da IPIB. Uma foi a superação da exigência de rebatizar irmãos e irmãs oriundos de outras tradições cristãs, que inclui o catolicismo, pois se reconheceu a "irrepetibilidade do batismo" (KLEIN, 2000, p. 96-98). No mesmo dia foi aprovada a Ceia do Senhor (eucaristia) para crianças batizadas (KLEIN, 2000, p. 98). Sobre a comunhão oferecida às crianças, é importante recordar que as Igrejas Presbiterianas batizam suas crianças, assim como acontece no catolicismo. Em relação ao rebatismo de pessoas que desejam aderir à fé na IPIB, é importante dizer que na prática ele não foi abolido. Infelizmente, a estrutura conciliar da instituição permite esse tipo de anomalia entre aquilo que foi decidido na instância superior e a prática de Igrejas locais. Porém, se a pessoa manifesta consciência de já ter sido batizada e reconhece a legitimidade de seu batismo, ela pode pedir para não ser rebatizada e deve ser acolhida por jurisdição, onde irá usufruir de todas as prerrogativas de qualquer membro da comunidade.

As questões do rebatismo, da Ceia para infantes e da ordenação pastoral de mulheres foram precedidas por intenso e longo debate nas instâncias superiores da Instituição, ou seja, no nível da Assembleia Geral. O tema da ordenação de mulheres ao pastorado ficou mais de 20 anos em debate na instância superior, isto é, na Assembleia Geral.

No dia 3 de março de 1999, a Assembleia Geral aprovou a ordenação das mulheres ao sagrado ministério da Palavra e Sacramentos. Tal decisão foi o ápice do movimento iniciado em 1932, quando as mulheres conquistaram o direito à ordenação ao ministério diaconal. Com essa decisão, a IPIB passou a ordenar mulheres ao diaconato e presbiterato regente e ao presbiterato docente (pastorado).

Foi então que em dezembro do mesmo ano (1999), o Conselho da Igreja local decidiu me enviar como uma vocacionada ao ministério pastoral para Concílio regional (o Presbitério Sul do Paraná), que é a instância superior ao Conselho local e o responsável por enviar para o Seminário Teológico, se assim reconhecer a legitimidade da vocação. Vamos ver que existe uma hierarquia de Concílios no sistema presbiteriano, segundo o qual, o falar de Deus necessita ser reconhecido dentro dessa hierarquia de Concílios, cujos membros são eleitos pela própria comunidade de fé, como vamos ver mais abaixo.

Assim, de forma vivencial, eu começava a compreender o que chamamos de "espírito do governo presbiteriano", ou seja, como a Igreja Reformada, ao mesmo tempo, vivencia a autoridade e a comunhão de toda a Igreja. No artigo 25 da Constituição da IPIB lemos aquilo minha amiga interpretou como "Deus tem de falar com toda a Igreja", acerca da vocação ordinária:

> **Art. 25** – Vocação ordinária para um ofício na igreja é o chamado de Deus, pelo Espírito Santo, por meio do testemunho interno de uma boa consciência, aprovação manifesta do povo de Deus [Igreja local] e o concurso do juízo de um concílio legítimo [Concílio regional/ Presbitério].
>
> **Art. 26** – Aqueles que são legalmente chamados devem ser admitidos aos seus ofícios pela ordenação do respectivo concílio, que consiste na imposição das mãos sobre o ordenando, acompanhada de oração[3].

Assim, não basta o desejo e a convicção de que Deus está nos chamando para o exercício do ministério ordenado, qualquer que seja ele, o diaconato, o presbiterato ou o pastorado. É preciso que uma comunidade local reconheça e acolha essa pessoa como vocacionada, e a envie às instâncias superiores para que ela se submeta às normas estabeleci-

---

3. Constituição da Igreja Presbiteriana Independente do Brasil, 2017.

das pela instituição religiosa como prova de sua obediência. Foi assim que, no final de 1999, o Presbitério Sul do Paraná (Curitiba) me acolheu como candidata ao sagrado ministério e me enviou para o Seminário Reverendo Antônio Godoy de Sobrinho, no ano 2000. E, depois de quatro anos de estudos teológicos e dois anos de licenciatura, o mesmo Presbitério me ordenou ao sagrado ministério da Palavra e dos Sacramentos, em 2006. Veremos mais abaixo como funciona a hierarquia no sistema de governo presbiteriano e que como esse sistema mantém os crentes em comunhão enquanto realiza sua missão. Dessa forma veremos em que medida a IPIB vivencia a sinodalidade.

1. Igreja Reformada sempre se reformando

Embora o conceito de "sinodalidade" não apareça de forma explícita nos documentos das Igrejas Reformadas, acreditamos que a experiência da ordenação feminina pode ser um bom exemplo da contribuição das Igrejas Reformadas para pensar a Igreja sinodal, pois a sinodalidade está relacionada à comunhão, participação e missão de todo o povo de Deus. Uma Igreja sinodal deve ser pautada no exercício do *sensus fidelium* (BRIGHENTI, 2022, p. 131). Sob o lema de *Ecclesia reformata, semper reformanda*, ou seja, "Igreja Reformada, sempre se reformando"[4], a Igreja Reformada no mundo se esforça para viver a sinodalidade, pois está sempre aberta a transformar-se para melhor responder às exigências do contexto e cumprir sua missão. Acerca da vocação das Igrejas Reformadas de sempre se reformarem, um dos maiores teólogos reformados brasileiro, o Rev. Epaminondas Melo do Amaral, diz:

> As várias Igrejas Reformadas [...] quando mantêm fidelidade ao espírito da Reforma, entendem que a Igreja Universal, que elas inte-

---

4. Frase utilizada pela primeira vez para se referir à Igreja Reformada pelo teólogo holandês Gilbertus Voet (1589-1676).

gram, é uma *Ecclesia semper reformanda*, Igreja com plena obrigação e capacidade espiritual de reformar-se a si mesma, na forma e na extensão que sejam necessárias.

Mal andará, pois, o Protestantismo, onde não julgue necessário atender aos imperativos de uma renovação – isto é, sempre que venha ceder à tentação de viver nesse contentamento dos que julgam ter alcançado já a sua meta final. Seria o contentamento de um Protestantismo espúrio – cristalizado em belos templos e liturgias, em credos estereotipados, em organizações rígidas, em moralismo padronizado, ou em rudimentares formalismos.

O Cristianismo, para ser Cristianismo real, será, porém, um dinamismo potente, uma "eterna Primavera". Nunca poderá tornar-se estático e estagnado, e ainda pretender impor-se como Cristianismo autêntico. Por isso o Protestantismo, como "religião do espírito", bem representará o Cristianismo somente enquanto for dinâmico.

Com acerto expressou Vinet, ao dizer que Lutero e Calvino "não reformaram a Igreja uma vez por todas, mas afirmaram o princípio e estabeleceram as condições de todas as reformas futuras"; e também Janni, ao escrever que a Reforma "não pode ser senão um contínuo devenir" (AMARAL, 1962, p. 135).

O que temos no lema "Igreja Reformada, sempre se reformando" é, portanto, o pressuposto de que a Reforma Protestante é ponto de partida e não o fim em si mesmo. Mas, infelizmente, nem sempre as Igrejas Reformadas assumem essa perspectiva e lutam por manter estática e cristalizada a sua forma de governo. E isso, por sua vez, se torna um impedimento para o cumprimento de sua missão no mundo.

O tema da sinodalidade se tornou um tema fulcral para a eclesiologia e pastoral no catolicismo após o Evento de *aggiornamento* que significou o Concílio Ecumênico Vaticano II, embora o conceito não apareça enquanto tal. Esse *aggiornamento*, por sua vez, recebeu impulso próprio por meio da "recepção criativa" na América Latina e nos diversos sos movimentos que disso desencadeou, como, por exemplo, a CEBs.

Mas é, sobretudo, o pontificado de Francisco que, na atualidade, está conduzindo a Igreja Católica para uma profunda compreensão da dimensão sinodal da Igreja. Entendendo que a "sinodalidade se manifesta desde o início como garantia e encarnação da fidelidade criativa da Igreja à sua origem apostólica e à sua vocação católica [universal]" (CTI, 2018, n. 24). Assim, tanto a Reforma Protestante quanto o Concílio Ecumênico Vaticano II devem ser assumidos como ponto de partida e inspiração para uma Igreja Sinodal, na qual todo o povo de Deus participa da missão da Igreja.

2. Igrejas Reformadas, Igrejas Presbiterianas e teologia calvinista

Para compreender como a Igreja Presbiteriana Independente vive a sinodalidade, é importante fazer a distinção entre Igrejas Reformadas, Igrejas Presbiterianas e teologia calvinista.

Os primeiros reformadores da Tradição Reformada são: Ulrico Zwínglio (1484-1531), em Zurique; João Ecolampádio (1482-1531), em Basileia; Martim Bucer (1491-1551) e W. Capiton (1478-1541), reformadores de Estrasburgo e Berthold Haller, reformador de Berna; João Calvino (1509-1564), reformador de Genebra; João Knox, reformador da Escócia. Todo eles, exceto Calvino, eram sacerdotes católicos, assim como Martinho Lutero, o expoente da Reforma luterana. João Calvino é o fundador das Igrejas Reformadas, que professam a teologia calvinista.

O Presbiterianismo, por sua vez, como um dos ramos das Igrejas Reformadas, tem suas origens na Reforma Protestante, mais especificamente está fundamentado no pensamento de João Calvino e João Knox. Nascido no dia 10 de julho de 1509, desde cedo João Calvino esteve envolvido com assuntos eclesiásticos. Seu pai, Gerard Calvin, era secretário do Bispo de Noyon e advogado dos padres e cônegos. Certamente essa vivência de Gerard Calvin proporcionou uma boa influência religiosa e uma boa formação acadêmica para seu filho (Hal-

SEMA, 2009). João Calvino é conhecido como o grande reformador em Genebra. João Knox (1514-1572), por sua vez, estabeleceu a fé reformada na Escócia, em 1559, cujo movimento ficou conhecido como presbiterianismo, em oposição ao episcopalismo da Igreja Anglicana. Até hoje a Igreja Presbiteriana é a igreja oficial da Escócia, uma igreja estatal. A Igreja da Escócia ordena mulheres ao diaconato, presbiterato e pastorado há mais de 50 anos, sendo a reverenda Margaret Forrester, a primeira mulher ordenada[5]. Na Igreja Presbiteriana dos EUA, a primeira mulher ordenada foi a reverenda Margaret Towner, no ano de 1956 (HUNTER, 2016).

É preciso destacar que há distinção entre as Igrejas Reformadas, pois nem todas adotam o mesmo sistema de governo eclesiástico. Por exemplo, há um grupo que se identifica como Igrejas Reformas Continentais. Esse grupo, geralmente, adota o sistema presbiteriano de governo eclesiástico, que funciona como concílios, decidindo por assembleias de ministros ordenados, tendo o *Sínodo* como órgão máximo. Mas, há outras que mantiveram o sistema de governo episcopal, tais como a Igreja Reformada na Hungria, Igreja Reformada na Romênia, Igreja Reformada Evangélica na República da Polônia e a Igreja Reformada Húngara na América.

A Comunhão Mundial das Igrejas Reformadas (CMIR) é um organismo que reúne as Igrejas oriundas dos reformadores João Calvino, João Knox, Ulrico Zuínglio e dos pré-reformadores: João Huss e Pedro Valdo. Fazem parte da grande família Reformada, portanto, os presbiterianos, os congregacionais, os reformados continentais e os valdenses. A CMIR representa atualmente 100 milhões de cristãos, com mais de 235 igrejas filiadas, que estão espalhadas em mais de 100 países. É a mais antiga organização da família protestante (SILVA, 2020).

---

5. CHURCH of Scotland, 2018.

3. Formas de governo na Igreja Reformada

Como já falamos acima, apesar de historicamente a "teologia reformada ter sido associada predominantemente com a forma de governo presbiteriana, ela floresce às vezes com a forma de governo congregacional e subsiste com os sistemas episcopais *funcionais* e *jurisdicionais*" (LEITH, 1996, p. 252).

Calvino é o reformador que mais atenção deu à forma de governo. O contexto no qual viveu, logo no início da Reforma, ainda não havia formas de governo sistematizadas. Havia pregações, mas não havia organizações eclesiásticas protestantes. Em sua obra prima *Instituição da Religião Cristã*, ele apresenta a forma de governo de forma aberta em relação às necessidades de áreas geográficas amplas. Dentro da *Instituição*, nas *Ordenanças Eclesiásticas*, redigidas para uma igreja "bem ordenada" em Genebra, Calvino expõe as quatro ordens que ele acreditava terem sido instituídas por Deus: os pastores, os doutores, os presbíteros e os diáconos. Outras quatro características marcam a forma de governo do reformador, a saber; 1) a criação do consistório (conselho), formado pelos pastores e presbíteros; 2) a ênfase na instrução catequética; 3) o ofício de diácono como ministério da compaixão e; 4) a ênfase nos atos de Deus pelo seu Espírito, através da Palavra e dos sacramentos que criam a Igreja. Para Calvino, portanto, todas "as marcas formais da Igreja e todas as estruturas estão subordinadas à graça de Deus. Jesus Cristo é o cabeça da Igreja" (LEITH, 1996, p. 255). Com isso, ele reafirma que as estruturas e marcas formais da Igreja, ou seja, as formas de governo, podem ser múltiplas e requerem e admitem mudanças de acordo com as condições variadas dos tempos (LEITH, 1996, p. 252). Eis um resumo da perspectiva de Calvino sobre o governo da Igreja feito por Trinterud:

> Podem ser resumidos em três os elementos originais da teoria de Calvino sobre o governo da Igreja. A Igreja é uma comunidade ou corpo no qual apenas Cristo é a cabeça e todos os outros membros estão igualmente sujeitos a ele. O ministério é dado a toda a Igreja e

aí distribuído entre os muitos oficiais, conforme o chamado de Deus e os dons que ele lhes concedeu. Todos os que ocupam um cargo o fazem por eleição do povo, de quem eles são representantes. A Igreja deve ser governada e dirigida por assembleias de oficiais, pastores e presbíteros escolhidos para proporcionar representação legítima da Igreja como um todo (TRINTERUD, 1967, p. 497, apud LEITH, 1996, p. 256).

Embora não criado por Calvino, o presbiterianismo é, portanto, um sistema de governo que segue essas orientações para que a Igreja seja governada de forma representativa. É o reformador João Knox o criador do presbiterianismo como um sistema de governo.

Presbiterianismo como forma de governo

As Igrejas Presbiterianas subscrevem os Símbolos de Fé de Westminster, que são constituídos pela Confissão de Fé de Westminster (1646), pelo Breve Catecismo de Westminster (1649) e pelo Catecismo Maior de Westminster (1649). Todas as Igrejas Presbiterianas são Igrejas Reformadas, mas nem todas as Igrejas Reformadas são presbiterianas. Isso porque, como vimos acima, desde o início a teologia reformada conviveu bem com outras formas de governo. Há Igrejas da Tradição Reformada que adotam o sistema congregacional, por exemplo. Por outro lado, cabe ressaltar que todas as Igrejas Reformadas são calvinistas. É a teologia calvinista que unifica as Igrejas da Tradição Reformada e não a forma de governo.

A palavra "presbiteriano" começou a ser usada na primeira metade do século XVII, na Escócia, quando a forma de governo se tornou uma questão crítica, nos tempos do João Knox. O presbiterianismo é, acima de tudo, uma forma de governo que algumas Igrejas da Tradição Reformada adotam. E, por isso, algumas delas assumiram a forma de governo como nome próprio, ou seja, são as Igrejas Presbiterianas no mundo. Mas, como veremos abaixo, há outras Igrejas que assumiram o sistema de governo presbiteriano, mas não são Igrejas Presbiterianas, e fazem parte da Tradição Reformada. "Nas Igrejas da Tradição Reformada que mantêm o sistema presbiteriano de governo, a hierarquia é de concílios, não de pessoas" (KLEIN, 2017, p. 91). E mesmo o próprio presbiterianismo, como sistema de governo, tem muitas versões no mundo. E é considerado um modelo em desenvolvimento permanente.

Presbiterianismo no Brasil

No Brasil, as Igrejas Reformadas que são regidas pelo presbiterianismo enquanto forma de governo são: Igreja Presbiteriana do Brasil (IPB), Igreja Presbiteriana Independente do Brasil (IPIB), Igreja Presbiteriana Renovada (IPR), Igrejas Presbiteriana Unida (IPU), Igreja Evangélica Reformada (IER).

A autoridade e a comunhão no sistema presbiteriano funcionam em forma de confederações de Igrejas locais. E esse sistema de governo é representativo. A comunidade elege os seus representantes, que podem ser diáconos/diaconisas, presbíteros/presbíteras regentes e presbíteros/presbíteras docentes (pastores/pastoras). É uma forma de governo muito similar ao sistema político parlamentar, que o nosso país adota, que busca um amplo desenvolvimento da prática democrática.

Igreja Presbiteriana Independente do Brasil

A Igreja Presbiteriana Independente do Brasil (IPIB) surgiu em 1903, da ruptura com a Igreja mãe, a Igreja Presbiteriana do Brasil (IPB). É, portanto, a segunda Igreja Presbiteriana fundada em solo brasileiro. Dentre os vários fatores que levaram à ruptura, destaca-se o que aparece no Capítulo I de sua Constituição, a saber, o Art. 5º, que reafirma a "incompatibilidade da fé cristã com a maçonaria". Merece destaque ainda os Artigos 3º e 4º, nos quais se declara que a Igreja tem como missão o "aperfeiçoamento da vida cristã e da condição humana", e sua natureza ecumênica em reconhecer "como ramos legítimos do

Cristianismo" as outras Igrejas cristãs, pois são questões importantes para o ser sinodal da Igreja.

Da Igreja
Capítulo I
Disposições Preliminares

Art. 1º – A Igreja Presbiteriana Independente do Brasil (IPIB) é um ramo do Cristianismo, que se governa, sustenta e propaga por si mesmo.

Art. 2º – A Igreja tem como regra única e infalível de fé e prática as Sagradas Escrituras do Antigo e do Novo Testamentos, adota a forma presbiteriana de governo e o sistema doutrinário da Confissão de Fé de Westminster, regendo-se por esta Constituição.

Art. 3º – A Igreja tem por fim cultuar e glorificar a Deus, proclamar o Evangelho de Cristo, promover o seu Reino, o ensino e a prática das Sagradas Escrituras, o aperfeiçoamento da vida cristã e da condição humana.

Art. 4º – A Igreja reconhece como ramos legítimos do Cristianismo todas as comunhões eclesiásticas que mantêm a vida dos sacramentos, a virtude da fé cristã e a integridade do ensino das Sagradas Escrituras do Antigo e Novo Testamentos, tendo-as como única regra de fé e prática.

Art. 5º – A Igreja tem como princípio distintivo o reconhecimento da incompatibilidade entre a fé cristã e a maçonaria[6].

Mas é no Capítulo II que se descreve como se realiza o exercício do poder, que é inteiramente espiritual. E não é um exercício de cima para baixo, verticalista. A autoridade reside sobre todo o povo de Deus, mas há distinção dessa autoridade.

---

6. Constituição da Igreja Presbiteriana Independente do Brasil, 2017.

Capítulo II
Da Comunhão Presbiteriana

Art. 6º – A comunhão presbiteriana é uma federação de igrejas locais que, embora tenham personalidade jurídica própria, estão jurisdicionadas aos concílios a que pertencem, sem vínculo de coordenação e de subordinação civil.

Art. 7º – Segundo a forma presbiteriana de governo, a autoridade com que Cristo investiu a sua Igreja pertence ao todo: aos que governam e aos que são governados.

Art. 8º – A autoridade eclesiástica é inteiramente espiritual, sendo de ordem e de jurisdição.

§ 1º – Autoridade de ordem é a exercida pelos oficiais, individual e administrativamente, no ensino, na celebração de ofícios religiosos, na restauração do ser humano e na beneficência.

§ 2º – Autoridade de jurisdição é a exercida coletivamente por oficiais, em concílios, nas esferas administrativa, legislativa, disciplinar, doutrinária e litúrgica[7].

Nesse sentido de exercício de poder repousa sobre os que "governam" e os que "são governados", é importante destacar o fato, por exemplo, de que nenhum pastor ou nenhuma pastora é imposto sobre uma comunidade de fé. Cabe aos "governados" escolher aquele pastor ou aquela pastora que irá pastoreá-la. A este respeito declara o Artigo 26 da Constituição da IPIB:

Art. 27 – É irrevogável o direito que tem o povo de Deus de eleger os seus oficiais, pelo que ninguém pode ser colocado à frente de uma igreja para nela exercer qualquer ofício sem o seu consentimento[8].

Essa prerrogativa confere certa sinodalidade ao sistema presbiteriano, com a maior participação do povo de Deus na escolha de seus

---

7. Constituição da Igreja Presbiteriana Independente do Brasil, 2017.
8. Constituição da Igreja Presbiteriana Independente do Brasil, 2017.

pastores/as. Apesar disso, com uma longa história de sexismo e recente aprovação da ordenação feminina, o povo de Deus não foi suficientemente instruído para poder escolher com liberdade entre ser liderado por um pastor ou uma pastora. A grande maioria de nossas Igrejas, quando necessita buscar uma nova liderança, não busca por uma pastora e sim por um pastor. Está cristalizado no imaginário do povo de Deus que essa função é masculina.

4. Igrejas Reformas e ordenação de mulheres no Brasil

Nem todas as Igrejas Reformadas são fiéis ao próprio lema de seguir se reformando e, por isso, continuam afirmando que a ordenação de mulheres não tem fundamento bíblico-teológico. O tema da ordenação feminina tem sido um dos temas mais polêmicos no contexto das Igrejas Presbiterianas no Brasil na atualidade. De modo especial, a postura obsoleta da Igreja Presbiteriana do Brasil (IPB), que é o primeiro ramo do presbiterianismo a se instalar no país, em 1859.

Vejamos a lista das principais Igrejas Reformadas que são igualmente regidas pelo sistema de governo presbiteriano e sua posição sobre a ordenação de mulheres ao diaconato, presbiterato e pastorado. Recordando que se uma Igreja ordena mulheres ao sagrado ministério, significa que ela também ordena ao diaconato e presbiterato, visto que a maior dificuldade está em assegurar à mulher os mesmos direitos como membro do Corpo de Cristo que o homem recebe.

- Igreja Presbiteriana do Brasil[9] (IPB) – Não ordena mulheres e milita contra a ordenação de mulheres;
- Igreja Presbiteriana Conservadora[10] (IPC) – Não ordena mulheres;
- Igreja Presbiteriana Renovada (IPR)[11] – Não ordena mulheres;

---

9. https://www.ipb.org.br/
10. https://ipcb.org.br/index/
11. https://iprb.org.br/

- Igreja Presbiteriana Independente[12] (IPI) – Ordena mulheres ao sagrado ministério desde 1999 (105 pastoras em exercício e 12 licenciadas);
- Igreja Evangélica Reformada[13] (IER) – Ordena mulheres ao sagrado ministério desde 1971;
- Igreja Presbiteriana Unida[14] (IPU) – Ordena mulheres ao sagrado ministério desde 1991 (09 pastoras em exercício e 02 pastoras jubiladas).

Uma questão importante sobre a ordenação e a não ordenação da mulher está intrinsecamente vinculada ao fato de ser uma Igreja fundamentalista ou mais progressista; embora todas adotem a teologia calvinista. As Igrejas Reformadas mais conservadores não reconhecem a legitimidade da ordenação da mulher. Por outro lado, as Igrejas Reformadas que ordenam mulheres tendem a ser mais progressistas. A luta da mulher presbiteriana pelo direito à ordenação não termina quando a sua instituição aprova a ordenação de mulheres. Como parte da família Reformada, a luta de todas as mulheres reformadas é nossa luta também. Sabemos, porém, que a abertura das demais Igrejas Reformadas à ordenação feminina é uma questão de tempo, como bem pronunciou o Rev. Waldyr Carvalho Luz, em entrevista à Revista Ultimato, sobre a IPB:

> A Igreja Presbiteriana do Brasil, hoje tão resistente à ideia de ordenação feminina, acabará aderindo ao que tanto se opõe? Tudo parece mostrar que essa é a inevitável marcha dos acontecimentos, e a IPB, mais cedo ou mais tarde, terá de ceder à pressão dos fatos. E quanto mais cedo, tanto melhor (Luz, 2011).

Temos, porém, experimentado que a ordenação feminina tem se colocado como uma condição para a Igreja avançar em sua dimensão sinodal no atual contexto.

---

12. https://ipib.org/
13. http://www.ierb.org.br/
14. https://ipu.org.br/

Conclusão

O caso da ordenação de mulheres para os cargos oficiais da Igreja é um bom exemplo da sinodalidade na Igreja Reformada, mais especificamente no Presbiterianismo. Um dos maiores limites do sistema presbiteriano ocorre quando a liderança, eleita pela comunidade para representá-la, deixa de cumprir sua função representativa e age em prol de si mesma e se mantém no poder eclesiástico. Outro limite que podemos constatar, pensando na experiência pessoal descrita no início, é que muitas discussões que ocorrem nas instâncias superiores não acontecem com a participação das comunidades locais. As decisões são apenas comunicadas, levando ao exercício de uma autoridade verticalista e não horizontal; que muitas vezes a própria comunidade local não está devidamente preparada para acolher as decisões tomadas em nível nacional. Esta é uma das razões pelas quais houve, e ainda há, grande rejeição do exercício do ministério pastoral das mulheres em muitas comunidades locais e, para nossa tristeza, alguns presbitérios inteiros rechaçam a ordenação de mulheres indo contra a Constituição da própria denominação. Mas esse problema não acontece somente no caso da ordenação de mulheres. Também no caso do reconhecimento da unicidade do batismo cristão, muitos pastores e Presbitérios se recusam a aceitar o batismo católico e seguem rebatizando crentes oriundos do catolicismo. Isso acontece porque, na prática, a Igreja não caminha unida e em processos coletivos. Há claramente um descompasso em relação às instâncias superiores e a experiência cotidiana das comunidades eclesiásticas.

Por fim, creio que a singular contribuição da Igreja Reformada para pensar a Igreja sinodal, nesta hora, é exatamente essa abertura para acolher o contexto e a capacidade de sempre se reformar, ou seja, é esse clamor pelas transformações das estruturas e mentes. Sem se permitir se transformar para encarnar o Evangelho no tempo presente fica difícil a "comunhão, participação e missão" de todas e todos.

Referências

BRIGHENTI, A. Sinodalidade *made in* América Latina. In: JUNIOR, F. A.; PASSOS, J. D. (Org.) *Por uma Igreja Sinodal. Reflexões teológico-pastorais.* Editora Paulinas: 2022, p. 123-140.

CHURCH of Scotland. 50 years of the ordination of women celebrated. 24 de abril de 2018. Disponível: https://churchofscotland.org.uk/news-and-events/news/archive/2018/articles/50-years-of-the-ordination-of-women-celebrated. Acesso em: 16/08/2023.

COMISSÃO TEOLÓGICA INTERNACIONAL (CTI). *A sinodalidade na vida e na missão da Igreja.* Roma: Libreria Editrice Vaticana, 2018. Disponível: https://www.vatican.va/roman_curia/congregations/cfaith/cti_documents/rc_cti_20180302_sinodalita_po.html. Acesso: 18/07/2023.

CONSTITUIÇÃO DA IGREJA PRESBITERIANA INDEPENDENTE DO BRASIL. Aprovada na 10ª Assembleia Geral – 05 de julho de 2017 – Sorocaba, SP.

HUNTER, R. PC (USA) celebrates 60 years of women clergy. Maio 24, 2016. Disponível: https://www.pcusa.org/news/2016/5/24/pcusa-celebrates-60-years-womens-ordination/. Acesso 16/08/2023

KLEIN, J. C. *Ordenação pastoral.* Perspectiva histórica, ecumênica e de gênero. São Paulo: Fonte Editorial, 2017.

KLEIN, J. C. *Presbiterianismo brasileiro e rebatismo.* Controvérsias em torno da validade do Sacramento do Batismo. São Paulo: Edições Simpósio, 2000.

LEITH, J. H. *A tradição reformada.* Uma maneira de ser a comunidade cristã. São Paulo: Pendão Real, 1996.

LUZ, W. C. Ordenação feminina. *Ultimato*, 2011. Disponível: https://www.ultimato.com.br/revista/artigos/329/ordenacao-feminina. Acesso 16/08/2023.

SILVA, C. L. Comunhão mundial de Igrejas Reformadas. *O Estandarte.* 05 de julho de 2020. Disponível: https://oestandarteonline.com.br/2020/07/05/comunhao-mundial-de-igrejas-reformadas/. Acesso 18/08/2023.

TRINTERUD, J. T. "Presbyterianism" in *Encyclopaedia Britannica*, 14ª edição, 1967.

Terceira Parte

EXPRESSÕES E ESPAÇOS DE SINODALIDADE

6
Aspectos canônicos sobre a sinodalidade: as estruturas participativas e o Código do Direito Canônico[1]

Alberto Montealegre Vieira Neves
José Carlos Linhares Pontes Júnior, C.Ss.R

Introdução

O Concílio Vaticano II, ao favorecer uma mudança de perspectiva eclesiológica e missionária na Igreja, pois compreende a Igreja como povo de Deus e a sua missão como uma ação corresponsável de todos os batizados (Cf. LG 12), coloca as bases de uma nova modalidade de governo da missão pastoral. Isso porque, a missão evangelizadora é vista como diálogo, proporcionando uma mudança nas relações eclesiais, tanto interna como externa. Assim, a concepção de autoridade eclesiástica muda, ela é vista como participação na missão de Cristo, vivida com humildade, dedicação e serviço à comunhão (Cf. JOÃO PAULO II, 2004, p. 883).

A LG 27 sublinha que o governo do bispo, na Igreja particular que lhe é confiada, é exercido com o conselho, a persuasão e o exemplo, não com imposição ou controle institucional. Portanto, dentro desta perspectiva de autoridade e de governo, o que prevalece é uma modalidade da gestão eclesial participativa, que viabiliza a corresponsabilida-

---

[1]. O texto retoma o conteúdo apresentado pelos autores no Seminário oferecido no dia 04/05/2022.

de dos batizados, a proximidade e a escuta das realidades de base por quem governa.

Com isso, o governo adquire um enfoque pastoral, que valoriza a diversidade, através do acolhimento das contribuições dos contextos históricos e sociais em que cada comunidade e receptor do Evangelho vivem. O resultado é um governo pastoral muito mais personalizado, menos abstrato e mais missionário. Tudo isso demonstra que é essencial favorecer a dinâmica sinodal na Igreja para que a eclesiologia do Concílio Vaticano se torne realidade.

1. O colégio episcopal e a titularidade do poder de governo como perspectiva de serviço

Para começar a tratar da temática sobre um governo eclesial que favoreça um dinamismo sinodal na Igreja, é indispensável entender a Igreja na sua dimensão social e, consequentemente, na sua realidade estruturante (Cf. DE PAOLIS, 1995, p. 423). No entanto, não se pode entender este poder de governo, organizado hierarquicamente, separado da compreensão de Igreja como mistério, isto é, como presença de Deus entre os homens. Isto porque o governo não pode ser visto como algo que faz parte somente de uma estrutura humana burocrática, mas como meio de conduzir pastoralmente a missão eclesial. O poder de governo na Igreja poderá ser entendido se colocado em paralelo com a LG, já que a hierarquia e o poder presentes no coração do mistério da Igreja estão relacionados à sua missão evangelizadora (Cf. DE PAOLIS, 1995, p. 422-423).

O poder eclesiástico de governo precisa partir do princípio fundante e integrante da pessoa de Jesus Cristo, já que esta *potestas* eclesiástica é de direito divino (Cf. VIANA, 2012, p. 299). O Papa São João Paulo II, na sua Constituição Apostólica *"Sacrae disciplinae leges"*, que promulgou o Código de Direito Canônico (CIC) em 1983, afirmou que a Igreja é constituída, também, como corpo social e visível, por isso necessita de normas (Cf. JOÃO PAULO II, 1983, XII-XIII). Logo, a sua estrutura hierárquica e orgânica se torna visível com o objetivo de organizar melhor o exercício das suas funções, que foram confiadas à Igreja divinamente pelo seu fundador, Jesus Cristo. Isto inclui as funções do poder sagrado e os Sacramentos:

> Cristo, mediador único, estabelece e continuamente sustenta sobre a terra, como um todo visível, a Sua santa Igreja, comunidade de fé, esperança e amor, por meio da qual difunde em todos a verdade e a graça. Porém, a sociedade organizada hierarquicamente, e o Corpo místico de Cristo, o agrupamento visível e a comunidade espiritual, a Igreja terrestre e a Igreja ornada com os dons celestes não se devem considerar como duas entidades, mas como uma única realidade complexa, formada pelo duplo elemento humano e divino (LG 8).

Como evidencia a LG 8, a organização humana torna-se instrumento para manifestar a realidade divina e sobrenatural através da realização da missão eclesial. Com esta visão eclesiológica, o Sacramento da ordem age no elemento estruturante da comunidade dos batizados, organizando-a segundo um modelo societário, no qual os papéis e funções eclesiais resultam diversificados e distribuídos entre os diversos sujeitos para que seja eficaz a missão eclesial de difundir os seus bens espirituais (Cf. ARRIETA, 1997, p. 69). Por isso que o episcopado, na organização hierárquica da Igreja, tem relevância, pois tal ministério, ao ser exercitado pastoralmente, instaura uma hierarquia eclesial pela qual deriva qualquer outra posição jurídica.

O modo de organizar a Igreja segue, necessariamente, a estrutura do episcopado, pois a organização eclesial é estruturada de acordo com a dupla dimensão deste ministério, que é individual e colegial. A partir desta dupla dimensão do Sacramento episcopal se delineia a estrutura eclesial em um duplo nível formal: universal e particular, que caracteriza a Igreja de Cristo. Esse duplo nível organizativo, o universal e o particular, estruturante do episcopado sobre a comunidade batismal promove na Igreja a correspondência às dimensões colegiais e individuais, que fazem parte do exercício do *munus* episcopal.

A dimensão colegial do episcopado é fruto da sucessão dos bispos, juntamente com o Papa, da instituição do Colégio apostólico, cujo primado é de São Pedro. A sucessão apostólica de cada bispo forma o *coetus episcoporum*, mas não enquanto bispos considerados individualmente, já que este modo organizativo colegial vem instituído pelo próprio Cristo como estrutura hierárquica da Igreja.

O Papa São João Paulo II afirma na *Pastor Bonus*, baseado na LG 9, que a estrutura hierárquica da Igreja vem dotada pelo Senhor de natureza colegial e primacial. Isto aconteceu quando Jesus constituiu os apóstolos ao modo de colégio, ou seja, *coetus* estável, tendo a primazia de São Pedro, que foi escolhido do meio do colégio apostólico. Aqui se trata, segundo o Papa, da especial participação dos pastores da Igreja no tríplice ofício de Cristo: o magistério, a santificação e o governo.

Os apóstolos participam desta *potestas* junto com São Pedro e os bispos junto com o bispo de Roma (Cf. João Paulo II, 1988, p. 843). Aqui se percebe que a *tria munera* transmitida por Cristo aos seus apóstolos e sucessores não é herdada individualmente, mas enquanto Colégio apostólico. Portanto, o Colégio apostólico e, hoje, o Colégio episcopal, na sua relação de comunhão entre os membros e com o seu Chefe, possuem a função de fazer permanecer o ofício do Senhor, que é concedido a Pedro e aos seus sucessores, na presidência do Colégio, e aos apóstolos, sendo sucessores destes à ordem dos bispos (Cf. LG 26).

Entretanto, segundo o Vaticano II, existem dois elementos fundamentais que fazem do Colégio episcopal uma realidade jurídica específica. Em primeiro lugar, a *communio* de natureza hierárquica, que reúne todos os componentes do Colégio em base ao caráter da natureza colegial do episcopado[2]. O segundo elemento é representado pela unici-

---

2. A LG 22 limita a autoridade colegial a partir da *communio*, seja esta compreendida com o Chefe do colégio ou entre os seus membros, é possível afirmar que a autoridade colegial, ou seja, a vivência da comunhão, enquanto membro do Colégio dos bispos, é o fundamento para a autoridade episcopal ser exercida indi-

dade da missão, no que se refere ao cuidado pastoral da Igreja confiada a todo o Colégio. Portanto, a unicidade do sacramento e a organização interna colegial que tal hierarquia pressupõe, como também a unicidade da missão, são a base da especificidade jurídica e da estrutura peculiar interna do Colégio episcopal. Todavia, esta comunhão colegial e esta unidade da missão se concretizam no exercício do episcopado em favor de uma comunidade eclesial determinada.

Só assim, o Colégio pode refletir tanto a dimensão universal com a sua unidade, como a realidade particular da Igreja, expressa na diversidade de seus membros e das Igrejas que estes representam. Por isso, a LG 22 enfatiza que este Colégio, devido à multiplicidade dos seus membros, exprime a universalidade e a variedade do Povo de Deus. O Colégio episcopal não é fechado em si mesmo e não se limita aos seus membros, mas se estende e alcança as diversidades e as particularidades das realidades eclesiais que eles representam. São João Paulo II afirma, na *Pastor Bonus*, que o poder e a autoridade dos bispos têm o caráter de diaconia, segundo o modelo de Cristo. O exercício do poder deve ser considerado na Igreja, segundo a categoria do servir, pois Cristo veio não para ser servido, mas para servir e dar a sua vida em resgate de muitos (Cf. Mc 10,45). Logo, a autoridade compreendida como serviço, para São João Paulo II, deve ter como caráter principal a pastoral. O Pontífice sublinha que a diaconia própria de São Pedro e dos seus sucessores deve ter uma referência na diaconia dos outros apóstolos e dos seus sucessores, pois a única finalidade do Colégio seria edificar a Igreja (Cf. JOÃO PAULO II, 1988, p. 842-845). Portanto, se o caráter principal da autoridade como serviço é a pastoral, então, o Colégio dos bispos,

---

vidualmente no seu ofício de pastor à frente de uma Igreja particular. Com isso, a comunhão torna-se um princípio limitativo da *potestas episcopalis*. Por isso, Matteo Visioli, no seu artigo sobre a comunhão, enfatiza que *communio* se exprime em forma jurídica como realidade de justiça, pois ela regula as relações eclesiais de modo especial as relações hierárquicas e o exercício da sua autoridade (Cf. VISIOLI, 2015, p. 52).

no exercício do seu poder de governo, não pode agir de modo isolado do Povo de Deus e nem tampouco se articular, prescindindo da relação dos pastores com este Povo confiado aos seus cuidados.

Na interpretação dos textos conciliares se insistiu muito na relação do Colégio episcopal com o seu Chefe, sem fazer nenhuma referência da relação desta autoridade suprema da Igreja ao Povo de Deus (Cf. VITALI, 2014, p. 77). Por essa razão, não se levou em consideração esta relação circular entre estes três sujeitos: o Colégio, o seu Chefe e o Povo de Deus. Com isso, a relação da totalidade dos batizados com os seus pastores foi pensada sempre como expansão da relação do *Collegium episcoporum* com o seu Chefe, e não como circularidade participativa. A consequência é que a participação dos fiéis no governo episcopal vem enfraquecida, na medida que vem enfraquecida a função pessoal do bispo na Igreja particular.

A hermenêutica do período pós-conciliar enfatizou muito a estrutura universalista que afetava a eclesiologia conciliar ao direcionar a dimensão Igreja universal como *communio episcoporum*. Devido a isso alimentou-se uma visão quase corporativista do episcopado na qual o ministério episcopal é completamente dependente da sua função universal, sem levar em consideração a ligação deste ministério com a sua Igreja particular. Por exemplo, existe um esforço na eclesiologia pós-conciliar em colocar como um ulterior efeito da ordenação episcopal a inserção automática daquele que a recebe como membro do Colégio dos bispos[3], que, nesta interpretação, tornou-se *conditio sine qua non* para o exercício da função episcopal (Cf. VITALI, 2014, p. 78).

---

3. Ghirlanda, em um dos seus artigos sobre o ministério petrino, afirma que a pertença do bispo ao colégio episcopal é essencial ao episcopado enquanto tal, portanto, ele afirma que é de direito divino e prévio a qualquer ofício que ele devesse receber, também aquele de uma capitalidade de uma Igreja particular, o que de per si não é constitutiva do episcopado, pois o bispo emérito não tem mais tal capitalidade e nem um bispo titular nunca teve. No entanto, seja um ou outro, ambos participam, como membros do colégio, da potestade plena e suprema deste (Cf. GHIRLANDA, 2013, p. 562).

O episcopado deixou de ser um ministério de serviço ao Povo de Deus, confiado ao bispo para que ele seja pastor, como vigário e delegado de Cristo no seu meio (Cf. LG 27), para tornar-se um título dado a quem desenvolve um dever de uma certa responsabilidade na Igreja. Aqui entra o fenômeno dos bispos titulares que afeta a doutrina do episcopado, mas também a configuração do Colégio episcopal. Esta visão eclesiológica também afeta a compreensão do governo episcopal como serviço voltado à pastoral.

Neste sentido, fica difícil compreender o governo episcopal no seu exercício dentro de um contexto relacional de participação de todos os batizados, onde a autoridade possui a responsabilidade de conduzir a missão evangelizadora na comunidade eclesial, suscitando a corresponsabilidade de cada um dos seus membros. Por causa disso, corre-se o risco de um exercício do governo eclesial autoritário, teórico e completamente desvinculado da realidade, portanto, impositivo e impessoal. Assim sendo, a autoridade exercitada na Igreja vem efetivada de modo arbitrário, sem a participação do Povo de Deus. O resultado é que o governo eclesial não assumirá a sua característica de serviço. Em vista disso, no Sínodo dos bispos de 1967 foram aprovados alguns princípios que serviram para definir o caminho do trabalho de revisão do Código de Direito Canônico.

É interessante destacar o sexto, dos dez princípios aprovados pela assembleia sinodal de 1967, para a revisão do código. Este defende a não arbitrariedade no exercício do poder eclesiástico, tendo como ponto de partida a igualdade fundamental de todos os fiéis e a diversidade dos ofícios e funções, presentes na própria estrutura hierárquica da Igreja. Por essa razão, dever-se-ia definir e assegurar, com a legislação canônica renovada, os direitos das pessoas, porque isso faz com que o exercício do poder apareça mais como serviço, consolidando, assim, cada vez mais seu uso e removendo os abusos:

> quaestio eaque gravis in futuro Codice solvenda proponitur, videlicet, qua ratione iura personarum definienda tuendaque sint. Sane potestas una est eaque residet in Superiore sive Supremo sive infe-

riore, nempe in Romano Pontifice et in episcopis dioecesanis, in respectivo ambitu completa. Quod unicuique, pro communitatis sibi assegnatae servito tota competat, unitat firmat potestatis, eamque pro pastoralis cura subditorum admodum conferro nemo dubitabit. Verum tamen usus huius potestatis in Ecclesia arbitrarius esse non potest, idque iure naturali prohibente atque iure divino positivo et ipso iure ecclesiastico. Unicuique christfidelium iura agnoscenda ac tuenda sunt, et quae in lege naturali vel divina positiva continentur, et quae ex illis congruenter derivantur ob insitam socialem conditionem quam in Ecclesia acquirunt et possident. Et quoniam non omnes eandem functionem in Ecclesia habent, neque idem statutum omnibus convenit, merito proponitur ut in futuro codicem ob radicalem aequalitatem quae inter omnes christifidelis vigere debet, tum ob humanam dignitatem tum ob receptum baptisma, statutum iuridicum omnibus commune condatur, antequam iura et officia recenseantur quae ad diversas ecclesiasticas functiones pertinente (PONTIFICIA COMMISSIO AD CODICEM IURIS CANONICI RECOGNOSCENDO, 1969, p. 82-83).

O número 16 do decreto *Christus Dominus*, quando trata do ofício episcopal, o circunscreve na imagem de pai e pastor, exortando o bispo a estar no meio daqueles que rege, como quem serve. A reflexão sobre o ministério de governo episcopal na Igreja precisa recorrer a algumas imagens, que revelam este critério pastoral, as quais servem tanto para direcionar como para limitar a autoridade episcopal. Tais imagens foram utilizadas pelo próprio Jesus e, por isso, inevitavelmente passaram a designar e delinear a figura do bispo. Estas imagens seriam a do pastor e a do servo sofredor. As duas imagens estão implicadas uma na outra, pois uma não pode ser entendida sem a outra. Porém, a mais frequente é aquela do pastor, pois liga a figura do bispo àquela do Cristo Bom Pastor (Cf. DE PAOLIS, 2005, p. 23-24).

Segundo o número 1 da *Pastores Gregis*, a figura ideal de bispo deve se configurar com o Cristo Bom Pastor, para que, na santidade de vida, possa consumir-se generosamente pela Igreja a ele confiada, mas também levando no coração a solicitude por todas as Igrejas dispersas sobre a terra. Essa visão exprime o exercício da *potestas ecclesiastica* como serviço, pois tem a sua fonte em Cristo e na sua missão única de pastorear e salvar o Povo de Deus. Logo, deve ser compreendida enquanto *potestas episcoporum*. Porém, o poder de governo episcopal exercitado em uma comunidade hierarquicamente organizada se põe a serviço da comunhão. A *communio*, que está presente nesta estrutura colegial-primacial do governo da Igreja e na sua missão, além de ser um critério limitativo, espiritual e jurídico, torna-se exigência de um *modus gubernandi* mais atento à necessidade da Igreja, enquanto comunidade de fé, que visa à salvação de todos. A *potestas*, nesta lógica, é entendida como serviço e diálogo e não como dominação-imposição.

Portanto, o exercício da autoridade eclesial, compreendido dentro desta perspectiva da comunhão, tende a manifestar-se tanto na dimensão pessoal quanto comunitária, com formas sempre novas de participação e de corresponsabilidade das várias categorias de fiéis. São João Paulo II define a Igreja como uma comunhão orgânica, que se realiza na coordenação dos diversos carismas, ministérios e serviços, ordenados para alcançar a finalidade comum que é a salvação. O bispo deverá se esforçar para suscitar na sua Igreja particular estruturas de comunhão e de participação, que consintam de escutar o Espírito Santo, que vive e fala nos fiéis, para depois colocar como responsável do governo eclesial os atos, que o mesmo Espírito sugere, em ordem ao verdadeiro bem da Igreja.

2. A corresponsabilidade dos batizados na missão da igreja

O termo "corresponsabilidade" não é encontrado formalmente nos 16 documentos emanados pelo Concílio Vaticano II. Isso também vale para o CIC 1983, fruto do Concílio. Os termos que aparecem, sejam nos documentos do Concílio seja no Código, que podem ser relacionados ao termo "corresponsabilidade" são: "responsabilidade" (eclesial) e "representação" com significados diversos. Nos documentos conciliares, o significado é prevalentemente moral, eclesial ou teológico, já no

CIC 1983, tem um significado jurídico. Este termo aparece de modo explícito na *Relatio Finalis* do Sínodo dos bispos de 1985 ao afirmar que a Igreja, por ser comunhão, deve ter, em todos os seus níveis, participação e corresponsabilidade. O Sínodo de 1985 conclui sublinhando que este princípio geral deve ser entendido de modo diferente nos diversos âmbitos (Cf. SYNODUS EPISCOPORUM, 1985, p. 1806).

Ao acolher o princípio geral da "participação-corresponsabilidade", o Sínodo de 1985 considera as relações em todos os seus níveis eclesiais, por exemplo: entre o bispo e o seu presbitério; o bispo e os diáconos; o bispo e os religiosos e as religiosas, que trabalham em uma Igreja particular; entre os leigos e os clérigos; e, também, a colaboração das mulheres na atividade eclesial (Cf. MONTAN, 2010, p. 10-11). No entanto, as suas argumentações são muito genéricas e não têm uma orientação jurídico-canônica. Isso significa que a reflexão sinodal possui uma lacuna na dimensão operativa da atividade eclesial. Com isso, para se entender como a corresponsabilidade dos batizados se concretiza na Igreja, é preciso considerar o princípio de participação eclesial de todos os fiéis a partir de outros princípios conciliares, como, por exemplo, a igualdade, existente entre todos os batizados e a Igreja como comunhão.

Em razão disso, a Congregação para os bispos, no seu diretório sobre a pastoral episcopal, afirma que a eclesiologia de comunhão, proposta pelo Vaticano II, compromete o bispo a promover a participação de todos os membros do povo cristão na única missão da Igreja. Todos os cristãos, seja individualmente ou associados entre si, têm o dever e o direito de colaborar com a missão de Cristo confiada à Igreja porque todo batizado, a partir do magistério do Vaticano II, participa do único sacerdócio de Cristo (Cf. LG 10).

No entanto, cada um deve colaborar com a comunidade eclesial, segundo a sua própria vocação particular e de acordo com os dons recebidos pelo Espírito Santo (Cf. CONGREGATIO PRO EPISCOPIS, 2004, p. 59). É claro, que essa colaboração entre os membros do Povo de Deus só é possível porque a eclesiologia conciliar concebe que existe uma diversidade de funções entre os membros da Igreja, a qual se manifesta nesta comunidade organizada hierarquicamente, onde alguns são constituídos dispensadores dos mistérios e pastores para os outros, apesar de existir uma verdadeira igualdade, com relação à dignidade e à ação comum de todos os fiéis, no edificar o corpo de Cristo (Cf. LG 32). Segundo a LG 32, a distinção que o Senhor colocou entre os sagrados ministros e o resto do Povo de Deus não gera uma divisão entre os membros deste Povo. Pelo contrário, faz com que os pastores e os outros fiéis sejam ligados por um vínculo comum entre si, pois tais pastores, membros da hierarquia eclesiástica, são compreendidos como servidores entre si e em relação aos outros fiéis. Os fiéis leigos, por sua vez, precisam oferecer a sua colaboração aos pastores e mestres, para que, assim, na diversidade, todos possam dar testemunho da admirável unidade existente no corpo de Cristo. É esta comunhão, na diversidade, entre a hierarquia e os fiéis que gera uma relação de colaboração e corresponsabilidade.

Acolher a comunhão que vem de Deus requer disciplina, concretude, gestos coerentes, que envolvam não somente as pessoas, mas também as comunidades. A corresponsabilidade é uma experiência que dá forma concreta à comunhão, através da disponibilidade de partilhar as escolhas que dizem respeito a todos (Cf. CEI, 2007, p. 24). Neste caso, é necessário tornar operativos aqueles lugares nos quais se exercita o discernimento espiritual, a escuta recíproca de cada fiel, as decisões ponderadas e partilhadas. Infelizmente se constata que em alguns lugares os organismos de participação eclesial não estão sendo realizados da melhor forma possível.

Em vista disso, é preciso, reavivá-los através da elaboração de modalidades originais, onde seja formado um estilo eclesial de maturação do consenso e de aceitação da responsabilidade. O exercício da corresponsabilidade dos fiéis batizados na missão da Igreja implica uma vivência concreta nos organismos de participação que devem ser utilizados nos processos de formação das decisões eclesiais. Os titulares do governo eclesial precisam abrir espaços, a fim de que as decisões tomadas em favor da comunidade sejam alcançadas por um novo estilo de governo. Isso deve ser compreendido como uma nova modalidade ou uma nova cultura de governo, onde os batizados possam criar, na sua vivência de fé na comunidade, um verdadeiro sentido de responsabilidade para com a missão da Igreja.

É em função da criação desta nova cultura de governo que o Papa Francisco, na última assembleia da Conferência Episcopal Italiana (CEI), defendeu a capacidade do Povo santo de Deus identificar as estradas certas. Também pede aos bispos italianos para acompanharem com generosidade o crescimento de uma corresponsabilidade laical, reconhecendo às mulheres e aos jovens espaços de pensamento, de planejamento e de ação. Assim, os pastores evitarão o atraso provocado por uma pastoral de conservação na atividade evangelizadora, que, segundo o Papa, é genérica, dispersiva, fragmentada e pouco influente (Cf. FRANCISCO, 2014).

Isto porque, a participação coral e orgânica de todos os membros do Povo de Deus não é somente um objetivo, mas o meio para se alcançar a meta de uma presença evangelicamente transparente e incisiva. Ao ser alimentanda esta corresponsabilidade eclesial, que faz parte da vocação de todo batizado, e estes lugares de participação, vem consentido à Igreja, na sua organização de governo pastoral, enfrentar as questões que se referem à sua própria vida com um olhar aberto aos problemas do território onde ela está inserida, enquanto Igreja particular, como, também, naqueles da inteira sociedade.

É devido a este efeito evangelizador-missionário, causado pela corresponsabilidade e participação dos batizados na missão eclesial, que se faz possível identificar os fundamentos relevantes desta modalidade de ação na Igreja, são eles: a natureza apostólica da comunidade eclesial e os Sacramentos (Cf. MAZZOLINI, 2015, p. 61). Para a Igreja ser missionária nas suas estruturas, como propõe a EG 26 e 27, tendo como objetivo uma reforma missionária da Igreja, é necessária uma modalidade de governo eclesial que favoreça esta natureza apostólica, anunciadora dos valores evangélicos nas realidades pastorais e sociais.

Tal modalidade só é possível através da corresponsabilidade e da participação de todos os fiéis, pois, por meio destas duas formas operativas de governo, o anúncio da mensagem evangélica será mais encarnado nas realidades onde a Igreja está inserida. Já os Sacramentos, que se revelam como segundo fundamento da participação e da corresponsabilidade batismal no exercício da *potestas regiminis*, de modo especial aqueles da iniciação cristã e da ordem, servem para redirecionar cada membro da Igreja a ocupar o seu lugar nesta estrutura participativa, determinando o seu modo de operar no desenvolvimento da atividade eclesial e a sua responsabilidade.

Se estes fundamentos eclesiológico-teológicos não forem aplicados detalhadamente na vivência eclesial, corre-se o risco de cair novamente em uma figura substancialmente piramidal de Igreja, apesar do magistério se expressar em modo de comunhão com os seus documentos na Igreja universal e local. Por isso, a fidelidade aos ensinamentos eclesiológicos conciliares não pode ser apenas formal, mas substancial, sendo esta regressão da modalidade da eclesiologia conciliar para a piramidal uma possibilidade concreta, que deve ser considerada dentro da gestão da atividade eclesial porque existem lacunas do ponto de vista prático-operativo. Para uma melhor constatação, basta reconhecer os organismos de comunhão presentes na atual normativa da Igreja, mas que, muitas vezes, pelo modo como são utilizados, tornaram-se uma tumba daquela "participação" dos fiéis que deveriam favorecer.

Por essa razão, os organismos de participação devem estar aptos a promover uma circularidade entre as periferias e o centro da Igreja, pois, se o que se realiza, por meio deles, é apenas um movimento de ida das decisões da estrutura central de governo da Igreja para aquelas estruturas de base, o que acontece, na verdade, é apenas uma recuperação do estilo piramidal do governo eclesial. Dessa maneira desenvolve-se uma Igreja, cujo não escutar a *universitas fidelium* faz com que as decisões da autoridade de governo sejam até verdadeiras, mas não vitais para a vida eclesial. Logo, elas se tornarão imposições e não vão ser acolhidas como favoráveis para vida de fé dos batizados. O exercício da corresponsabilidade entre os batizados é importante para proceder a uma reforma no exercício do poder de governo, pois ela gera a *singularis conspiratio* entre os pastores e os fiéis da sua comunidade, fazendo com que estes sejam formados para um *novus habitus mentis* da modalidade do governar eclesial (Cf. FRANCISCO, 2017, p. 57-58).

Contudo, para que isso se concretize, é necessária uma valorização dos organismos intermediários dos agrupamentos de Igrejas particulares, os quais são expressões da colegialidade, mas também motores para a sinodalidade. Os Concílios plenários e provinciais podem ser considerados como lugares favoráveis para o exercício da corresponsabilidade dos batizados no governo eclesial, já que estes organismos podem favorecer uma comunicação dos bispos com o povo, que lhes é confiado, e dos bispos entre si e com o Chefe do Colégio episcopal. Desta maneira, a colegialidade será impulsionada pela vivência sinodal, pois, em todos os níveis de participação eclesial seria respeitada a unidade constitutiva entre *universitas fidelium* com seus pastores e salvaguardado e vivenciado o Colégio dos bispos como *coetus episcoporum*, caracterizado como representante da variedade e universalidade do Povo de Deus.

A concretização do exercício da corresponsabilidade entre os fiéis perpassa também pela valorização das instâncias participativas, tanto no âmbito da Igreja universal como naquele da Igreja particular. Além destes dois âmbitos eclesiais, pode-se incluir também um terceiro, que seria a reunião dos bispos locais, manifestado de modo muito particular nas Conferências episcopais continentais e nacionais. O exercício da corresponsabilidade, nestas instâncias eclesiais participativas, seria uma forma de sanar sintomas de patologias que revelam relações eclesiais adoecidas, como aquela em que o Povo de Deus não é educado a participar ativamente. Isso pode ser referido seja aos presbitérios de cada diocese, como também aos outros fiéis, compreendido como *portio popoli Dei*.

Esta realidade é causada por um exercício do ministério episcopal vivenciado fora desta relação esponsal entre o bispo e a sua Igreja particular que gera uma relação fragilizada tanto entre o bispo e seu presbitério quanto entre o bispo e a porção do Povo de Deus a ele confiada. Eliminando, assim, do episcopado a compreensão do pastoreio, do magistério e do cuidado da sua grei (Cf. VITALI, 2014, p. 129). Por essa razão, fica obstaculizada a relação de circularidade entre o bispo e sua Igreja particular, impedindo, também, a realização do princípio da *singularis conspiratio*, tão necessário para uma Igreja entendida como comunhão e Povo de Deus.

Não pode haver lugar para a corresponsabilidade de todos os fiéis batizados na gestão da missão eclesial, enquanto o episcopado for compreendido somente dentro desta visão universalista, onde se enfatiza a pertença do bispo ao Colégio como condição prévia para o exercício do seu ministério episcopal. O problema é que não se leva em consideração a colegialidade-sinodalidade, mas o primado-colegialidade, pois o importante, dentro desta perspectiva da ênfase no binômio primado-colegialidade, é o exercício pessoal do bispo no governo eclesial e sua relação com o romano Pontífice em detrimento da relação pessoal do bispo diocesano com a porção do Povo de Deus a ele confiada. O bispo deixa de ser representante[4] de uma alteridade que é o seu Povo. Ele não vem considerado como pastor que representa os anseios, as dores, as angústias, as tristezas e as esperanças de um Povo, mas como aquele que exerce uma função diretiva nas relações entre o centro do governo (a cúria) e a periferia (as dioceses).

Por esse motivo, destaca-se a importância dos organismos intermediários, como a província eclesiástica, a Conferência episcopal nacional e continental no exercício do governo da Igreja, porque possibilitam que os bispos, sendo membros destes organismos, não representem outros bispos em razão de uma delega, mas a Igreja de Cristo

---

4. O conceito de representação aplicado ao ministério episcopal deve ser fundamentado na passagem da LG 22 que coloca o Colégio episcopal, enquanto unido sob um único Chefe, como manifestação da variedade e da universalidade do Povo de Deus. No entanto, este conceito, para a normativa canônica, sempre aparece de modo muito ambíguo, especialmente quando vem aplicado na normativa sobre o conselho presbiteral do can. 495, que o define como *presbyterium repraesentans* (Cf. MARCHESI, 2000, p. 103-105).

encarnada naquela determinada porção do Povo de Deus. Isto significa compreender a autoridade e o ministério episcopal a partir da sede que ocupam (Cf. VITALI, 2014, p. 130). Nesse sentido, o Papa Francisco sublinha a figura do bispo como pastor e pai.

O romano Pontífice afirma que os bispos, como pastores, são chamados a olhar continuamente para o "Santo Povo fiel de Deus" com o intuito de proteger, acompanhar, apoiar e servir; e como o pai não podem ser compreendidos sem os seus filhos, pois o que os tornam pais é ter o rosto dos filhos. O mesmo acontece com os bispos que são pastores. Para o Papa Francisco, o pastor é pastor de um povo, e o povo deve ser servido a partir de dentro (FRANCISCO, 2016, p. 525). Tal pensamento entende afirmar que a autoridade do bispo em uma Igreja servidora e missionária parte desta relação de colaboração e corresponsabilidade com um povo concreto. Por esse motivo, o Papa Francisco, nesta mesma carta, adverte para o perigo da especulação de um *coetus episcoporum* sobre o Povo de Deus sem a sua participação, ou seja, sem olhar para ele como uma realidade na qual o bispo também está inserido como membro. O risco é funcionalizar ou teorizar de tal modo a vida do povo, fazendo com que a especulação acabe por matar a ação pastoral na vida das comunidades eclesiais.

Para não ceder a esse tipo de reflexão, o Papa Francisco deixa claro que o bispo, ao tratar das questões da sua Igreja particular, precisa entrar em diálogo com o seu povo, sobretudo, não considerando a si próprio e o clero como uma elite sacerdotal, mas precisa considerar LG 9 ao abordar a dignidade e a liberdade dos filhos de Deus, em cujos corações o Espírito Santo habita como num templo. Segundo o Pontífice, no momento de refletir, pensar, avaliar, discernir, os bispos precisam estar atentos a esta unção do "Santo Povo fiel de Deus", pois cada batizado é ungido pela graça do Espírito Santo.

O Papa Francisco exorta para a necessidade de enfatizar, de modo operativo na comunidade eclesial, a corresponsabilidade e a participação dos batizados, especialmente os leigos, no exercício do governo episcopal. Só assim, segundo o Pontífice, é possível combater o clericalismo, que é uma deformidade na Igreja, porque esta atitude não só anula a personalidade dos cristãos, mas também diminui e subestima a graça batismal, que o Espírito Santo colocou no coração do Povo de Deus. O Papa afirma ainda que o clericalismo não dá impulso aos diversos contributos e propostas, mas apaga o fogo profético do qual toda a Igreja é chamada a dar testemunho. O clericalismo faz esquecer que a visibilidade e a sacramentalidade da Igreja pertencem a todo o povo e não a poucos eleitos e iluminados.

Portanto, a corresponsabilidade dos batizados na missão da Igreja só tem sentido dentro de uma comunidade eclesial compreendida como Povo de Deus, visto que ela se realiza de modo concreto dentro da dinâmica da *communio*, onde não existe uma contraposição ou diferenciação de dignidade entre os batizados, porque todos participam do tríplice múnus sacerdotal de Cristo e da sua missão redentora. Para que isso seja real, é preciso que a Igreja assuma a responsabilidade de fazer uma recepção da eclesiologia do Vaticano II, de modo que, no exercício ordinário do governo da Igreja, a eclesiologia como Povo de Deus em comunhão e as suas consequências na vida e na estrutura eclesial estejam presentes substancialmente e não apenas formalmente no quotidiano da comunidade eclesial.

3. O exercício participativo da missão eclesial

Uma Igreja entendida como comunhão, onde todos os batizados gozam de uma mesma dignidade e de uma responsabilidade comum para com a sua missão evangelizadora, deve ser gerida no seu interno a partir de uma perspectiva participativa de governo. Não se pode desvincular o compromisso da corresponsabilidade dos fiéis, na missão evangelizadora, da modalidade participativa no exercício do governo eclesial. Uma das consequências de a eclesiologia conciliar foi a relevância dada ao sacerdócio comum dos fiéis (Cf. VITALI, 2013, p. 134).

O tema da participação começa a ser acolhido na vivência eclesial através do modo de se compreender como único o sacerdócio de

Cristo, mediante o Vaticano II. Para enfatizar esta compreensão participativa de um único sacerdócio, o tema do sacerdócio comum é mencionado no texto da LG antes do sacerdócio ministerial. Mas, isso não é por uma questão de precedência, e sim, porque o sacerdócio ministerial é colocado vinculado necessariamente ao sacerdócio comum. Deste modo, o sacerdócio comum torna-se, no texto conciliar, o termo de referência obrigatório para compreender a relação entre as duas formas de participação no sacerdócio de Cristo.

O que acontece na eclesiologia do Concílio é que o novo Povo de Deus adquire, através do sangue de Cristo, o título de "povo sacerdotal" (Cf. LG 10), com isso, o sujeito chamado a cumprir tal oferta sacerdotal não é um indivíduo, mas a totalidade dos batizados, mesmo que exista a capacidade de cada batizado oferecer a si próprio a Deus. Entretanto, é preciso também evidenciar que o culto espiritual dado a Deus na Igreja não é individual, mas como *universitas fidelium*.

A partir dessa compreensão, o sacerdócio ministerial está a serviço do sacerdócio comum, pois o sacerdócio hierárquico não existiria se não tivesse um povo sacerdotal. Logo, essa diferença entre os dois sacerdócios, para o Concílio, por ser estabelecida na "essência" e não na dignidade, torna possível a instituição de uma circularidade e complementaridade entre as duas formas de participação ao sacerdócio de Cristo (Cf. VITALI, 2013, p. 137).

A relação de complementaridade e circularidade existente entre os ministros ordenados e todos os outros fiéis batizados faz com que surja uma perspectiva no ordenamento canônico de participação na realização e na gestão da missão eclesial, que nasce através da tendência preferencial comunitária da Igreja na relação entre indivíduo e coletividade[5]. Existe uma predisposição do conjunto da organização eclesial

---

5. Na estrutura organizativa da Igreja não existe um enfoque nos direitos individuais e subjetivos do indivíduo. Logo, não se pode fazer uma comparação com a dinâmica entre público-privado do ordenamento estatal, onde no âmbito relacional, como *societas individuorum* existe uma crescente concorrência e contraposi-

de fazer coincidir uma mesma missão para toda a Igreja e todos os fiéis. Por essa razão, ela vem realizada por meio da dinâmica de reciprocidade e cooperação entre hierarquia e fiéis (Cf. GHERRI, 2015, p. 60).

Essa dinâmica se manifesta na cooperação e na participação no poder de governo e favorecerá que a Igreja possa, nas diversas instâncias do seu exercício, pôr atos de governo mais équos e racionais para uma melhor realização da sua missão, herdada de Cristo porque o governo na Igreja se realiza como responsabilidade e não como domínio. A ação de governo dos pastores na Igreja deve ser entendida como possibilidade efetiva de comprometer-se com a tutela e a garantia de uma vida evangélica eficaz da comunidade cristã para a qual se recebeu a responsabilidade do cuidado pastoral.

Contudo, a responsabilidade é uma posição passiva, ou seja, uma posição que é assumida pelo responsável na organização eclesial como tutela e garantia dos bens espirituais para a realização da *salus animarum*. Logo, o governo eclesial, sendo entendido como responsabilidade e serviço, é compreendido na sua realização como um encaminhar e coordenar os recursos espirituais por meio de quem governa, pois ele tem a missão de guia e guarda do *depositum* recebido. Devido a isso, tem como missão disponibilizar para todo homem este encontro de salvação com a herança de Cristo. Logo, se o exercício do governo eclesial é favorecer a fruição dos bens espirituais para a salvação de todos, este não se pode entender, a não ser pela ótica do discernimento. Significa que governar é discernir (Cf. GHERRI, 2015, p. 91-92).

A relação entre governo e discernimento pode ser entendida a partir daquilo que expressa São João Paulo II na *Familiaris consortio*, quando lembra aos pastores que, por amor à verdade, diante de uma situação difícil e de famílias feridas, eles têm a obrigação de discernir as situa-

---

ção de interesses concretos no que se refere aos bens da vida individual, ou seja, há uma contraposição do indivíduo contra todos, representados de fato pelo Estado. No Direito canônico o sujeito é a comunidade cristã, a Igreja no desenvolvimento da própria missão (Cf. GHERRI, 2015, p. 64).

ções. O Papa exorta que, enquanto se exprime com clareza a doutrina, é preciso evitar juízos que não levem em conta a complexidade das diversas situações, mas estar atentos ao modo como as pessoas vivem e sofrem por causa da sua condição (Cf. João Paulo II, 1982, n. 84).

Se governar é discernir, então, governar é dialogar com as diversas realidades do contexto eclesial. Para se realizar o exercício de governo dentro da concepção do discernimento e, assim, disponibilizar melhor os bens salvíficos, a participação dos fiéis nos atos de decisão da vida eclesial e nas suas respectivas instâncias participativas, a organização eclesiástica de comunhão ganha maior importância na vivência da comunidade cristã.

Governar, na ótica do discernimento, é interrogar-se e interrogar sobre quais instrumentos operativos concretos podem ser utilizados para uma ação de evangelização e de santificação eficaz (Cf. Gherri, 2015, p. 92). Essa eficácia, no âmbito pós-conciliar, significa, sobretudo, uma evangelização, fruto de um governo muito mais próximo, que se deixa conduzir por realidades concretas das comunidades e dos seus membros. Todavia, isso só pode se realizar no encontro livre e aberto entre os fiéis, partindo desta mesma fé, que o Espírito infundiu no coração de todos os batizados.

Para viabilizar o discernimento é necessário ativar esta responsabilidade e corresponsabilidade eclesial na função de governar. Em vista disso, é primordial o favorecimento da escuta e da cooperação no exercício do poder de governo por parte da suprema autoridade eclesiástica e dos bispos. O CIC 1983 introduziu organismos específicos de consulta, os quais a autoridade pastoral competente é obrigada a recorrer, quando necessita tomar as decisões que lhe compete.

3.1. Institutos de participação sinodal

A tradição sinodal na Igreja, que hoje se expressa através das instituições dos Sínodos dos bispos, Sínodos diocesanos e Concílios particulares (Cf. Kouveglo, 2014, p. 264), tem dois aspectos que favorecem o exercício participativo: a publicidade e o caráter consultivo. O primeiro reconhece que a assembleia sinodal se desenvolve sempre em público, aberta a toda a Igreja, mas o poder jurisdicional de decisão pertence exclusivamente a quem de direito[6]. O aspecto jurisdicional dos Sínodos na Igreja que não se estendem a todos, apesar de se desenvolver diante do público. Mesmo com a participação de leigos ou realizados diante deles, estes não são titulares do poder de governo. Nesse sentido, não se pode confundir ato sinodal com regime político democrático.

Ao compreender que a *communio* é a essência da vida eclesial, é possível afirmar que a estrutura sinodal, enquanto dimensão característica e fundamental de todos os ofícios eclesiais, é a única forma possível de corresponsabilidade e participação de todo o Povo de Deus na gestão da vida eclesial (Cf. CORECCO, 1997, p. 11). Dessa maneira, é salientado o segundo aspecto que favorece o exercício participativo do governo através destes organismos sinodais, que é o seu caráter consultivo, porque a participação das pessoas é considerada a partir de sua condição e do seu lugar eclesial. Em razão disso, não se desconsidera o direito recebido pelos ministros que são titulares da função de governo de avaliar as decisões e declarações tomadas dentro das instituições sinodais (Cf. VALDRINI, 2013, p. 178). Dentro desta perspectiva sinodal, o importante é o princípio de legalidade. Isso permite que a discricionariedade das decisões e disposições, próprias dos atos de governo, não esteja em risco de se tornar expressão da arbitrariedade de quem exercita qualquer forma de poder na Igreja.

Há uma necessidade essencial de consulta nestes institutos sinodais, pois o voto consultivo é parte integrante e constitutiva do processo pelo qual nasce o juízo e o discernimento da autoridade. Apesar desta

---

6. Ratzinger sublinha que é completamente errada do ponto de vista histórico a afirmação de que os concílios da Igreja antiga teriam sido compostos por leigos e por bispos, e que somente o Concílio de Trento e o Vaticano I teriam marcado esta passagem para um concílio puramente episcopal (Cf. RATZINGER – MAIER, 2005, p. 31-33).

dependência, não vêm eliminados os riscos de erros do pronunciamento último da autoridade eclesiástica. A formação da decisão através dos organismos sinodais tem como base a comunhão cristã, visto que, neste processo sinodal o valor supremo não é a afirmação da vontade de alguém, ou seja, não importa se é a maioria ou a minoria, mas a comunhão, que é uma realidade antecedente a todos os participantes destes processos decisórios, porque é feita por Cristo (Cf. CORECCO, 1997, p. 21-22). Não está em jogo nenhum princípio democrático, onde o que vale para todos é aquilo que é escolhido pela maioria. Pelo contrário, é o bem comum que deve ser a motivação do processo sinodal e esse se resume a salvação, ou seja, na *salus animarum*.

Dessa maneira, a sinodalidade aparece como o rosto visível da comunhão e a sua expressão qualificada (Cf. ROCHA, 2015, p. 137), já que, na dimensão estrutural da Igreja, o princípio sinodal manifesta-se a partir da consciência de como a comunidade é convocada para acolher o dom da salvação. A Igreja expressa essa realidade da *communio* em todos os elementos que estruturam o seu viver e em todos os níveis da sua existência (Cf. BORGES, 1994, p. 131-132). Com isso, a estrutura orgânica dos Sínodos e dos Concílios constitui a expressão desta realidade singular que contém a sua seiva revigorante na comunhão como expressão de todas as outras formas organizativas da Igreja ao promover a dinâmica do seu funcionamento. Por isso, é necessário garantir a articulação funcional dos organismos da estrutura sinodal e a sua irradiação positiva em todos os outros espaços eclesiais. É nesse sentido que o Papa Francisco promove o sínodo dos bispos sobre a Igreja e Sinodalidade entre os anos de 2021-2024.

3.2. Os colégios

Tais instituições participativas são abordadas na legislação de 1983 segundo duas perspectivas: uma primeira, geral, que indica uma significação genérica do conceito dentro de um contexto jurídico; uma segunda, específica, que liga o colégio a estruturas organizativas eclesiásticas. É mais elucidativo se for considerado o princípio colegial sobre dois aspectos: o primeiro seria a atuação de grupos de pessoas com suas capacidades reconhecidas, enquanto titulares estáveis de direitos e deveres. Esta perspectiva se refere às corporações ou pessoas jurídicas colegiais. O segundo seria a dos entes colegiais da organização hierárquica ou, de modo mais amplo, da organização eclesiástica. Aqui, o princípio colegial é entendido como critério informador dos ofícios integrados por diversas pessoas que exercitam o poder ou participam no governo da Igreja.

O que interessa a este trabalho é a segunda perspectiva, pois é ela que possibilita um exercício participativo no governo. É claro que o emprego, para alguns órgãos, do conceito Colégio não é sempre evidente, pois são instituições de natureza e alcances diferentes. Isso pode ser aplicado ao Colégio dos cardeais, dos juízes e dos consultores, por exemplo. É possível perceber que, com as prerrogativas dadas ao Colégio cardinalício, pela atual legislação, a colegialidade fica mais evidente em situações de sede vacante, pois, enquanto instituição colegial de governo, deve tomar e assumir decisões colegiais. No entanto, quando a sede não é vacante, esta instituição é considerada como o Colégio de conselheiros do romano Pontífice, não sendo, propriamente, um órgão de participação, porque ele não é destinado, por meio do parecer ou de um consentimento manifestado formalmente a tomar parte em processos decisivos no exercício do governo da autoridade suprema da Igreja.

Neste sentido, é importante verificar a existência de alguns critérios comuns, que identificam canonicamente determinado órgão como um colégio participante da organização eclesiástica: primeiro, analisar se ele é uma instituição, um ofício, no qual a titularidade é compartilhada entre um grupo (*coetus*) de pessoas, depois, constatar se estes contribuem com o seu voto à formação de uma vontade colegial, segundo os efeitos estabelecidos pelo direito.

Por exemplo, o Colégio de Consultores é compreendido como instituição colegial quando é exigido o seu consenso em determinados assuntos, como para pôr atos administrativos extraordinários (Cân.

1277), para a alienação dos bens (Cân. 1292 §1), para conceder incardinação ou excardinação de clérigos (Cân. 272), para conceder cartas demissórias para a ordenação (Cân. 1018 §1) e para a remoção do chanceler e dos notários da Cúria (Cân. 485). Nestes casos, esta instituição age colegialmente dando o consenso exigido pelo direito. Assim, o Colégio de Consultores assume uma função deliberativa através da formação da vontade colegial.

Ao analisar as anotações das reuniões dos trabalhos da Pontifícia Comissão para a revisão do Código, é bastante evidente que o recurso ao Colégio dos Consultores foi pensado e desejado em substituição do parecer do Conselho presbiteral, organismo que, por sua natureza e composição, não pode ser facilmente convocado, pois se pronuncia sobre todas as questões da vida diocesana. E assim, para favorecer o tratamento dos casos mais urgentes e para desenvolver, de modo mais rápido, os trabalhos quotidianos, almeja-se, então, a criação do Colégio dos Consultores, por ser um organismo mais restrito e, por isso mesmo, mais flexível (Cf. PONTIFICIA COMISSIO AD CODICEM IURIS CANONICI RECOGNOSCENDO, 1982, p. 217-218).

É importante sublinhar que, quando a norma canônica requer como necessário o parecer ou o consenso dos Consultores, este não pode ser obtido pelo superior mediante a consulta individual a cada membro, mas deve ser efetuada a convocação formal do Colégio, o qual é obrigado a exprimir-se como tal. Isso significa que o parecer ou voto vem formulado depois de uma ampla discussão, na qual cada um pode exprimir o seu próprio ponto de vista e confrontar-se com aquele dos outros membros (Cf. CALVI, 2000, p. 156).

Aqui se percebe o quanto é importante a vontade colegial no exercício das suas competências e o quanto o Colégio de Consultores se enquadra nos critérios apresentados para distinção de um órgão colegial, pois verifica-se nele os requisitos para que se possa falar em Colégio já que o exercício das suas funções deve ser realizado por um grupo de, ao menos, três pessoas físicas. Os membros do Colégio devem formar uma vontade colegial e essa formação vai desde a convocatória dos seus membros, estendendo-se até a emissão dos votos e a proclamação do resultado final.

Além disso, a vontade colegial deve ser imputada ao Colégio, enquanto instituição, pois se impõe e vincula a todos os membros do colégio. Ademais, há neste órgão uma organização interna, ainda que seja mínima, para a distribuição adequada das funções dos membros ao interno dele. Um último requisito para diferenciar um Colégio de outras atuações coletivas na Igreja é a existência de um regime jurídico para a estrutura e as atividades de tal órgão colegial.

Estes requisitos, além de serem preenchidos pelo Colégio de Consultores, também se ajustam ao Colégio judicante de um tribunal eclesiástico. Em suma, diante deste modo de proceder colegial, a Igreja favorece, através da participação na formação da decisão, uma melhor garantia de se emitir um ato mais condizente com a verdade em todos os seus níveis jurídico, antropológico e eclesiológico e com uma justiça mais imparcial e objetiva (Cf. Izzi, 2010, p. 288-289).

3.3. Os conselhos

Entre os diversos órgãos de participação na estrutura eclesiástica estão aqueles que se denominam conselhos no CIC 1983. É possível enumerar entre eles: o Conselho presbiteral, o Conselho de pastoral e o Conselho para assuntos econômicos. O termo *consilium* já indica suficientemente estes órgãos como aqueles que têm uma função consultiva, mesmo que, dentro de certos casos previstos pelo direito, alguns conselhos são chamados a dar não o *consilium*, mas o *consensus* (Cf. Kouveglo, 2014, p. 267-268).

Estes organismos são considerados, dentro da estrutura do governo eclesiástico, como aqueles que são identificados com um caráter auxiliar, pois servem para ajudar a autoridade no exercício de seu ofício capital. Entretanto, é importante recordar que a função consultiva no direito canônico não tem o objetivo de limitar o poder da autoridade, mas de orientar a decisão da autoridade para que seja um ato mais *ra-*

tionabilis. Por isso, dentro da compreensão de governo que provém da eclesiologia conciliar, estes órgãos participativos se tornam necessários para que o exercício do governo eclesial seja uma expressão desta estrutura de comunhão, que enfatiza não tanto a autoridade hierárquica, mas a participação de todos os batizados de modo corresponsável na vida da Igreja.

A função de governar, na perspectiva conciliar, comporta o exercício do poder por parte da suprema autoridade e dos bispos a partir da escuta. Esse modo de exercitar o poder de governo é baseado no número 27 da LG. Em razão disso, o Código de Direito Canônico, fiel ao pensamento do Concílio, introduziu organismos de consulta, dos quais a competente autoridade de governo é obrigada a recorrer no procedimento de tomada das decisões que lhe compete (Cf. MONTAN, 2010, p. 14).

Por esse motivo, o Papa São João Paulo II, na Carta apostólica *"Novo Millenio ineunte"*, afirma que, nesta nova época, é preciso se empenhar, enquanto Igreja, para valorizar e desenvolver aqueles instrumentos e âmbitos que servem para assegurar e garantir a comunhão. É claro que o romano Pontífice se referia, antes de tudo, ao ministério petrino e à colegialidade episcopal, convidando, em seguida, a desenvolver as potencialidades de comunhão inerentes aos instrumentos de governo como: os Sínodos, as Conferências episcopais e os outros organismos de participação, previstos pelo Direito canônico. O Papa conclui, pondo precisas regras à participação manifestada nas estruturas hierárquicas da Igreja e suplica que sejam evitadas tentações de arbítrios e pretensões injustificadas. Com isso, a espiritualidade de comunhão confere uma alma ao dado institucional, favorecendo confiança e abertura que corresponde à dignidade e responsabilidade de todo membro do Povo de Deus (Cf. JOÃO PAULO II, 2001, p. 296-299).

De acordo com a intenção do Vaticano II, a autoridade eclesiástica, ao cumprir o seu serviço de governo, não pode proceder de maneira absolutista, mas sinodal, ou seja, procurando caminhar junto com os outros fiéis, dando atenção aos seus dons e conselhos (Cf. MÜLLER,

1980, p. 304). Todavia, é a autoridade eclesial que permanece responsável, do início ao fim, no processo de discernimento e de elaborações das decisões, dado que o poder para o exercício das funções de governo é concedido à pessoa mesma, seja em força do Direito divino seja em força do Direito eclesiástico.

Por essa razão, a corresponsabilidade vem definida na doutrina canonista com formas organizadas ou institucionais, de acordo com o Direito, nas quais os fiéis podem e devem participar e exprimir-se, segundo as suas próprias competências, diante dos pastores com o intuito de ajudá-los na edificação do corpo de Cristo e no bem da Igreja.

De fato, as estruturas de corresponsabilidade, como os conselhos, são ordenadas para as consultas eclesiais e como auxílio para as respectivas autoridades eclesiásticas competentes, em vista do exercício do seu ofício, sem tocar na competência jurídica da autoridade hierárquica. Logo, no âmbito canônico, a autoridade é a única causa eficiente dos negócios jurídicos (Cân. 124 §1) pertinentes ao seu serviço de governo.

Por isso, conclui-se que, em sentido técnico, a corresponsabilidade, e com ela a participação no exercício de governo através da consulta, não pode tocar o poder da autoridade enquanto tal. No entanto, toca o exercício do poder da autoridade. É justamente essa a diferença fundamental de compreensão da autoridade de governo da eclesiologia e da canonística conciliar com relação às compreensões precedentes, pois, a partir do Vaticano II, a autoridade não usa o governo como modo de controlar a comunhão dos fiéis, mas para facilitá-la e motivá-la.

Compreende-se que os atos de governo elaborados nestes organismos de corresponsabilidade e de *consilium* são vinculantes por causa da autoridade que consulta estes organismos e que, em nome próprio, emite os atos (Cf. COCCOPALMERIO, 2000, p. 23). Todavia, isso não significa uma decisão solitária, pois houve uma participação daqueles que foram consultados na elaboração da decisão. Esses atos são diferentes dos atos colegiais, já que esses exigem uma decisão colegial de todos os membros que possuem a mesma responsabilidade no decidir;

enquanto os atos produzidos pelo conselho são participativos e o voto consultivo possui o objetivo de ajudar a autoridade a deliberar de modo otimizado. No processo de consulta, o sujeito que delibera, decide o que fazer e como fazer já que é livre para aceitar ou não aceitar as indicações oferecidas pelo sujeito consultado, porque a autoridade é garantia da *communio*.

Assim sendo, existem dois momentos no exercício do governo em que é preciso discernir: primeiro momento é a colaboração ligada à formação dos atos de governo, isto é, através de processos decisórios. O segundo momento é aquele no qual vem manifestada a execução da decisão de governo (Cf. ASSELIN, 2004, p. 105). Contudo, é na primeira forma de colaboração que se assume, de modo mais específico, o conceito de participação no governo. Com isso, o quadro que se forma a partir dessa realidade não tem como base um interesse em valorizar um poder limitativo destes organismos consultivos com relação ao exercício do poder da autoridade, mas de valorizar uma responsabilidade comum e partilhada da *actio communis* na edificação do Corpo de Cristo.

4. Experiências de sinodalidade na igreja do Brasil

Uma experiência de sinodalidade concreta na Igreja do Brasil, atuante desde 1991, são as Assembleias Nacionais dos Organismos do Povo de Deus (ANOPD). Tais organismos foram criados, com a assessoria jurídico-canônico da Conferência episcopal e do seu assessor canônico, Pe. Gervásio Queiroga (Cf. COMISSÃO NACIONAL DO LAICATO DO BRASIL, 2021, p. 6). Deste modo, tenta-se colocar em prática na Igreja do Brasil a comunhão e a corresponsabilidade entre os bispos e os outros fiéis do Povo de Deus. Por essa razão, cria-se um órgão chamado de "Assembleia dos Organismos do Povo de Deus" sob a direção do episcopado, como exige a natureza sinodal da Igreja.

Os membros deste organismo são representantes da CNBB, da CRB, da CNC, do CNL, dos diáconos e de outros elementos que tornam esta assembleia muito representativa, seja dos carismas, dos estados de vida e ministérios eclesiais. Esta organização sinodal contém elementos de representatividade das várias categorias de fiéis, porém, não como um grupo de fiéis acéfalos, mas profundamente unidos aos pastores da Igreja, os bispos. Isso é comprovado mediante o principal fim desta Assembleia que é a colaboração com os bispos na planificação orgânica da pastoral nacional, respeitando sempre a competência exclusiva dos bispos de decidirem sobre a elaboração do projeto de pastoral.

O estatuto da CNBB no art. 7º fundamenta o caráter eclesial, jurídico e canônico destas assembleias. Esta normativa declara que:

> para alimentar a comunhão e a colaboração pastoral, a CNBB mantém relacionamento permanente com as organizações que representam, em âmbito nacional, os diversos componentes do Povo de Deus, especialmente com a Conferência dos Religiosos do Brasil (CRB), Comissão Nacional de Presbíteros (CNP), Comissão Nacional dos Diáconos (CND), Conferência Nacional dos Institutos Seculares (CNIS) e o Conselho Nacional do Laicato do Brasil (CNLB) (CNBB, 2002, p. 16).

Apesar deste organismo não ter estatuto, mas só os regimentos para cada Assembleia, pode-se constatar em um artigo do Conselho Nacional do Laicato os seus objetivos, os quais são elencados assim: Fortalecer a Igreja, comunhão e missão; reavivar e aprofundar a consciência da corresponsabilidade na evangelização, a ser feita cada vez mais organicamente, e ainda, crescer na comunhão entre os Organismos e vivenciar a sinodalidade e a unidade na ação evangelizadora (Cf. CNBB, 2002, p. 10).

Diante destes objetivos, deduz-se que tais Assembleias dos Organismos do Povo de Deus são instrumentos institucionais que podem favorecer a formação de uma cultura sinodal entre as diversas categorias de fiéis e setores de ação evangelizadora porque possuem uma grande capacidade de fomentar a escuta, a participação, a corresponsabilidade e a comunhão de todo os fiéis com a missão eclesial. Ademais, articulam as diversas categorias de fiéis que atuam de modo estruturado nos seus respectivos organismos de comunhão, como por exemplo, Comissões e Conferências. Isso significa viabilizar um processo sinodal na elaboração das decisões pastorais na Igreja do Brasil, favorecendo uma escuta articulada dos fiéis, ministérios e carismas, a partir de uma espiritualidade de comunhão.

Outra experiência sinodal presente na Igreja do Brasil e da América Latina é a Conferência Eclesial da Amazônia (CEAMA). Em 2019, como fruto da Assembleia sinodal especial dedicada a Pan-Amazônia, que teve como tema: "Amazônia: novos caminhos para a Igreja e para uma ecologia integral", o Conselho Episcopal Latino-Americano (CELAM) e a Rede Eclesial Pan-Amazônica (REPAM) tiveram a iniciativa de formar uma conferência eclesial em comunhão com as conferências episcopais. Essa proposta inovadora foi erigida canonicamente pelo Papa Francisco no dia 09 de outubro de 2021 como pessoa jurídica pública eclesiástica. O cardial Dom Cláudio Hummes foi o primeiro presidente da CEAMA. Ele renunciou à sua função no dia 26 de março de 2022 destacando que:

> a Assembleia Eclesial da América Latina e Caraíbas foi outro fruto do processo sinodal amazônico, e uma expressão eloquente da passagem da periferia para o centro na reforma sinodal da Igreja, onde o CELAM, inspirado na nossa viagem amazônica, seguiu a dinâmica da escuta sinodal com dezenas de milhares de participantes que depois, no final de 2021, se reuniram virtualmente por toda a América Latina, e alguns representantes no México, para debater, discernir e aprofundar o significado sinodal e os caminhos da Igreja num contexto de reforma e transformação. Muitos dos desafios que emergiram desta experiência são um reflexo fiel dos quatro sonhos de Querida Amazônia, e os apelos explícitos ao cuidado da Amazônia, ao acompanhamento dos povos indígenas e outros são frutos claros da nossa viagem. Em junho de 2020, realizamos a nossa Assembleia Fundadora onde confirmamos a nossa identidade e o desejo de exis-

tir para responder aos apelos do Sínodo Amazônico, em associação com o CELAM, e em comunhão com a REPAM, CLAR, Cáritas, e aí nascemos como entidade, definimos um primeiro estatuto e critérios iniciais de funcionamento, pois era essencial, apesar da pandemia, dar o passo para o nascimento do CEAMA (REPAM, 2022).

A CEAMA é sinal visível da sinodalidade, não somente porque é fruto da reflexão sinodal, mas porque agrega, na mesma conferência, diversas Igrejas particulares, leigos(as), consagrados(as), diáconos, padres, bispos. Além disso estabelece uma interação entre diversas conferências episcopais Latino-Americanas e com a Santa Sé. Esse trabalho conjunto possibilita focar numa ação pastoral evangelizadora da região Panamazônica na qual todo o Povo de Deus assume, conforme a sua própria realidade eclesial, o empenho de inculturação da fé em vista do acolhimento, do discernimento e da integração dos povos amazônicos.

Conclusão

Portanto, dentro deste contexto jurídico de corresponsabilidade e comunhão, princípios necessários para se desenvolver uma dinâmica sinodal, tais organismos canônicos são mais do que fatores de equilíbrio formal. Na verdade, as diferentes estruturas de participação no governo correspondem a um esforço para se alcançar um objetivo fundamental do ordenamento canônico, que é aquele de oferecer, ao exercício da *potestas regiminis*, um processo de maturação racional, a fim de obter a *rationabilitas* no discernimento operado para que se adquira uma nobreza e uma eficácia concreta no governo.

Logo, este processo sinodal, fundamentado na participação dos batizados, por meio da escuta e da comunhão, na ação missionária, realizado através dos institutos de participação de governo, favorecerá uma ação pastoral mais adequada aos desafios evangelizadores de cada realidade eclesial. Entretanto, tal eficácia missionária, em um processo sinodal, não se alcançará somente através de um formalismo canônico, mas na assunção de um modo sinodal de ser Igreja, consequência da interação entre estrutura sinodal e espiritualidade de comunhão.

Referências

ARRIETA, J. I. *Diritto dell'organizzazione ecclesiastica*. Milano: Giuffrè. 1997.

ASSELIN, A. *Vingt ans après la promulgation du Code de Droit Canonique: qu'en est-il du service des laics dans l'Eglise?*. In: Studia canonica. 38 (2004).

BORGES, J. E. *A recepção como realidade eclesial e tarefa ecuménica*. Lisboa: s.n. 1994.

CALVI, M. Il Collegio dei Consultori. In: RIVELLA, M. (ed.), *Partecipazione e corresponsabilità nella Chiesa*. I Consigli diocesani e parrocchiali. Milano: Ancora, 2000.

CATTANEO, A. (curr.). *Ius et Communio. Scritti di diritto canônico*. Casale Monferrato (Alessandria) – Lugano: s.n. 1997.

COCCOPALMERIO, F. La natura della consultività ecclesiale. In: RIVELLA, M. (ed.). *Partecipazione e corresponsabilità nella Chiesa*. I Consigli diocesani e parrocchiali. Milano: Ancora, 2000.

COMISSÃO NACIONAL DO LAICATO DO BRASIL. *Assembleias Nacionais dos Organismos do Povo de Deus: Memória das assembleias e seu contexto atual*. In: Um Olhar. Brasília: CNLB, Ano X, n. 15, 2021.

CONCILIUM ŒCUMENICUM VATICANUM II. Constitutio dogmatica de Ecclesia: *Lumen Gentium*, in AAS, LVII (1965), 5-71.

CNBB. *Estatuto Canônico e Regimento da Conferência Nacional dos Bispos do Brasil*, São Paulo: Paulinas, 2002.

CEI. *"Rigenerati per una speranza viva" (1Pt 1,3): Testimoni del grande "sì" di Dio all'uomo*, Nota pastorale dell'episcopato italiano dopo il 4º Convegno ecclesiale nazionale, 29 giugno 2007. Roma: s.n. 2007.

CONGREGATIO PRO EPISCOPIS. *Directorium de pastorali ministério episcoporum: Apostolorum Sucessores*. 22 febbraio 2004. Città del Vaticano: Vatican, 2004.

CORECCO, E. Struttura sinodale e democratica della Chiesa particolare?. In: BORBONOVO, G.; DE PAOLIS, V. *Il libro primo del Codice: Norme generali (cann. 1-203)*. In: G.I.D.D.C (cur.), *Il diritto nel mel mistero della Chiesa*. 3º ed. Vaticano: LUP. 1995.

De Paolis, V. Stile pastorale di governo e comunione diocesana (Esortazione ap. Pastores gregis, nn. 43-44). In: Cattaneo, A. (cur.), *L'esercizio dell'autorità nella Chiesa*: Riflessioni a partire dall'esortazione apostolica "Pastores gregis". Atti del convegno di studio dell'Istituto di Diritto Canonico San Pio X. 12 maggio 2004. n. 2. Venezia: Marcianum press. 2005.

Francisco. Allocutio: Presentación de las felicitaciones navideñas de la Curia romana, 22 de diciembre de 2016, in M. Semeraro (ed.), *La reforma de la Curia romana*, Città del Vaticano, 2017.

Francisco. *Discorso all'Assemblea generale della Conferenza episcopale Italiana*. Disponível em <http://https://w2.vatican.va/content/francesco/it/speeches/2014/may/documents/papa-francesco_20140519_conferenza-episcopale-italiana.html>. Acesso em março 2022.

Francisco. Epistula: *Ad eminentissimum dominum Marcum armandum cardinalem S.R.E Ouellet, Praesidem Pontificiae Commissionis pro America Latina*. 19 martii 2016. In AAS, CVIII (2016).

Gherri, P. *Introduzione al diritto amministrativo canonico*. Milano: Giuffrè. 2015.

Ghirlanda, G. *Il ministero petrino. In*: Civiltà Cattolica, 164 (2013).

Izzi, C. Corresponsabilità e Tribunali collegiali. In: Gherri, P. (ed.), *Responsabilità ecclesiale, corresponsabilità e rappresentanza. Atti della Giornata canonistica interdisciplinare*. Vaticano: LUP. 2010.

João Paulo II. Adhortatio apostolica: *Familiaris Consortio*, 22 novembris 1981, in AAS, LXXIV (1982).

João Paulo II. Constitutio apostolica: *Sacrae Disciplinae Leges*. 25 ianuarii 1983. In: AAS, LXXV (1983), Pars II, XII-XIII.

João Paulo II. Constitutio apostolica de Romana Curia: *Pastor Bonus*. 25 iunii 1988. In: AAS, LXXX (1988).

João Paulo II. Littera apostolica: *Novo Millenio ineunte*, 6 ianuarii 2001. In: AAS, XCIII (2001).

João Paulo II. *Adhortatio apostólica post-synodalis de Episcopo ministro Evangelii Iesu Christi pro mundi spe: Pastores Gregis*. 16 octobris. *In*: AAS, XCVI (2004).

Kouveglo, E. G. *Le gouvernement dans L´Église au regard des principes de democratie*. Vaticano: LUP. 2014.

Marchesi, M. Il Consiglio presbiterale: gruppo di sacerdoti, rappresentante di un presbiterio. *In*: Rivella, V. (ed.), *Partecipazione e corresponsabilità nella Chiesa. I Consigli diocesani e parrocchiali*. Milano: Ancora. 2000.

Mazzolini, S. La missione della Chiesa e l'evangelizzazione. *In*: G.I.D.D.C (cur.), *La communione nella Vita della Chiesa: le prospettive emergente dal Vaticano II*. Vol. XXIII. Milano: Glossa. 2015.

Montan, A. Responsabilità ecclesiale, corresponsabilità e rappresentanza. *In*: Gherri P. (ed.), *Responsabilità ecclesiale, corresponsabilità e rappresentanza. Atti della Giornata canonistica interdisciplinare*, Vaticano: LUP. 2010.

Müller, H. De formis iuridicis conresponsabilitatis. *In*: *Ecclesia*, in Periodica de Re Morali Canonica Liturgica, 69 (1980).

Pontificia Commissio ad Codicem Iuris Canonici Recognoscendo. *Communicationes*, I (1969).

Ratzinger, J.; Maier, H. *Democrazia nella Chiesa. Possibilità e limiti*. Brescia: Queriniana. 2005.

Repam, *Dom Cláudio Hummes renunciou à presidência da CEAMA*, 2022. Disponível em: <https://repam.org.br/dom-claudio-hummes-renunciou-a-presidencia-da-ceama/>. Acesso em 02 abril 2022.

Rocha, G. *Igreja sinodal. A alegria da missão na sociedade secularizada*. Aveiro: Tempo Novo. 2015.

Synodus Episcoporum. Relatio finalis: *Exeunte coetu secundo*, 1985, 1806.

Valdrini, P. *Comunità, persone, governo. Lezioni sui libri I e II del CIC 1983*. Vaticano: 2013.

Viana, A. Potestad de Régimen. *In*: Otaduy, J.; Viana, A.; Sedano, J. (curr.), *Diccionario General de Derecho Canonico*, IV, 1º ed. Vol. I. Navarra: Aranzadi. 2012.

Visioli, M., La comunione ecclesiale rilievi canonistici. In: G.I.D.D. C. *La communione nella vita della Chiesa: le prospettive emergente dal Vaticano II*. Vol. XXIII. Milano: Glossa. 2015.

Vitali, D. *Popolo di Dio*, Assisi: Cittadella. 2013.

Vitali, D. *Verso la sinodalità*. Magnano: Qiqajon. 2014.

7
Ministérios leigos em uma Igreja Sinodal

Maria Inês de Castro Millen

Introdução

Refletir sobre os ministérios leigos em uma Igreja sinodal é um desafio para esse momento da história da Igreja. Escrevo esse texto a partir da minha experiência como teóloga e professora de teologia para seminaristas e leigos por quase 30 anos.

Ciente da complexidade das questões referentes tanto aos ministérios leigos quanto à proposta de uma Igreja sinodal e, por isso, da necessidade de outras reflexões, assumo refletir esse tema a partir de três pontos, que apresentarei brevemente: a Igreja sinodal, a Pirâmide invertida e os Ministérios leigos.

1. A Igreja sinodal

Sinodalidade é uma palavra derivada de sínodo, que em grego significa "caminhar juntos". Isso significa um modo de ser comunidade, já vivido e proposto por Jesus de Nazaré há mais de 2000 anos atrás, e que a Igreja, infelizmente, por diversas razões que podem ser elencadas, ainda não conseguiu colocar em prática. A sinodalidade expressa, pois, a participação e a comunhão de leigos, pastores e bispo de Roma, em vista da missão para a qual somos chamados.

A retomada dessa proposta pelo Papa Francisco aponta para um processo que nos conclama a reaprender a trabalhar juntos, apoiando-nos mutuamente, pois a história nos mostra que esquecemos como é que se faz isso. Precisamos caminhar e trabalhar juntos inclusive e, principalmente, com aqueles que não contam e também com os que não concordam conosco. Vivemos em um mundo plural e não se pode mais deixar de reconhecer que só é possível construir a unidade respeitando e acolhendo a diversidade. No entanto, o próprio Papa está ciente e nos alerta que o conceito de sínodo é "fácil de exprimir em palavras, mas não de ser colocado em prática" (FRANCISCO, 2015).

O documento *A sinodalidade na vida e na missão da Igreja*, da Comissão Teológica Internacional (CTI), de 2018, afirma no parágrafo 111:

> O diálogo sinodal implica a coragem tanto no falar quanto no escutar. Não se trata de se engajar em um debate no qual um interlocutor procura sobrepujar os outros ou rebater as suas posições com argumentos contundentes, mas de expressar com respeito aquilo que se percebe em consciência sugerido pelo Espírito Santo como útil em vista do discernimento comunitário, abertos ao mesmo tempo a colher aquilo que nas disposições dos outros é sugerido pelo mesmo Espírito "para o bem comum" (1Cor 12,7).
>
> O critério segundo o qual "a unidade prevalece sobre o conflito" vale de modo específico para o exercício do diálogo, para a gestão das diversidades de opiniões e de experiências, para aprender "um estilo de construção da história, um âmbito vital onde os conflitos, as tensões e os opostos podem alcançar uma pluriforme unidade que gera nova vida", tornando possível o desenvolvimento de "uma comunhão nas diferenças". O diálogo oferece, de fato, a oportunidade de adquirir novas perspectivas e novos pontos de vista para iluminar o exame do tema em discussão.
>
> Trata-se de exercitar um "modo relacional de olhar o mundo, que se torna conhecimento compartilhado, visão na visão do outro e visão comum sobre todas as coisas" (CTI, 2018, n. 111).

É possível dizer, assim, que viver a sinodalidade consiste na "disposição de escutar uns aos outros e de dialogar sobre assuntos que dizem respeito a toda a Igreja", esperando que essa experiência suscite uma "mudança de mentalidade e uma mudança de comportamento que dê lugar a uma mudança de estrutura". Esta é uma proposta necessária, pois retoma o cristianismo na sua fonte, mas não podemos achar que seja uma proposta de fácil concretização, em virtude dos muitos modos de ser Igreja aos quais estamos acostumados.

Sabemos que mudar mentalidade é processo demorado. Supõe humildade e conversão. A mesma CTI nos adverte:

> Sem a conversão do coração e da mente e sem treinamento ascético para a acolhida e a escuta recíproca, a pouquíssimos serviriam os instrumentos externos da comunhão, que poderiam, ao contrário, serem transformados em simples máscaras sem coração nem rosto (CTI, 2018, n. 107).

Esse é um perigo real a que estamos sujeitos. Mudanças externas, só para constar e fazer parecer que estamos caminhando juntos, podem minar todo o processo desencadeado.

A intenção de Francisco é muito boa: seu propósito é demonstrar que não podemos mudar efetivamente as estruturas sem transformar o modo de viver e habitar nelas. Ele afirma:

> Uma Igreja sinodal é uma Igreja da escuta, ciente de que escutar "é mais do que ouvir". É uma escuta recíproca, onde cada um tem algo a aprender. Povo fiel, Colégio Episcopal, Bispo de Roma: cada um à escuta dos outros; e todos à escuta do Espírito Santo, o "Espírito da verdade" (Jo 14,17), para conhecer aquilo que Ele "diz às Igrejas" (Ap 2, 7) (Francisco, 2015).

Um projeto que crê que o fato de cada um se colocar à escuta dos outros e todos se colocarem à escuta do Espírito Santo constitui uma proposta de mudança fundamental para o modo de ser e viver a Igreja e é revolucionário para esse tempo. Mas, a quem interessa a mudança? Essa é uma questão a ser investigada.

Uma palavra muito cara ao Papa Francisco é discernimento. Na perspectiva da sinodalidade ele nos pede para recuperarmos o discernimento comunitário, aquele que nos permite escutar e decidir a partir de situações históricas determinadas.

Volto ao texto da Comissão Teológica Internacional:

> O discernimento comunitário implica a escuta atenta e corajosa dos "gemidos do Espírito" (Rm 8,26) que abrem caminho por meio do grito, explícito ou mesmo mudo, que sobe do povo de Deus: "escuta de Deus, até ouvir com Ele o grito do povo; escuta do povo, até respirar aí a vontade para qual Deus nos chama" (CTI, 2018, n. 114).

Penso que aqui uma observação se faz necessária. Citei algumas vezes o documento produzido pela CTI. Um texto de 121 parágrafos que tem alguns pontos muito interessantes, mas no todo, na minha percepção, infelizmente mais parece querer reafirmar a autoridade, a missão e o poder dos bispos. Nele, a palavra bispo, no singular, aparece 133 vezes e bispos, no plural, 85 vezes. A palavra leigo, no singular, aparece 14 vezes, assim como também aparece por 14 vezes a palavra leigos, no plural. Não há como perceber que o descompasso é muito grande para um texto que pretende propor um caminho conjunto, de escuta recíproca.

Gostaria de pensar ainda o lugar e o papel dos sínodos na Igreja. De acordo com Arnaud Join-Lambert "Os sínodos não despertam muito interesse, porque basicamente nada de muito novo sai deles" (JOIN-LAMBERT, 2021).

E isso é verdade, porque as pessoas ficam esperando por mudanças ou confirmações do já existente que venham da hierarquia. E o que a gente percebe é que sempre foi assim mesmo. Existem até conselhos e grupos nas bases que discutem e refletem, mas depois o bispo ou o papa decidem o que mais lhes convém, e as pessoas acatam ou não.

E o mais interessante é que quando não acontece assim, as pessoas reclamam, porque esperavam uma palavra definitiva vinda da autoridade competente. Isso aconteceu com a recepção ao texto da *Amoris laetitia*, uma exortação pós-sinodal resultante de duas sessões sinodais e muitas consultas, escrita por Francisco. A opção do Papa pelo discernimento pastoral, que nasce da escuta de todas as pessoas e de todas as circunstâncias da vida, não pareceu a muitos apropriada. Infelizmente essa ainda é a mentalidade tanto dos leigos como do clero. Querem que tudo seja preto ou branco. Não conseguem enxergar os vários tons de cinza que existem entre o preto e o branco. Isso para não dizer da dificuldade para com a multiplicidade de cores apresentada pela vida.

Essa percepção nos leva a uma constatação. O que o Papa disse em 2015, antes da publicação da *Amores Laetitia*, parece não ter sido escutado, talvez nem lido. Vejam:

> Na exortação apostólica *Evangelii gaudium*, sublinhei como "o povo de Deus é santo em virtude desta unção, que o torna infalível '*in credendo*'", acrescentando que "cada um dos batizados, independentemente da própria função na Igreja e do grau de instrução da sua fé, é um sujeito ativo de evangelização, e seria inapropriado pensar num esquema de evangelização realizado por agentes qualificados enquanto o resto do povo fiel seria apenas receptor das suas ações". O *sensus fidei* impede uma rígida separação entre *Ecclesia docens* e *Ecclesia discens*, já que também o Rebanho possui a sua "intuição" para discernir as novas estradas que o Senhor revela à Igreja (FRANCISCO, 2015).

Infelizmente, prestar atenção à "intuição" do rebanho nem sempre faz parte do caminho da Igreja Institucional.

Hoje, na perspectiva do Sínodo sobre a sinodalidade, poderíamos colocar algumas perguntas: 1. O que as pessoas em geral sabem sobre esse Sínodo? 2. As dioceses se empenharam em divulgá-lo para todas as pessoas, incluindo os pobres, os que não são católicos, os excluídos? 3. Quem teve acesso às perguntas? 4. Os leigos e leigas católicos escolhidos recebem as perguntas do modo como elas foram feitas ou do modo como as autoridades locais acham que eles devem receber?

O que se percebe é que os leigos, a não ser alguns muito vinculados à Igreja, não têm acesso, até por desconhecimento de que eles existem, ao Documento Preparatório e ao *Vade-mécum* sobre o sínodo, que estão, inclusive, disponíveis na internet. É possível também perceber que alguns bispos selecionaram ou rearranjaram as perguntas e de alguma forma desviaram o rumo daquilo que o Papa havia pedido. É triste constatar isso, mas essa é a realidade.

O Documento Preparatório para o Sínodo de 2023, no segundo parágrafo diz assim:

> Uma interrogação fundamental impele-nos e orienta-nos: como se realiza hoje, a diferentes níveis (do local ao universal) aquele "caminhar juntos" que permite à Igreja anunciar o Evangelho, em conformidade com a missão que lhe foi confiada; e que passos o Espírito nos convida a dar para crescer como Igreja sinodal? Enfrentar juntos esta interrogação exige que nos coloquemos à escuta do Espírito Santo que, como o vento, "sopra onde quer; ouves o seu ruído, mas não sabes de onde vem, nem para onde vai" (Jo 3,8), permanecendo abertos às surpresas para as quais certamente nos predisporá ao longo do caminho (SGSB, 2021, n. 2).

Podemos observar que o parágrafo 26, do mesmo documento, repete a interrogação fundamental que orienta essa consulta ao Povo de Deus e diz ainda:

> Para dar uma resposta, sois convidados a: 1. Perguntar-vos que experiências da vossa Igreja particular a interrogação fundamental vos traz à mente? 2. Reler estas experiências mais profundamente: que alegrias proporcionaram? Que dificuldades e obstáculos encontraram? Que feridas fizeram emergir? Que intuições suscitaram? 3. Colher os frutos para compartilhar: onde, nestas experiências, ressoa a voz do Espírito? O que ela nos pede? Quais são os pontos a confirmar, as perspectivas de mudança, os passos a dar? Onde alcançamos um consenso? Que caminhos se abrem para a nossa Igreja particular? (SGSB, 2021, n. 26).

A sensação que tenho, nesse momento, a partir da observação do que está acontecendo é de que a pouca informação da maioria sobre o processo sinodal e sobre o que ele espera de cada um e de todos e todas prejudicará a concretização do projeto proposto por Francisco. Não tenho muitas expectativas positivas para curto e médio prazo, embora não me falte a esperança de que o Espírito que conduz a Igreja pode muito mais do que nós.

2. A pirâmide invertida

Essa expressão foi utilizada por Francisco na Comemoração do Cinquentenário da Instituição do Sínodo dos Bispos, em 2015. Vou reproduzir dois parágrafos do texto, que falam disso, pois suas palavras são extremamente importantes para a compreensão do que estamos refletindo aqui:

> Jesus constituiu a Igreja, colocando no seu vértice o Colégio Apostólico, no qual o apóstolo Pedro é a "rocha" (cf. Mt 16,18), aquele que deve "confirmar" os irmãos na fé (cf. Lc 22,32). Mas nesta Igreja, como numa pirâmide invertida, o vértice encontra-se abaixo da base. Por isso, aqueles que exercem a autoridade chamam-se "ministros", porque, segundo o significado original da palavra, são os menores no meio de todos. É servindo o Povo de Deus que cada bispo se torna, para a porção do Rebanho que lhe está confiada, *vicarius Christi*, vigário daquele Jesus que, na Última Ceia, Se ajoelhou a lavar os pés dos Apóstolos (cf. Jo 13,1-15). E, num tal horizonte, o Sucessor de Pedro nada mais é do que *servus servorum Dei*.
>
> Nunca nos esqueçamos disto! Para os discípulos de Jesus, ontem, hoje e sempre, a única autoridade é a autoridade do serviço, o único poder é o poder da cruz, segundo as palavras do Mestre: "Sabeis que os chefes das nações as governam como seus senhores, e que os grandes exercem sobre elas o seu poder. Não seja assim entre vós. Pelo contrário, quem entre vós quiser fazer-se grande, seja o vosso servo; e quem no meio de vós quiser ser o primeiro, seja vosso servo" (Mt 20,25-27). "Não seja assim entre vós": nesta frase, chegamos ao próprio coração do mistério da Igreja – "não seja assim entre vós" – e

recebemos a luz necessária para compreender o serviço hierárquico (Francisco, 2015).

O Padre França Miranda, em um diálogo teológico sobre a sinodalidade, retoma a fala do Papa Francisco para dizer da "potente e revolucionária metáfora da pirâmide invertida" (Miranda, 2020). Eu diria, ousadamente, que essa imagem é realmente poderosa, mas não resolve a questão da sinodalidade. Precisamos, com criatividade, ainda dar mais um passo. Francisco nos abre o caminho. Na verdade, o que precisamos é ter a coragem de eliminar a pirâmide, para que todos estejam num mesmo plano. Sinodalidade tem a ver com horizontalidade, que significa uma Igreja trinitária, pericorética. A pericorese é uma palavra importante que expressa as relações trinitárias e que deveria expressar também as nossas relações. Ela aponta para a brincadeira de roda, na qual a cada vez, seguindo a música regida pelo maestro Paráclito, é uma pessoa que está no centro, conduzindo a brincadeira. Precisamos ter a coragem de dançarmos juntos, no mesmo nível, olho no olho, dando vez e voz a todos e a todas.

A peculiaridade da sinodalidade na Igreja é que ela não está situada em uma lógica hierárquica, onde uns mandam e outros obedecem, mas em uma lógica de ministérios e funções a serviço do Reino, sem privilégios, honras e prestígios dados pela hierarquização. Uma lógica na qual não é necessário ter uma autoridade para implantar ideias, nem obter a maioria para fazer triunfá-las. O grande desafio é dar lugar à voz pequena, à voz marginal, porque a história da Igreja e da Bíblia ensina que essa voz pequena pode ser profética, e que não necessariamente é o maior ou a massa que têm razão. Não podemos esquecer que a massa e os chefes religiosos do povo condenaram e mataram Jesus.

3. Os ministérios leigos

Francisco, desde o início de seu ministério, na *Evangelii gaudium* falou precisamente do protagonismo que os leigos devem ter em uma Igreja sinodal e missionária. Afirmou que os leigos representam a grande maioria do povo de Deus e são uma maioria que não deve ser silenciosa, mas protagonista. Isso porque o Espírito Santo derrama sobre todos os batizados carismas e ministérios para a edificação da Igreja e para a evangelização do mundo.

O que uma mudança de mentalidade, inspirada pelo Espírito, influenciaria nos ministérios leigos? Muitos estão preocupados ou pensando só nos ministérios instituídos. Ficaram felizes que os leigos e as leigas agora podem receber o ministério de leitores/as e acólitos/as, além dos já existentes. Isso não me convence como caminho para a sinodalidade. Nesse caso, o que acontece é que os leigos se clericalizam e começam a disputar privilégios e cargos entre si. Na maioria das vezes, com uma formação precária, continuam à mercê da hierarquia, esperando que o clero permita que eles recebam algum ministério e realizem alguma coisa na Igreja. A clericalização dos leigos pode se tornar um movimento antissinodal pois contribui para a clericalização dos mesmos. O que pode acontecer é que uns sejam colocados como protagonistas e os demais continuam infantilizados, sem serem escutados, sem serem sujeitos, sem o protagonismo que se espera deles.

Acredito que existem carismas e funções diferentes e que estes devem continuar sendo considerados, sem excluir ninguém. Um "caminhar juntos" significa que todos possam desenvolver esses dons e carismas ali onde estão, na sua condição, para o bem do Reino, como protagonistas, como sujeitos autônomos, capazes de, em consciência, juntamente com outros/as, buscarem a capacidade de discernimento e de decisões que contemplem o bem comum. Quero destacar aqui a importância da formação e da reciprocidade das consciências nesse processo da sinodalidade. O Papa Francisco, na *Amoris laetitia* diz assim: "somos chamados a formar consciências e não a pretender substituí-las" (AL 37). Consciências bem formadas ajudam no processo de maturidade das pessoas e na possibilidade de darem passos por si mesmas, escolhendo o que melhor lhes convém, não só para o seu próprio benefício, mas para o bem comum. Consciências que dialogam, escutando com atenção e falando o necessário, podem chegar a discernimentos importantes para a construção de um mundo mais harmônico e pacificado.

Queria ainda apontar uma outra intuição do Papa Francisco, de extrema relevância para a nossa temática. Na exortação *Evangelii gaudium*, a primeira de seu pontificado, que pode ser considerada como aquela que traz a indicação de seu projeto para a Igreja, apresentado a partir da missão que lhe foi confiada, ele diz uma palavra para os bispos, mas que serve para todos aqueles que exercem alguma liderança na Igreja:

> O Bispo deve favorecer sempre a comunhão missionária na sua Igreja diocesana, seguindo o ideal das primeiras comunidades cristãs, em que os crentes tinham um só coração e uma só alma (cf. Atos 4,32). Para isso, às vezes pôr-se-á à frente para indicar a estrada e sustentar a esperança do povo, outras vezes manter-se-á simplesmente no meio de todos com a sua proximidade simples e misericordiosa e, em certas circunstâncias, deverá caminhar atrás do povo, para ajudar aqueles que se atrasaram e sobretudo porque o próprio rebanho possui o olfato para encontrar novas estradas (EG 31).

Sem essa nova disposição, que significa uma mentalidade renovada, continuaremos a discutir, a produzir textos elaborados, teorias esplêndidas, mas as coisas continuarão como sempre, porque a realidade é outra e ela deve ser superior às ideias, como nos indica Francisco. É preciso reconhecer que renunciar ao poder de comandar, de estar sempre à frente é muito difícil, pois exige renunciar ao eu egóico em um mundo de vaidades exacerbadas, que privilegia o individualismo e o sucesso pessoal. Isso associado também ao fato de que alguns acham que ser comandado é mais fácil, pois não demanda muito esforço e preferem continuar seguindo como massa informe que só faz o que lhe mandam. Assim, tudo permanece como antes e as estruturas não se transformam.

Precisamos reconhecer que ainda não entramos em uma nova forma de compartilhar, discernir e decidir na Igreja. Isso também é verdade para os pequenos grupos que estão nas paróquias, nos movimentos e nas dioceses. Em alguns lugares, as experiências sinodais não foram satisfatórias, provavelmente porque o *modus operandi* se distanciava de uma espiritualidade da comunhão. Sem uma conversão pastoral e missionária, a sinodalidade proclamada e desejada não chegará muito longe.

Uma outra consideração a ser feita é que por falta de motivação das pessoas ou por elas terem passado pela experiência de não terem sido ouvidas várias vezes, elas preferem envolver-se em outros lugares, mas não mais nas estruturas eclesiais. Algumas pessoas chegam a dizer: "Não fui eu que me afastei da Igreja, foi a Igreja que se afastou de mim". A passividade, o afastamento, a não consideração da Instituição pode ser a origem, mas também o resultado do fracasso de um projeto de Igreja ultrapassado.

Conclusão

Para concluir essa reflexão, retomo a consideração já feita de que a sinodalidade não é tanto um acontecimento ou um slogan, mas um estilo e uma forma de ser pelo qual a Igreja vive a sua missão no mundo. Neste sentido, é evidente que o objetivo deste Sínodo não é produzir mais documentos. Pelo contrário, como diz o Documento Preparatório, destina-se a

> fazer germinar sonhos, suscitar profecias e visões, fazer florescer a esperança, estimular confiança, enfaixar feridas, entrançar relações, ressuscitar uma aurora de esperança, aprender uns dos outros e criar um imaginário positivo que ilumine as mentes, aqueça os corações, restitua força às mãos (SGSB, 2021).

Desse modo somos convocados a inspirar as pessoas a sonhar com a Igreja que somos chamados a ser, a fazer florescer as esperanças que nos animam, a estimular a confiança de quantos estão abatidos, a tratar as feridas das pessoas, que são muitas, a tecer relações novas e mais profundas, a aprender uns com os outros, a construir pontes, a iluminar mentes, a aquecer corações com o fogo do amor esperançado e a dar força de novo às nossas mãos para a realização de nossa missão comum.

Assim, o objetivo desse processo Sinodal não é apenas fazer uma série de exercícios que começam e param, mas construir um caminho de crescimento autêntico rumo à comunhão e à missão que Deus chama a Igreja a viver no terceiro milênio.

Esse caminho em conjunto constitui um clamor para que renovemos mentalidades e, por conseguinte, renovemos também as estruturas eclesiais, a fim de vivermos, a partir dos atuais sinais dos tempos, aquilo que Deus espera de cada um de nós. Ouvir o clamor dos pobres e o clamor da terra é fundamental nesse momento da história.

Retomo aqui o lema de Dom Paulo Evaristo Arns: "De esperança em esperança". Sem a esperança que nos anima no caminho, nem sempre fácil, sem a escuta do Espírito que nos conduz, não conseguiremos ir muito longe. Caminhar juntos, escutando uns aos outros, e todos escutando o Espírito que sopra sem cessar, é a única alternativa para nos salvarmos como humanidade que sonha com dias melhores, de reconciliação e de paz.

Referências

COMISSÃO TEOLÓGICA INTERNACIONAL (CTI). *A sinodalidade na vida e na missão da Igreja.* Roma: Libreria Editrice Vaticana, 2018. Disponível em: https://www.vatican.va/roman_curia/congregations/cfaith/cti_documents/rc_cti_20180302_sinodalita_po.html. Acesso: 22/04/2022.

FRANCISCO, PAPA. Comemoração do cinquentenário da Instituição Sínodo dos Bispos. *Discurso do Santo Padre Francisco,* Roma: Libreria Editrice Vaticana, 2015. Disponível em: https://www.vatican.va/content/francesco/pt/speeches/2015/october/documents/papa-francesco_20151017_50-anniversario-sinodo.html. Acesso: 22/04/2022.

FRANCISCO, PAPA. *Exortação apostólica pós-sinodal Amoris laetitia.* Roma: Libreria Editrice Vaticana, 2016. Disponível em: https://www.vatican.va/content/francesco/pt/apost_exhortations/documents/papa-francesco_esortazione-ap_20160319_amoris-laetitia.html. Acesso: 23/04/2022.

Francisco, Papa. *Exortação apostólica Evangelli gaudium*. Roma: Libreria Editrice Vaticana, 2013. Disponível em: https://www.vatican.va/content/francesco/pt/apost_exhortations/documents/papa-francesco_esortazione-ap_20131124_evangelii-gaudium.html. Acesso: 23/04/2022

Joim-Lambert, Arnaud. *Sínodo sobre a sinodalidade*. "Não há alternativa real para a Igreja e o mundo de hoje". Disponível em: https://www.ihu.unisinos.br/sobre-o-ihu/78-noticias/612989-sinodo-sobre-a-sinodalidade-nao-ha-alternativa-real-para-a-igreja-e-o-mundo-de-hoje-entrevista-com-arnaud-join-lambert. Acesso: 24/04/2022.

Secretaria Geral do Sínodo Bispos. Documento preparatório para a XVI Assembleia Geral Ordinária do Sínodo dos Bispos. Para uma Igreja sinodal: comunhão, participação e missão. Roma: Libreria Editrice Vaticana, 2021. Disponível em: https://press.vatican.va/content/salastampa/it/bollettino/pubblico/2021/09/07/0540/01156.html#PORTOGHESEOK. Acesso: 24/04/2022.

Miranda, Mario França. *Sinodalidade*. Em conversa com Suzi teóloga. Disponível em: https://youtu.be/oXYjPMa09_0. Acesso: 23/04/2022.

Quarta Parte

EXPERIÊNCIAS SINODAIS NA IGREJA CATÓLICA DO BRASIL

8
Planejamento pastoral participativo na experiência pastoral da Igreja no Brasil[1]

Manoel José de Godoy

O propósito deste texto é explicitar a experiência de planejamento pastoral participativo, como uma das expressões mais significativas de sinodalidade da Igreja do Brasil. Farei apenas pequenas pontuações para que possamos ter uma visão global dessa experiência. Sou profundamente devedor das reflexões do companheiro de tantos empreendimentos, o teólogo pastoralista, Agenor Brighenti. Ele já desenvolveu essa prática de planejamento participativo em diversas publicações, que são referência para um aprofundamento sobre esse tema.

Ainda no âmbito das considerações iniciais, apresento a perspectiva da primazia da razão prática, como um dos pontos epistemológicos fundamentais para o processo de planejamento. Trata-se de uma aplicação ao planejamento pastoral das técnicas modernas de administração, da sede de comunhão e participação e dos estatutos da ação, compreendendo a primazia da razão prática ou da ortopráxis em relação à ortodoxia. O Papa Francisco, em sua Exortação Apostólica *Evangelii gaudium*, explicitou essa perspectiva de uma forma bem simples e acessível, afir-

---

1. O presente texto retoma a apresentação que o autor fez no Painel 1 do 2º Congresso Brasileiro de Teologia Pastoral, dedicado à apresentação de algumas experiências sinodais da Igreja do Brasil à luz dos 70 anos da CNBB.

mando que a "realidade é mais importante que a ideia". Nesta ótica ele diz: "Existe uma tensão bipolar entre a ideia e a realidade: a realidade simplesmente é, a ideia elabora-se. Entre as duas, deve estabelecer-se um diálogo constante, evitando que a ideia acabe por separar-se da realidade" (EG 231). A prática não é simplesmente um amontoado de atividades, mas necessita da razão prática que a organiza, e é ela que vem antes da ortodoxia. Ou seja, quando se coloca a doutrina antes do agir, pode-se ter um comportamento paralisante, que nunca chega à realidade concreta, o campo do agir realmente. Essa perspectiva da primazia da razão prática tem sido traduzida entre nós na sequência dinâmica de três verbos: ver-julgar-agir, que constituem o método indutivo.

Em nossa caminhada pastoral, nos servimos constantemente das inspirações que as Conferências Gerais do Episcopado Latino-Americano nos trouxeram ao longo dos anos. A terceira Conferência, realizada na cidade de Puebla, no México, em 1979, assim definiu o planejamento:

> A ação pastoral planejada é a resposta específica, consciente e intencional às exigências da evangelização. Deverá realizar-se num processo de participação em todos os níveis da comunidade e pessoas interessadas, educando-as numa metodologia de análise da realidade, para depois refletir sobre essa realidade do ponto de vista do evangelho e optar pelos objetivos e meios mais aptos e fazer deles um uso mais racional na ação evangelizadora (DP 1307).

Nesta definição, vemos claramente os três passos do método indutivo: 1. Análise da realidade; 2. Refletir sobre essa realidade do ponto de vista do evangelho; 3. Optar pelos objetivos e meios mais aptos. Inúmeras comunidades deram vida a esse método, por meio de seus processos de planejamento participativo.

O planejamento pastoral participativo comporta três grandes momentos, cada um deles composto de alguns passos concretos: 1º. Explicitação do marco referencial; 2º. Elaboração do marco operacional; 3º. Explicitação do marco organizacional.

No primeiro passo se busca a explicitação do marco referencial, tendo claro que é preciso internalizar algumas perspectivas: a realidade histórica em que se está inserido e a utopia à qual se quer redirecionar esta mesma realidade, e um diagnóstico que avalie as possibilidades. Num polo, a realidade; no outro, a utopia, assim descritos: a) Marco da realidade (Onde Estamos?): o ponto de partida do processo de planejamento consiste em as pessoas envolvidas explicitarem e tematizarem, desde suas práticas, a realidade na qual estão inseridas. b) Marco doutrinal (Onde precisamos estar?): de maneira dialética, isto é, de mútua confrontação entre revelação e situação, projeta-se o futuro desejável a ser perseguido pela ação pastoral, em forma de um referencial teórico ou de uma utopia inspirada no Evangelho para a realidade em questão.

Como balizadores do marco referencial, emergem o exercício do tríplice múnus recebido no Batismo: o serviço da Palavra, o serviço da Liturgia, o serviço da Caridade (ensinar, santificar e governar) e o tríplice âmbito onde tudo se dá: Pessoa = adesão pessoal à pessoa de Jesus; Comunidade = Jesus convoca à vida comunitária; Sociedade = fermento de amor e de solidariedade.

Ainda na perspectiva do marco referencial, faz-se o c) Diagnóstico pastoral (Quais são nossas urgências pastorais?): é o resultado da confrontação entre o marco de realidade e o marco doutrinal, em vista de uma tomada de posição diante da própria realidade. Trata-se de identificar, no próprio contexto, as forças de apoio e de resistência da realidade em relação à utopia, as tendências positivas e negativas, os maiores problemas e, dentre eles, as maiores urgências pastorais.

A Igreja no Brasil, por meio das suas Diretrizes Gerais da Ação Evangelizadora, no momento de fazer o diagnóstico, vem trabalhando com os seguintes conceitos: prioridades, urgências ou pilares da evangelização. E nossos Planos de Pastoral, fruto de longo processo participativo, definem quais são as demandas pastorais mais pertinentes para nossas Igrejas Particulares.

Como segundo passo dentro do processo de planejamento participativo, temos a elaboração do marco operacional. Os passos anteriores fizeram um processo de reflexão ascendente desde a ação. O marco operacional faz o caminho descendente, de volta a ação. Compõe-se de dois passos: a) Prognóstico pastoral e b) Programação pastoral.

a) Prognóstico pastoral (O que queremos alcançar?): trata-se, primeiro, de estabelecer o objetivo geral do plano global e os objetivos específicos, desenhando-se o curso de ação (fluxograma). Depois, são elaborados critérios de ação, que buscam operacionalizar os objetivos específicos, que são de duas ordens: políticas ou linhas de ação (atitudes e princípios) e as estratégias ou formas de ação (meios). O prognóstico termina com o inventário de recursos. Saber com que se conta para a ação em termos de recursos financeiros, humanos, institucionais, físicos, didáticos.

b) Programação pastoral (Como vamos agir?): no caminho de volta à ação, o prognóstico aterrissa na programação pastoral, que se compõe de programas (conjuntos de atividades afins, que conformam campos de ação) e projetos (metas, que concretizam estratégias preestabelecidas). Conclui-se a programação com a distribuição das atividades no tempo, elaborando-se o cronograma pastoral (O que vamos fazer?). É o cronograma pastoral que irá sincronizar as ações previstas no plano global, tendo presente o curso da ação, as prioridades, os planos específicos de outros níveis eclesiais.

Como terceiro passo temos a explicitação do marco organizacional. Claro que o planejamento participativo tem que aterrissar em atividades muito concretas e é onde se depara com a necessária e urgente renovação das estruturas. É hora de colocar a programação em prática. Para tanto, o marco organizacional tem três passos: 1. Organização institucional; 2. Seguimento ou controle; 3. Monitoramento e Avaliação. No campo da organização institucional, somos convidados a repensar as estruturas existentes, a determinar: a) os organismos de globalização (assembleias, conselhos); b) os mecanismos de coordenação (serviços, setores de pastoral, níveis eclesiais); c) a função dos responsáveis (serviços, setores de pastoral, níveis eclesiais).

Fica evidente que se não houver uma reforma institucional, apesar de um novo plano, a ação continuará a mesma. A 5ª Conferência do Episcopado Latino-americana, realizada em Aparecida, em 2007, era bem incisiva ao afirmar a necessária superação de estruturas eclesiais caducas ou ultrapassadas, para que a Igreja dê passos significativos rumo a novos campos de atuação missionária. Aqui também se chega ao momento de distribuir as responsabilidades e de investir em organismos e pessoas de responsabilidade correspondente, no seio de uma comunidade toda ela responsável.

Seguimento ou controle. Este é outro elemento importante, pois aqui se define quem acompanha a execução do plano, passo a passo; o que é feito por uma comissão com a função de zelar para que tudo saia conforme o programado ou de acordo com os ajustes que foram sendo efetuados durante a execução do plano. É como se estivéssemos em permanente avaliação e monitoramento. Com esses instrumentos, se acompanha a totalidade do processo e analisa cada ação concreta. E tem função retro-alimentadora: aprende com os erros e os registra para evitar que se repitam no próximo plano.

Por monitoramento se entende a capacidade de obter informações sobre o andamento do plano, e durante a execução do plano proposto toma-se medidas corretivas, se necessárias. Esse acompanhamento passo a passo do plano, ajuda a evitar que erros persistam. Por isso, o monitoramento deve ser contínuo, sistemático e regular, e ele é mais eficaz quando favorece avaliações objetivas já durante a implementação do plano e não somente no seu final.

Para que tenhamos uma visão de conjunto, segue uma síntese do processo:
1. O marco da realidade amarrado à ação pela avaliação (ação-reflexão-ação);
2. O marco doutrinal sob o reflexo do marco da realidade (quem somos e o que queremos ser?);
3. O diagnóstico como resultado da confrontação dos dois marcos (como está e como deveria estar?);
4. O prognóstico como aterrissagem da utopia em médio prazo (com que contamos para realizar a ação?);

5. A programação como concretização de estratégias (o que, como, com quem, quando, onde?);
6. O marco organizacional como suporte da programação (reforma institucional);
7. Seguimento, controle, monitoramento e avaliação.

Embora não fosse comum chamar essa experiência de sinodal, ela se caracteriza de maneira muito clara num caminho de comunhão, participação e missão, como pede o processo que estamos vivendo, rumo às duas etapas presenciais da celebração da XVI *Assembleia* Geral Ordinária do *Sínodo* dos Bispos, em outubro de 2023 e outubro de 2024.

O processo de elaboração e implementação do Plano de Pastoral na Igreja do Brasil consegue envolver todas as forças vivas de uma Igreja Particular, tendo uma assembleia como ponto alto de registro dos consensos obtidos em todo o seu andamento. Também é comum a realização de Assembleias Diocesanas de monitoramento e de avaliação a cada ano. Tudo isso revela uma *Igreja viva e dinâmica, onde o caminhar junto é sua marca que influencia a vida pessoal de cada cristão, na vivência de sua fé e do seu seguimento de Jesus, o mestre que, mesmo sem precisar, quis fazer a experiência sinodal convocando seguidores e seguidoras para o anúncio da Boa Nova do Reino.*

Referências

FRANCISCO. Exortação apostólica *Evangelii gaudium*, sobre o anúncio do Evangelho no mundo atual. São Paulo: Paulus, 2013.

CELAM. *Documento conclusivo da IV Conferência Geral do Episcopado Latino-Americano e Caribenho*. São Paulo: Loyola, 1979.

9
Os Intereclesiais das CEBs[1]

Marilza José Lopes Schuina

Introdução

Com o advento do Concílio Vaticano II e a realização das Conferências Episcopais Latino-americanas e Caribenhas, a Igreja no Brasil experimentou um dos mais ricos processos de sinodalidade: as Comunidades Eclesiais de Base (CEBs). Ney de Souza, como vimos no capítulo que conta a experiência de sinodalidade na Igreja do Brasil, mostra como as CEBs fazem parte dessa experiência, já constando nas *Diretrizes da Ação Pastoral da Igreja no Brasil*, de 1975-1978: "embora numerosas e válidas, as primeiras experiências das Comunidades Eclesiais de Base, não conseguiram ainda indicar os caminhos para uma extensão e verdadeiramente ampla dessas experiências" (CNBB, 1975, 2.3).

É importante destacar que "as CEBs não surgiram como produto de geração espontânea, nem como fruto de mera decisão pastoral. Elas

---

[1]. O presente texto retoma a participação da autora no Painel sobre as Experiências sinodais na Igreja do Brasil, do II Congresso Brasileiro de Teologia Pastora. Boa parte do texto foi publicada no Portal das CEBs com o título "As Comunidades Eclesiais de Base rumo ao 15º Intereclesial", disponível: https://cebsdobrasil.com.br/comunidades-eclesiais-de-base-15o-intereclesial/. Acesso: 20/01/2023.

são o resultado da convergência de descobertas e conversões pastorais que implicam toda a Igreja – povo de Deus, pastores e fiéis – na qual o Espírito opera sem cessar" (CNBB, 1986, p. 7).

Antes de 1975, o *Plano de Emergência*, de 1962, afirmava: "urge vitalizar e dinamizar nossas paróquias, tornando-as instrumentos aptos a responder à premência das circunstâncias e da realidade em que nos encontramos". Um dos caminhos propostos para isso era fazer da paróquia "'uma comunidade de fé, de culto e de caridade' para que se tornassem 'fermento da comunidade humana'" (CNBB, 1963, p. 31, 33-34).

No seu *Plano de Pastoral de Conjunto* (PPC), de 1966-1970, a CNBB afirmava:

> A Igreja é e será sempre uma *comunidade*. Nela estará sempre presente e atuante o ministério da Palavra, a vida litúrgica e especialmente eucarística, a ação missionária, a formação na fé de todos os membros do Povo de Deus, a presença de Deus no desenvolvimento humano, a organização visível da própria comunidade eclesiástica (CNBB, 1976, p. 21).

Segundo o PPC um dos obstáculos à vivência da comunidade era "a extensão geográfica e a densidade populacional da paróquia". Por isso, continuava o texto, "faz-se urgente suscitar e dinamizar [...], comunidades de base onde os cristãos não sejam pessoas anônimas, mas se sintam acolhidas e responsáveis e delas façam parte integrante, em comunhão de vida em Cristo e com todos os seus irmãos" (CNBB, 1966, p. 41, 29). Nos Planos de Pastoral seguintes da CNBB, as CEBs mereceram atenção e foram assumidas como prioridade, como aparece nos 3º e 4º Planos Bienais da Conferência dos Bispos.

Ney de Souza destaca ainda em seu texto algumas características comuns das CEBs: a prática da vida comunitária; a leitura e reflexão da Sagrada Escritura, tendo como referência o mistério pascal; seu surgimento em áreas pobres e rurais, onde o poder público era ausente e a Igreja não tinha uma estrutura atuante; migração do meio rural para as periferias urbanas. Ele evoca também as experiências precursoras das CEBs nos anos 1960: a da Diocese de Barra do Piraí-Volta Redonda (período de D. Agnelo Rossi) e o Movimento de Natal/Movimento de Educação de Base (período D. Eugênio Sales). Nossa reflexão retomará brevemente alguns elementos da sinodalidade das CEBs, mostrando o papel desempenhado pelos Intereclesiais, com destaque particular para o 15º.

1. As Comunidades Eclesiais de Base

As CEBs surgem no Brasil na década de 60. Segundo Marcelo Barros, elas "tiveram várias origens ao mesmo tempo. Não se pode dizer: nasceram em tal lugar" (BARROS, Apud CASTILHO, 2005). De fato, elas surgiram de várias experiências, em todas as regiões do Brasil, com nomes diversos, tendo em alguns lugares nascido das experiências dos círculos bíblicos ou das comunidades populares, criadas na zona rural e em pequenas cidades, consolidando-se depois como Comunidades Eclesiais de Base. Mais do que um lugar, elas são o resultado de encontros de pessoas que se conheceram através de encontros de oração, marcados com a preocupação de unir fé e vida, participar dos sacramentos, tendo a Palavra de Deus como fonte de sua espiritualidade. De fato, um de seus traços próprios é a não separação entre fé e vida. "Não podemos separar a fé da vida, mas pela fé, viver e realizar ações consequentes para a revelação e expansão do Reino de Deus na história" (CNBB 105, n. 133a). Dessa articulação entre fé e vida nasce também a não oposição entre Igreja e mundo, pois o mundo é visto como o lugar escolhido por Deus para nele habitar, como afirma o Prólogo de São João: "A Palavra se fez carne e veio morar entre nós" (Jo 1,14). "O mistério da Encarnação nos ajuda a entender, ainda, que a espiritualidade cristã é encarnada, martirial e pascal" (CNBB 105, n. 133c).

As CEBs integram e relacionam, portanto, todos os espaços da vida, descobrindo no cotidiano da vida os sinais do Reino. São presença da Igreja no meio popular, junto aos mais simples e afastados, seja nos espaços rurais ou nos espaços urbanos, nas periferias existenciais, onde estão os descartados e os excluídos da sociedade.

Vivendo a dimensão comunitária da fé, de inserção na sociedade, de exercício do profetismo e de compromisso com a transformação da realidade, elas são a expressão visível da evangélica opção preferencial pelos pobres, a partir dos quais anunciam o evangelho do Reino a todos e todas e participam nas lutas pela libertação dos/as excluídos/as de postos à margem. Segundo o Documento de Aparecida, as CEBs "têm sido escolas que têm ajudado a formar cristãos comprometidos com sua fé, discípulos e missionários do Senhor, como o testemunha a entrega amorosa, até derramar o sangue, de muitos de seus membros" (DAp. 178). Elas buscam ser comunidades enraizadas na prática de Jesus de Nazaré (Gl. 4,4) e abraçam a experiência das primeiras comunidades, como descritas nos Atos dos Apóstolos (At 2,42-47; 4,32-35).

Segundo Solange Rodrigues, desde que "começaram a ser implantadas no Brasil, as CEBs encontraram nas periferias urbanas um ambiente propício ao seu reflorescimento" (RODRIGUES, 2018, p. 56). Além das experiências da Diocese de Barra do Piraí-Volta Redonda e do Movimento de Natal, outras experiências podem também ser destacadas como as das Arquidioceses de Vitória (ES) e São Paulo (SP) na década de 1970. Essas experiências tiveram "as CEBs como elemento basilar de sua ação evangelizadora nas cidades. O que comprova que as CEBs não são uma expressão da Igreja restrita ao mundo rural" (RODRIGUES, 2018, p. 56).

2. Os Encontros Intereclesiais

Os Encontros Intereclesiais são uma rica experiência que anima a vida das Comunidades Eclesiais de Base no Brasil desde a década de 1970, tendo em vista a sua articulação. "Nasceram com a finalidade de partilhar as experiências, a vida, as reflexões que se faziam nas comunidades eclesiais de base ou sobre elas" (LIBANIO, 1995).

Os Encontros Intereclesiais das CEBs são patrimônio teológico e pastoral da Igreja no Brasil. Desde a realização do primeiro, em 1975

(Vitória/ES), reúnem diversas dioceses para troca de experiência e reflexão teológica e pastoral acerca da caminhada das CEBs. Foram *quatorze* os encontros nacionais, diversos encontros de preparação em várias instâncias (paróquias, dioceses, regionais) e, desde a realização do 8º Intereclesial ocorrido em Santa Maria, RS (1992), são realizados seminários de preparação e aprofundamento dos temas ligados ao encontro (CNBB, 2010, p. 11).

Mais ainda, eles são a "manifestação concreta da eclesialidade das CEBs", pois

> congregam bispos, religiosos e religiosas, presbíteros, assessores e assessoras, animadores e animadoras de comunidades, bem como convidados de outras Igrejas cristãs e tradições religiosas. Neles se expressa a comunhão entre os fiéis e seus pastores (CNBB, 2010, p. 11).

Durante intereclesiais é de vital importância a partilha de experiências e reflexões das comunidades, o que aconteceu efetivamente nos primeiros encontros que tiveram um menor número de participantes. O I e II Intereclesiais reuniram, juntos, 170 participantes. Gradualmente, porém, eles foram aumentando em número de participantes, o que demandava uma reflexão sobre sua natureza, pois foram ganhando uma perspectiva mais celebrativa e de evento de massa. Exemplo disso foi o 14º Intereclesial, realizado em Londrina/PR, em 2018, que reuniu 3.300 delegados e delegadas. Com uma crescente participação da base desde o III Intereclesial, os Intereclesiais, "além de espaço privilegiado da partilha de experiências e reflexões das comunidades de base, constituem-se também um rico manancial de animação da vida das CEBs", uma "festa para os olhos e para o coração" (Teixeira, 1996).

3. O 15º Intereclesial

As CEBs do Brasil realizaram entre os dias 18-22/07/2023, seu 15º Encontro Intereclesial, em Rondonópolis, MT[2]. Como acima assinalamos, esses encontros possuem uma grande significação das CEBs, incidindo sobre as estruturas e a mentalidades da Igreja para que ela seja cada vez mais sinodal.

Nos Intereclesiais, as CEBs apresentam suas partilhas, suas experiências, seus melhores representantes da base. Apresentam também seus desafios e dificuldades, razão pela qual, é preciso resgatar o caráter formativo e reflexivo desses encontros, para que possam contribuir na caminhada CEBs hoje. De fato, eles são uma das marcas identitárias das CEBs, pois fazem parte de um processo de organização, de animação e articulação desse modo de ser Igreja no Brasil.

A trajetória dos Intereclesiais segue esse ritmo de inserção e animação da vida das comunidades para enfrentar o desafio de ser comunidade eclesial de base no atual contexto eclesial e político-social em que vivemos, numa estrutura de Igreja hierárquica, centralizadora e numa sociedade da indiferença, do individualismo, da intolerância, do fundamentalismo religioso e de uma fé desligada da vida. É preciso retomar a origem das CEBs como espaço de *"comunhão e participação"*, essas duas palavras tão caras às CEBs, responsáveis por fazer dos Intereclesiais espaços onde as comunidades se encontram para refletir suas experiências de ser Igreja Povo de Deus, Igreja dos pobres, com os pobres, para os pobres, Igreja do diálogo, do anúncio, da denúncia, Igreja cuja natureza é ser missionária, profética, libertadora, transformadora.

O 15º Intereclesial situa-se na linha da convocação do Papa Francisco "Por uma Igreja Sinodal: comunhão, participação e missão". De

---

2. Por ocasião do II Congresso Brasileiro de Teologia Pastoral o 15º Intereclesial ainda estava sendo organizado. Como o livro que reúne as contribuições do Congresso só foi publicado no segundo semestre de 2023, preferimos então já evocar esse evento como tendo acontecido (Nota Coordenador Edição).

fato, com o tema "CEBs: Igreja em saída na busca da vida plena para todos e todas" e o lema "Vejam! Eu vou criar novo céu e uma nova terra" (Is 65,17), as CEBs se desafiam a tornar concreta e real a solicitação do Papa Francisco para "uma Igreja em saída, que vai ao encontro das periferias sociais e existências". Igreja presente, que anuncia o Evangelho, atinge o coração, para que "todos tenham vida plena". Vida não para poucos privilegiados, mas para todos e todas, para o planeta, para os povos, independentes de raças, culturas ou credos.

Referências

CASTILHO, William César de Andrade. *O código genético das CEBs*. São Leopoldo: Oikos, 2005.

CNBB. *Comunidades Eclesiais de Base na Igreja do Brasil* (Documento 25). São Paulo: Paulinas, 1986.

CNBB. *Plano de emergência para a Igreja do Brasil*. Cadernos da CNBB n. 1. 2ª Ed. São Paulo: Paulinas, 2004.

CNBB. *O Plano de Pastoral de Conjunto 1966-1970*. 2ª Edição. São Paulo: Paulinas, 2004.

RODRIGUES, Solange. As CEBs e o mundo urbano à luz dos ensinamentos de Francisco. In CARIAS, Celso; RODRIGUES, Solange (org.). CEBs: Igreja em saída. Rio de Janeiro / Brasília: Iser Assessoria e CNBB, 2018, p. 53-68.

CNBB. *Mensagem ao Povo de Deus sobre as Comunidades Eclesiais de Base* (Documentos da CNBB, n. 92). São Paulo: Paulinas, 2010.

TEIXEIRA, Faustino Luiz Couto. *Os encontros intereclesiais de CEBs no Brasil*. São Paulo: Paulinas, 1996.

10
As Assembleias dos Organismos do Povo de Deus[1]

Laudelino Augusto dos Santos Azevedo

Introdução

Apresentamos uma brevíssima memória histórica das Assembleias Nacionais dos Organismos do Povo de Deus (ANOPD). Baseamo-nos no texto de Dom Demétrio Valentini, bispo emérito de Jales/SP, após a IV ANOPD, que, posteriormente, foi ampliado por Dom Celso Queirós, ex-secretário-geral da CNBB. Pesquisamos, também, nos cadernos *Comunicado Mensal da CNBB* desde 1991, nos textos das *Diretrizes Gerais* e nos *Planos de Pastoral da CNBB*, que desde o 11º, em 1991, referem-se às ANOPD. Pesquisamos ainda no Livro *Conferência Nacional dos Bispos do Brasil:* Comunhão e corresponsabilidade, do Pe. Gervásio Queiroga, publicado em 1977, pelas Paulinas/SP.

1. Observações preliminares

São considerados Organismos de Comunhão e Missão ou Organismos do Povo de Deus: o Conselho Nacional do Laicato do Brasil

---

[1]. Esse texto retoma a apresentação feita no painel "Experiências sinodais da Igreja do Brasil à luz dos 70 anos da CNBB", no qual o autor trouxe a experiência das Assembleias dos Organismos do Povo de Deus.

(CNLB), a Conferência Nacional dos Institutos Seculares do Brasil (CNISB), a Conferência Nacional de Religiosos/as (CRB), a Comissão Nacional de Diáconos (CND), a Comissão Nacional de Presbíteros (CNP) e a Conferência Nacional dos Bispos do Brasil (CNBB), ou seja, os organismos que congregam os cristãos e as cristãs segundo a sua identidade de pertença ao Corpo Eclesial e que, no conjunto, compõem o Corpo cuja Cabeça é Cristo (Cf. 1Cor 12,12-27).

Os Conselhos de Pastoral Comunitários, Paroquiais, Diocesanos e similares, são Organismos de participação e corresponsabilidade no seio das igrejas diocesanas, das paróquias e comunidades (Cf. CNBB 100, n. 290).

Segundo o Papa Francisco, "Olhar para o povo de Deus é recordar que todos fazemos o nosso ingresso na Igreja como leigos. [...] Ninguém foi batizado sacerdote nem bispo. Batizaram-nos leigos" (FRANCISCO, 2016). Depois de "incorporados a Cristo pelo Batismo", é que acolhemos o chamado segundo um carisma, serviço e/ou ministério. Para afirmar a "igualdade fundamental" pelo Batismo e aliviar a conotação negativa da palavra "leigo" em nosso idioma, propõe-se acrescentar sempre "cristão leigo" ou "cristã leiga" (CNBB 105).

2. Breve histórico das ANOPD

As raízes da Assembleia Nacional dos Organismos do Povo de Deus encontram-se no Concílio Ecumênico Vaticano II e na nova configuração eclesial proposta pela *Lumen gentium*. A Igreja, que tem na Trindade Santa sua fonte, seu modelo e sua meta, apresenta-se e se constrói na história como comunhão-participação. Os caminhos que a conduziram a esse projeto foram trilhados no diálogo paciente e na busca de consensos.

Em 1971, impulsionada pela renovação conciliar, a CNBB revisou seus Estatutos, acolhendo duas Comissões para favorecer, em campos específicos, a comunhão e a participação: a Comissão Nacional do Clero (CNC) e a Comissão Nacional de Pastoral (CNP). Os Presidentes da CRB, do CNC e de outros Organismos começam então a participar das reuniões da Comissão Episcopal de Pastoral (CEP), hoje Conselho Episcopal Pastoral (CONSEP). Foi surgindo, então, em processo vital, a ideia de uma reunião mais ampla, congregando as Presidências dos Organismos, expressando melhor a realidade do Corpo Eclesial. É importante lembrar que em 1975 foi criado o Conselho Nacional de Leigos (CNL), hoje Conselho Nacional do Laicato do Brasil (CNLB).

A ideia de se realizar uma "Assembleia do Povo de Deus" no Brasil começou então a tomar forma mais definida a partir da 1ª Reunião Conjunta das Presidências ou Diretorias dos seis Organismos: CNBB, CRB, CNISB, CNL, CNC, CND, realizada nos dias 01-02/07/1989, em Brasília. Nas sucessivas reuniões dos Presidentes desses Organismos, por ocasião de cada reunião da CEP, a ideia foi sendo aprofundada, relacionada com a elaboração das Novas Diretrizes Pastorais da Igreja no Brasil, e no horizonte da Nova Evangelização, no Contexto do V Centenário de Evangelização da América Latina e Caribe.

Na segunda Reunião Conjunta, realizada entre 29/06 e 01/07/1990, em Brasília, decidiu-se que tal Assembleia reuniria 300 participantes, representando cada um dos Organismos, de forma proporcional. Previu-se, igualmente, o local, a Casa de Retiros dos jesuítas, em Itaici, Indaiatuba (SP) e a data, fins de maio ou começo de junho de 1991. A convocação seria feita pelos Presidentes dos Organismos (Cf. CNBB, 1990, p. 1134). Em reunião dos Presidentes dos mesmos Organismos, no dia 24/10/1990, fixou-se a data da Assembleia: 01 a 04 de junho de 1991, em Itaici[2].

3. Assembleias realizadas

Desde sua criação, em 1991, foram realizadas 10 Assembleias dos Organismos do Povo de Deus, nas quais foram discutidos os se-

---

2. Todos esses passos e outros detalhes podem ser verificados no Comunicado Mensal da CNBB da época.

guintes temas: 1991: I ANOPD, em Itaici, de 01-04/91. "As Diretrizes – Contribuições para a elaboração das Diretrizes"; 1993: II ANOPD, em Itaici, de 07-10/10/93: "A missão dos Organismos à luz de Santo Domingo – pistas e compromissos"; 1995: III ANOPD, em Itaici, de 12-15/10/95: 1. "A implementação das Diretrizes Gerais da Ação Evangelizadora da Igreja no Brasil" e 2. "As iniciativas a serem tomadas pela Igreja no Brasil para a celebração do jubileu do 3º Milênio"; 1998: IV ANOPD, no Colégio Arquidiocesano, São Paulo (SP), de 10-12/98: "A Igreja que queremos para o Novo Milênio"; 2001: V ANOPD, em Itaici, de 28-30/04/2001: "A missão do cristão no Novo Milênio"; 2004: VI ANOPD, no SESC, Venda Nova, Belo Horizonte (MG), de 26-28/03/2004: "Teologia da Igreja Particular"; "Projeto Nacional de Evangelização"; "Missão na Amazônia"; "Campanha para a Evangelização"; "CF / 2005 – Ecumênica"; "Mutirão de superação da miséria e da fome"; "Projeto: Por uma cultura de justiça e paz no Brasil – superação da violência" e "Projeto: Escola de Formação Política" (criação do Centro Nacional de Fé e Política Dom Hélder Câmara – CEFEP); 2006: VII ANOPD, no Colégio Santa Fé, São Paulo (SP), de 07-10/09/2006: "Desafios Atuais para a Evangelização"; 2009: VIII ANOPD, no Colégio Santa Fé, São Paulo (SP), de 13-15/11/2009: "Discipulado Missionário" e Lema: "Sereis minhas testemunhas" (At 1,8); 2018: IX ANOPD, em Aparecida (SP), de 22-25/11/20018: "A Sinodalidade da Igreja e o protagonismo dos cristãos leigos e leigas", como Celebração e culminância do Ano Nacional do Laicato; 2022: X ANOPD, em Brasília (DF), de 14-16/10/2022, com o tema **"Comunhão e Missão: caminho para a Igreja no Brasil"**.

4. Estatuto jurídico

Não existe um "estatuto" das Assembleias Nacionais dos Organismos do Povo de Deus. O espírito que as norteiam encontra-se nas "Normas Práticas" elaboradas por ocasião da reunião da CEP (maio de 1991). Os Presidentes dos seis Organismos, com a colaboração do Assessor Jurídico da CNBB, redigiram as "Normas Práticas" para a 1ª Assembleia, fixando seus objetivos e sua pauta. Com base nessas Normas Práticas, cada Assembleia, sucessivamente, foi elaborando o seu próprio Regimento.

No contexto atual, muito nos ilumina o n. 7 do Documento da Comissão Teológica Internacional sobre *A sinodalidade na vida e na missão da Igreja*, de 2018, segundo o qual

> A eclesiologia do Povo de Deus sublinha, de fato, a comum dignidade e missão de todos os batizados no exercício da multiforme e ordenada riqueza dos seus carismas, das suas vocações, dos seus ministérios [...] A sinodalidade, nesse contexto eclesiológico, indica o específico "modus vivendi et operandi" da Igreja povo de Deus que manifesta e realiza concretamente o ser comunhão no caminhar juntos, no reunir-se em assembleia e no participar ativamente de todos os seus membros em sua missão evangelizadora (CTI, 2018, n. 7)

O mesmo texto afirma no n. 9

> Disso deriva o limiar de novidade que o Papa Francisco convida a atravessar. No sulco traçado pelo Vaticano II e percorrido pelos seus predecessores, ele sublinha que a sinodalidade exprime a figura de Igreja que brota do Evangelho de Jesus e que é chamada a encarnar-se hoje na história, em fidelidade criativa à Tradição (CTI, 2018, n. 9).

5. Objetivos gerais das ANOPD

As Normas Práticas estabeleceram os seguintes objetivos para as ANOPD:
1. Fortalecer a Igreja comunhão e missão;
2. Reavivar e aprofundar a consciência da corresponsabilidade na evangelização, a ser feita cada vez mais organicamente;
3. Crescer na comunhão entre os Organismos e vivenciar a sinodalidade e a unidade na ação evangelizadora.

Além desses Objetivos Gerais, foram estabelecidos objetivos próprios para cada ANOPD.

6. Observações práticas

Dom Demétrio Valentini e Dom Celso Queirós, que participaram ativamente no processo de realização das ANOPD, traçaram e sistematizaram também alguns elementos de ordem prática, assim elaborados:

1. Quanto à natureza e objetivos: a Assembleia Nacional dos Organismos do Povo de Deus fortalece a unidade eclesial na diversidade de carismas e vocações, em clima de fraternidade e de alegria diante da missão comum a todos;
2. Quanto à mensagem: além do estudo e aprofundamento de temas, a Assembleia se pronuncia sobre importantes fatos da conjuntura do momento e, ao término dos trabalhos, publica sua "Mensagem Final" (ou Mensagem ao Povo De Deus);
3. Quanto à periodicidade: inicialmente, a Assembleia foi pensada para acontecer a cada dois anos. Sua continuidade estaria garantida pelos encontros dos presidentes dos Organismos por ocasião das reuniões mensais da Comissão Episcopal de Pastoral (CEP) e, especialmente, pela reunião anual ampliada dos Organismos. Estas reuniões constituir-se-iam num fórum permanente a garantir a continuidade das reflexões das Assembleias;
4. Quanto aos participantes: as ANOPD devem contemplar, da melhor maneira possível, uma boa representatividade dos participantes. Essa representatividade fica fortalecida pela delegação, que acontece na medida em que os Organismos são avisados e motivados para escolherem seus autênticos representantes para a Assembleia. Os cristãos leigos e leigas devem expressar, na sua representação, a maior diversidade possível de situações e funções, para que nenhum membro e/ou segmento do Povo de Deus se sinta excluído ou não representado;

5. Quanto à organização da Assembleia: a CNBB é a instância que acolhe todos os participantes da Assembleia. Os demais Organismos são chamados a participar deste momento carregado de eclesialidade;
6. Quanto aos recursos financeiros para a Assembleia: A questão dos recursos é um limite concreto, que deve ser levado em conta para programar as Assembleias e ser assumido com realismo, desprendimento e transparência. A austeridade deve fazer parte da mística da Assembleia. A condição ideal seria que a própria CNBB pudesse dispor de uma quantia significativa para facilitar a realização da Assembleia;
7. Quanto ao local: O melhor local seria onde todos pudessem se hospedar. Favoreceria o clima de convivência, de fraternidade e o aproveitamento. Em caso de hospedagens em locais diversos ou em casas de família, seria importante que fosse numa comunidade que pudesse ser envolvida e que pudesse também participar de alguns momentos da realização da Assembleia.

Algo que é destacado como muito importante: avaliar sempre em que a Assembleia contribuiu para que os participantes experimentassem a unidade e a comunhão do Corpo Eclesial, sentindo-se identificados com a Igreja e sua missão. As intenções que historicamente levaram a organizar a "Assembleia dos Organismos do Povo de Deus" são demasiado preciosas para ficarem desgastadas com Assembleias precárias, com poucas condições e sem grande motivação.

7. As ANOPD e o contexto atual

Além das características já apresentadas, podemos iluminar a atualidade das ANOPD como experiência e prática sinodal da Igreja no Brasil, com os seguintes textos:

1. Diretrizes Gerais da Ação Evangelizadora da Igreja no Brasil

Segundo as Diretrizes de 2015-2019:

> A Igreja existe no mundo como obra das três Pessoas divinas, é povo de Deus (em relação ao Pai), corpo e esposa de Cristo (em relação ao Filho) e templo vivo (em relação ao Espírito Santo). Ela é "o povo unido pela unidade do Pai e do Filho e do Espírito Santo" (CNBB, 2015, n. 7).

O mesmo Documento continua, "A unidade de todos, em meio à diversidade de dons, serviços, carismas e ministérios, testemunha o amor trinitário do Pai, pelo Filho, no Espírito" (CNBB, 2015, n. 14). Por isso,

> Para uma Igreja comunidade de comunidades, é imprescindível o empenho por uma efetiva participação de todos nos destinos da comunidade, pela diversidade de carismas, serviços e ministérios. Para isso, faz-se necessário promover: a diversidade ministerial, na qual todos, trabalhando em comunhão, manifestam a única Igreja de Cristo, sejam eles leigos, leigas, ministros ordenados, consagrados e consagradas [...]; a articulação das ações evangelizadoras, através da pastoral orgânica e de conjunto [...] com a participação de todos os membros da comunidade eclesial na projeção da ação evangelizadora, tanto no processo de discernimento, como na tomada de decisão e avaliação (CNBB, 2015, n. 107).

2. Christifideles laici

João Paulo II, na Exortação pós-sinodal Christifideles laici, sobre a vocação e a missão dos leigos na Igreja e no mundo, afirma, "Neste campo (mundo) está presente e operante a Igreja, todos nós, pastores e fiéis, sacerdotes, religiosos e leigos" (JOÃO PAULO II, 1988, n. 7). No mesmo texto o Pontífice afirma:

Os fiéis leigos, juntamente com os sacerdotes, os religiosos e as religiosas, formam o único povo de Deus e Corpo de Cristo [...] Cada um na sua unicidade e irrepetibilidade, com o seu ser e o seu agir, põe-se a serviço do crescimento da comunhão eclesial, como, por sua vez, recebe singularmente e faz sua a riqueza comum de toda a Igreja. Esta é a "comunhão dos santos", que nós professamos no Credo: o bem de todos torna-se o bem de cada um e o bem de cada um torna-se o bem de todos. "Na santa Igreja – escreve São Gregório Magno – cada um é apoio dos outros e os outros são seu apoio" (João Paulo II, 1988, n. 28).

O Papa continua

Trabalhadores da vinha são todos os membros do povo de Deus: os sacerdotes, os religiosos e as religiosas, os fiéis leigos, todos simultaneamente objeto e sujeito da comunhão da Igreja e da participação na sua missão de salvação. Todos e cada um trabalham na única e comum vinha do Senhor com carismas e com ministérios diferentes e complementares [...] também através do estado de vida que caracteriza os sacerdotes, os religiosos e as religiosas, os membros dos institutos seculares, os fiéis leigos. Na Igreja-comunhão os estados de vida encontram-se de tal maneira interligados que são ordenados uns para os outros [...] Todos os estados de vida, tanto no seu conjunto como cada um deles em relação com os outros, estão a serviço do crescimento da Igreja, são modalidades diferentes que profundamente se unem no "mistério de comunhão" da Igreja e que dinamicamente se coordenam na sua única missão (João Paulo II, 1988, n. 55).

3. *A sinodalidade na vida e na missão da Igreja*

Em 2018, a Comissão Teológica internacional publicou o estudo *A sinodalidade na vida e na missão da Igreja*, que afirma: "Ainda que o termo e o conceito de sinodalidade não se encontrem, explicitamente, no ensinamento do Concílio Vaticano II, pode-se afirmar que a instância da sinodalidade está no coração da obra de renovação por ele promovida" (CTI, 2018, n. 6). Segundo o texto,

> Todo o povo de Deus é o sujeito do anúncio do Evangelho. Nele, todo batizado é convocado para ser protagonista da missão, pois todos somos discípulos missionários. A Igreja é chamada a ativar em sinergia sinodal os ministérios e os carismas presentes na sua vida para discernir os caminhos da evangelização na escuta da voz do Espírito (CTI, 2018, n. 53).

Nesse sentido, continua o texto, "Uma Igreja sinodal é uma Igreja participativa e corresponsável. No exercício da sinodalidade, esta é chamada a articular a participação de todos, segundo a vocação de cada um, com a autoridade conferida por Cristo ao Colégio dos Bispos, tendo o Papa como cabeça" (CTI, 2018, n. 67).

4. Cristãos leigos e leigas na igreja e na sociedade – *"sal da terra e luz do mundo"* (Mt 5,13-14)

Por sua vez, o Documento 105, da CNBB, afirma:

> A unidade da Igreja se realiza na diversidade de rostos, carismas, funções e ministérios. É importante dar-nos conta deste grande dom da diversidade, que potencializa a missão da Igreja realizada por todos os seus membros, em liberdade, responsabilidade e criatividade [...] a regra mais fundamental: a primazia do amor (1Cor 13), da qual advém a possibilidade de integrar organicamente a diversidade e o serviço de todos os que exercem alguma função dentro da comunidade (CNBB, 2016, n. 93).

No mesmo texto se encontram ainda as seguintes considerações:

> A Igreja, Povo de Deus peregrino e evangelizador: Uma das compreensões centrais da Igreja na tradição bíblico-eclesial e desenvolvi-

da de maneira privilegiada no Vaticano II é a de povo de Deus. Esta noção sugere a importância de todos os membros da Igreja, como propriedade particular de Deus, reino de sacerdotes e nação santa (Ex 19,5-6) (CNBB, 2016, n. 94).

A noção de povo de Deus também chama a atenção para a totalidade dos batizados: todos fazem parte do povo sacerdotal, profético e real.

O Vaticano II supera a noção da Igreja como uma estrutura piramidal, começando por apresentar o que nos une – nos capítulos sobre a Igreja mistério e povo de Deus – e só depois o que nos distingue. São João Paulo II, na Carta Apostólica *Novo Millenio Ineunte*, nos convida a fazer da Igreja casa e escola de comunhão (CNBB, 2016, n. 100).

Os cristãos são chamados a serem os olhos, os ouvidos, as mãos, a boca, o coração de Cristo na Igreja e no mundo. Esta realidade da presença de Cristo é explicitada na imagem proposta por Paulo, a de que a Igreja é Corpo de Cristo (1Cor 12,12-30; Rm 12,4-5). Cristo vive e age na Igreja, que é seu sacramento, sinal e instrumento (CNBB, 2016, n. 102).

O Apóstolo Paulo deixa claro que Cristo é a cabeça deste corpo (Ef 1,22) e, assim, tem em tudo a primazia (Cl 1,18). Nele, a Igreja tem sua origem, dele ela se nutre. A primazia do Cristo-cabeça lembra à Igreja que Ele é o centro de tudo. A Igreja é servidora de Cristo. Assim sendo, os indivíduos na Igreja, mantendo sua subjetividade, possuem uma identidade comunitária, possibilitada e mantida pelo Espírito de Cristo. Esta identidade comunitária vale para a Igreja em seu sentido universal, que atravessa a história, em todos os lugares e em todos os tempos. A imagem do Corpo de Cristo implica num forte compromisso ético de cuidado e solidariedade dos membros uns para com os outros, especialmente para com os mais fracos (1Cor 12,12-27) (CNBB, 2016, n. 103).

Muitas outras referências poderiam ser citadas. Na Conclusão do Documento 105 se diz que os pastores da Igreja se dirigem aos membros de cada Organismo do Povo de Deus, reconhecendo os cristãos leigos e leigas como "verdadeiros sujeitos eclesiais" e colocando todo o Corpo Eclesial no cuidado pastoral e fraterno aos mesmos (CNBB, 2016, 276 a 284).

8. Uma decisão importante

Um dos objetivos da 9ª ANOPD, realizada nos dias 22 a 25/11/2018, foi cumprir o disposto no n. 274 "c", do Documento 105 da CNBB, aprovado na 54ª Assembleia Geral, em 2016: "Tornar regulares as Assembleias Nacionais dos Organismos do Povo de Deus (ANOPD), que vêm sendo realizadas desde 1991" (CNBB, 2016, n. 274). Essa decisão unânime foi pela realização das Assembleias, a cada 4 anos, no ano anterior à definição das Diretrizes Gerais da Ação Evangelizadora da Igreja no Brasil. A X ANOPD realizou-se em 2022, entre 14-16 de outubro, no quadro das Celebrações dos 70 anos da CNBB.

9. A I Assembleia Eclesial da América Latina e Caribe

Em 2021 foi realizada a I Assembleia Eclesial da América Latina e Caribe, com a etapa da "escuta" e a Assembleia em novembro, em formato híbrido. Os participantes foram escolhidos dentre os representantes de todas as vocações e estados de vida segundo os carismas, serviços e ministérios. Os delegados e delegadas do Brasil foram escolhidos a partir dos respectivos Organismos do Povo de Deus a que pertencem. Podemos dizer, a título de ilustração, que essa Assembleia Eclesial foi uma Assembleia dos Organismos do Povo de Deus da América Latina e do Caribe. Do mesmo modo, o Sínodo em 2023 será uma grande Assembleia do Povo de Deus do mundo inteiro!

Conclusão

A utilização do termo "sinodalidade" e seu conceito, ganhou destaque nos últimos anos, especialmente com o Papa Francisco. Temos convicção de que as ANOPD se constituem numa forte expressão de sinodalidade da Igreja no Brasil.

Concluímos esta partilha, com o texto, também de conclusão, do Documento *A Sinodalidade na Vida e na Missão da Igreja*:

> Maria, Mãe de Deus e da Igreja, que "reunia os discípulos para invocar o Espírito Santo (At 1,14), e assim tornou possível a explosão missionária que aconteceu em Pentecostes", acompanhe a peregrinação sinodal do povo de Deus, indicando a meta e ensinando o estilo belo, terno e forte dessa nova etapa da evangelização. (CTI, 2018, n. 121).

Em nosso caso, que Maria acompanhe, também, a caminhada das Assembleias Nacionais dos Organismos do Povo de Deus! Tudo para a Glória de Deus e salvação da humanidade!

Referências

QUEIROGA, Gervásio. *Conferência Nacional dos Bispos do Brasil:* Comunhão e corresponsabilidade. São Paulo: Paulinas, 1977.

CNBB. *Comunidade de comunidades*. Uma nova paróquia. A conversão pastoral da paróquia (Documento 100). Brasília: CNBB, 2014.

COMISSÃO TEOLÓGICA INTERNACIONAL (CTI). *A sinodalidade na vida e na missão da Igreja*. Roma: Librería Editrice Vaticana, 2018. Disponível: A sinodalidade na vida e na missão da Igreja (2 de março de 2018) (vatican.va). Acesso: 23/04/2022.

FRANCISCO. Carta do Papa Francisco ao cardeal Marc Ouellet, presidente da Pontifícia Comissão para a América Latina. Roma: Libreria Editrice Vaticana, 2016. Disponível: https://www.vatican.va/content/francesco/pt/letters/2016/documents/papa-francesco_20160319_pont-comm-america-latina.html. Acesso: 23/04/2022.

CNBB. *Comunicado Mensal*, junho/julho 1990. Brasília: CNBB, 1990, p. 1134.

CNBB. *Diretrizes Gerais da Ação Evangelizadora da Igreja do Brasil 2015-2019*. Brasília: CNBB, 2015.

JOÃO PAULO II. *Exortação apostólica pós-sinodal Christifidelis laici, de sua Santidade João Paulo II, sobre vocação e missão dos leigos na Igreja e no mun-

do. Roma: Libreria Editrice Vaticana, 1988. Disponível: https://www.vatican.va/content/john-paul-ii/pt/apost_exhortations/documents/hf_jp-ii_exh_30121988_christifideles-laici.html. Acesso: 24/04/2022.

11
Sinodalidade no processo pastoral dos 50 anos do CIMI[1]

Paulo Suess

Introdução

Em 1972, no oitavo ano da ditadura militar, o Conselho Indigenista Missionário (CIMI) nasceu como organismo anexo à CNBB. Autoritarismo, ideologia desenvolvimentista e práticas missionárias coloniais e pré-conciliares daquela época não eram favoráveis a uma pastoral em defesa dos povos indígenas. Desde seu início, o CIMI não era um organismo de conversão dos povos indígenas, mas de sua defesa.

Em 1971, um ano antes da fundação do CIMI, um grupo de antropólogos, convocados para um encontro em Barbados (Caribe), pelo "Programa de Combate ao Racismo", do Conselho Mundial das Igrejas (CMI), lançou duras críticas à política indigenista dos Estados nacionais e denunciou as missões religiosas da América Latina como "uma grande empresa de recolonização" (CMI, 1980, p. 22). Os participantes desse Simpósio propuseram "que o melhor para as populações indígenas, e também para preservar a integridade moral das próprias igrejas, é acabar com toda atividade missionária" (CMI, 1980, p. 22).

---

1. O texto correspondente à fala do autor na Roda de Conversa "70 anos da CNBB, 50 anos do CIMI e 15 anos de Aparecida: balanços, desafios e perspectivas", no 2º Congresso Brasileiro de Teologia Pastoral (05/05/22).

Barbados e o próprio Vaticano II obrigaram o CIMI a ressignificar o conceito e a prática pastoral da "missão" como defesa da vida. O CIMI tinha duas opções: (1) Continuar como apêndice do colonialismo e do proselitismo pastoral, integrar (assimilar) os povos indígenas na sociedade nacional e assim contribuir para seu desaparecimento ou; (2) Romper com essa história colonial, com novas premissas de uma pastoral indigenista e/ou indígena.

1. Prioridades

Em sua primeira Assembleia Geral, em 1975, o CIMI reconheceu, em nome da Igreja Missionária, uma corresponsabilidade na espoliação territorial, na destruição cultural e na negação jurídica às quais, por séculos, os povos indígenas foram submetidos. No Documento Final dessa Assembleia, o CIMI comprometeu-se com seis linhas de ação programática que, não somente até hoje constam de sua orientação pastoral, como também deixaram seus vestígios nas subsequentes Conferências Gerais do Episcopado Latino-Americano e do Caribe de Puebla (1979), Santo Domingo (1992) e Aparecida (2007):

1. Terra/Território: Recuperação, demarcação e garantia de "terra apta e suficiente para um crescimento demográfico adequado à sua realidade ecológica e socioeconômica" (CIMI, 1980, p. 61 s);
2. Cultura: "Reconhecer, respeitar e apoiar o direito que têm os povos indígenas de viver segundo a sua cultura" e "animar os grupos em processo de desintegração para que revitalizem sua cultura" (SUESS, 1980, p. 62). "A partilha e o anúncio exigem o conhecimento profundo da língua, dos códigos e símbolos da respectiva cultura indígena como meio para que o diálogo se realize" (CIMI, 2015, n. 110);
3. Autodeterminação: "Reconhecer que, como pessoa e como povo, são e devem ser aceitos como adultos, com voz e responsabilidade, sem tutela nem paternalismo, capazes de construir

sua própria história" (Suess, 1980, p. 62). A organização das Assembleias de Lideranças Indígenas surgiu desse incentivo da autodeterminação, tornando-se as principais formas de sua "sinodalidade";
4. Encarnação/Inculturação: A encarnação foi compreendida como seguimento de Cristo, comprometido com a vida dos povos indígenas, convivendo com eles e "assumindo sua causa, [...] superando as formas de etnocentrismo e colonialismo" (Suess, 1980, p. 62). Os missionários se comprometeram em estudar a cultura e a religião indígena;
5. Conscientização: A Igreja assume uma atitude de autocrítica "sobre sua aliança com os poderosos, optando real e eficazmente pelos oprimidos e marginalizados" (Suess, 1980, p. 62). Para servir melhor à causa dos povos indígenas, a formação dos missionários e missionárias se tornou prioridade;
6. Pastoral global: A pastoral indigenista se propôs a inserir-se no conjunto da pastoral da Igreja local e nacional, como pastoral específica, contextual, universalmente libertadora e nacionalmente organizada e estruturada (cf. Suess, 1989, p. 17-21).

Ao concluir essas Linhas de Ação de 1975, o CIMI destacou sua proposta de uma sociedade alternativa, que permanece até hoje um sonho, um horizonte e uma esperança em prol da sobrevivência de toda a humanidade: "Cremos proporcionar uma alternativa ao único modelo socioeconômico e religioso da sociedade" (Suess, 1980, p. 63), do mundo e do planeta.

2. Alianças como formas de sinodalidade

O CIMI construiu o trabalho pastoral com os povos indígenas através de quatro alianças que apontavam já à sinodalidade do caminhar juntos:

1. Procuramos unir-nos com setores da sociedade civil que, através da causa indígena, encontraram um espaço político para uma luta antissistêmica;
2. Procuramos estreitar os nossos laços com setores da Igreja que assumiram o Vaticano II e Medellín. Caminhamos juntos com setores eclesiais que acreditaram no futuro dos povos indígenas e colocaram esse futuro na pauta política do Estado, da Sociedade, da Evangelização e das Igrejas cantando seu "viva à sociedade alternativa!";
3. Com esses setores da sociedade civil e da Igreja articulamos os próprios povos indígenas através de assembleias regionais e nacionais e de cursos de formação e informação política. Em plena ditadura militar, a primeira dessas Assembleias realizou-se em Diamantino (MT), na Missão Anchieta, dos jesuítas, em abril de 1974. Participaram do encontro 16 chefes indígenas, representando os povos Apiaká, Kayabi, Tapirapé, Rikbaktsa, Irantxe, Paresi, Nambikwara, Xavante e Bororo.

A Segunda Assembleia Indígena, em maio de 1975, convocada para a sede da Missão Franciscana do Cururu, no Alto Tapajós, já reuniu 33 líderes, representando 13 diferentes nações indígenas. Dos 3.600 Munduruku que viviam espalhados pela região do Alto Tapajós, cerca de 800 se deslocaram em canoas para o Cururu e acompanharam os trabalhos da assembleia, participando das festas de confraternização à noite. Entre as reivindicações básicas do encontro constam a demarcação das reservas, a valorização da cultura, a união entre os diferentes povos indígenas e a participação nas decisões da política indigenista do governo.

A partir dessas assembleias, indígenas de diferentes povos e nações começaram a reconhecer-se como vítimas do mesmo sistema de dominação, criaram uma consciência comum sobre as causas do seu sofrimento e fizeram ouvir a sua voz diante da sociedade nacional.

Desde 2005 existe a Articulação dos Povos Indígenas do Brasil, APIB, que representa a autodeterminação dos povos indígenas, tão almejada já desde o início do CIMI.

4. A partir de sua "Terceira Assembleia Geral" (1979), o CIMI assumiu explicitamente sua responsabilidade e sinodalidade latino-americana e ecumênica. Nesta perspectiva, organizou consultas, cursos, encontros e tomou contato com todas as pastorais indígenas existentes no continente. Desses contatos informais surgiu, em maio de 1983, em Brasília, com a presença de representantes de 14 países latino-americanos, a Primeira Consulta Latino-Americana e Ecumênica de Pastoral Indígena, convocada pelo CIMI, com o tema: "Organizar a Esperança". As Consultas seguintes, o CIMI já organizou em perspectiva ecumênica com o Conselho Latino-Americano de Igrejas (CLAI).

Nos anos de 1990, de modo bastante improvisado, nasceu desta caminhada a "Articulação Ecumênica Latino-Americana da Pastoral Indígena" (AELAPI). Dez organismos pastorais latino-americanos assinaram sua Ata de Fundação: 1 CIMI (Brasil), 2 CETA (Peru), 3 CENAMI (México), 4 ENDEPA (Argentina), 5 CONAPI (Paraguai), 6 CONAPI (Panamá), 7 CLAI/CMI, 8 IDECA (Peru), 9 ILAMIS (Bolívia), 10 CONAPI (Guatemala).

A AELAPI, que era o berço da "Articulação Ecumênica Latino-Americana da Pastoral Indígena", logo se tornou também o berço organizador dos encontros da Teologia Índia, que é a sinodalidade (o caminhar junto) teológica dos povos indígenas.

Desde o ano 2011, em Lima, a AELAPI constituiu-se em Instituição Ecumênica de Direito Civil sem fins lucrativos e comprometeu-se em sua Ata Fundacional a:
1. Assumir a causa dos povos indígenas, solidarizando-se com suas aspirações, lutas e propostas, presentes em suas culturas e experiências religiosas;
2. Ser sinal profético nas igrejas: denunciar os sinais da morte e anunciar a presença de Cristo criador nas cosmovisões, mitos, ritos, línguas e outras expressões da espiritualidade dos povos originários;

3. Estimular a reflexão teológica própria das comunidades indígenas, em vista do projeto de vida alternativo para a sociedade e as igrejas;

4. Denunciar as formas com que a sociedade envolvente agride a biodiversidade da criação, afeta a saúde e a cultura dos povos indígenas e impõe estilos de vida alheios às suas tradições, pondo em perigo a vida da humanidade[2].

3. Aprendizados

Hoje, os povos indígenas convocam as suas assembleias e as realizam do jeito que entendem, sem os conselheiros e "protetores" de ontem. Estes têm que aprender a escutar mais para servir melhor. Também o CIMI está novamente aprendendo a aceitar os povos indígenas assim como são, sem idealizá-los. Novamente vivemos um choque cultural e aprendemos a respeitar o seu tempo, a sua lógica e a sua maneira de conviver com a natureza e amar a terra. Somos alunos dos povos indígenas, às vezes, conselheiros, nunca seus mestres. Novamente aprendemos a ser evangelizadores evangelizados. Escutamos em seu silêncio sabedoria e esperança.

Olhando para o futuro dos povos indígenas e não somos excessivamente esperançosos, nem pessimistas. Ajudamos, nesses 50 anos que se passaram, a arrancar milhares de hectares de terra das garras do latifúndio e a transformar em territórios indígenas. Contudo, a precarização das condições de vida dos pobres atinge também os povos indígenas. A nossa presença nas aldeias indígenas não passou de uma "pastoral de visita" para uma pastoral de presença. Estamos lutando em nossas Igrejas para que a autodeterminação não seja somente uma reivindicação política, mas também pastoral. Com o Papa Francisco

---

2. Cf. http://aelapi.org, particularmente o item Quienes Somos: "Acta Fundacional" e "Memória histórica".

sonhamos uma Igreja amazônica, indígena, encarnada e sinodalmente autodeterminada. Viva a sociedade alternativa!

Referências

Conselho Indigenista Missionário (CIMI). Documento Final da "Primeira Assembleia Geral", 1975. In: Suess, Paulo (org.). *Em defesa dos povos indígenas. Documentos e legislação*. São Paulo: Loyola, 1980, p. 61-65.

Conselho Indigenista Missionário (CIMI). *Plano Pastoral*, 4ª ed., Brasília: 2015.

Conselho Mundial de Igrejas (CMI). Declaração do "Simpósio sobre a fricção interétnica na América do Sul", Barbados, 25 a 30 de janeiro de 1971. In: Suess, Paulo (org.). *Em defesa dos povos indígenas. Documentos e legislação*. São Paulo: Loyola, 1980, p. 19-26.

Suess, Paulo (org.). *Em defesa dos povos indígenas. Documentos e legislação*. São Paulo: Loyola, 1980.

Suess, Paulo. *A causa indígena na caminhada e a proposta do Cimi*: 1972-1989. Petrópolis: Vozes, 1989.

12
O Setor Pastoral Social da CNBB[1]

Maria Soares Camargo

Em 1995, fui convidada por D. Demétrio Valentini, na época responsável pelo Setor Pastoral Social da CNBB, para atuar como assessora desse Setor. Já conhecia as pastorais sociais por haver participado da Coordenação Nacional da Pastoral Carcerária. Quando cheguei, fui recebida por Luiz Bassegio, que já atuava no Setor como assessor há algum tempo.

Fizemos uma boa dupla, além de nos relacionarmos bem com os demais assessores e assessoras. Com os bispos que procuravam o Setor Pastoral Social, prestamos colaboração e fizemos boas amizade.

Poderíamos, hoje, denominar aquela colaboração de sinodalidade? Acredito que sim. Assessores e assessoras religiosas e leigas, presbíteros e bispos, sentíamo-nos parte de um todo, plural, porém, afinado quanto aos objetivos assumidos em vistas da evangelização na Igreja no Brasil.

A CNBB me era familiar pelos nomes de Dom Aloysio Lorscheider, Dom Ivo Lorscheiter e Dom Luciano Mendes de Almeida, muito

---

1. Texto da participação da autora na "Roda de Conversa" final do Congresso, que discutiu os 70 anos da criação da CNBB, os 50 anos do CIMI e os 15 anos de Aparecida.

querido. Mas logo aprendi que sinodalidade não é questão de afinidade. Podíamos nos entender, com mais ou menos facilidade, com todos os bispos que encontrávamos.

O Setor Pastoral Social, nos anos 1990, desenvolveu uma programação intensa e vigorosa. Em minha memória, destaco a Primeira Semana Social Brasileira, quando o assessor era o padre jesuíta Inácio Neutzling. A partir daí se sucederam as Semanas Sociais, sendo a Segunda e a Terceira notáveis, pois se desenrolaram ao longo de dois e três anos, deixando boas publicações e muitas atividades sócio-políticas realizadas em parceria. Essas atividades contavam também com outros organismos ligados à CNBB, como o CIMI, a CPT e a Caritas.

No decorrer da Segunda Semana Social aconteceu pela primeira vez um Debate com Presidenciáveis, apresentado por Chico Pinheiro, na Band. Todas as questões foram elaboradas pelos participantes, depois sorteadas democraticamente. Organização impecável, inclusive no tocante à segurança dos candidatos.

Data de 1995 o início da realização do Grito dos Excluídos, que acontece até hoje em 7 de setembro, em todo o território nacional, reunindo igrejas, movimentos, ONGs, sindicatos e outros grupos. O nível de consciência política dessas manifestações é admirável.

As Semanas Sociais contribuíram para a CNBB abrir-se mais para os movimentos sociais e reforçaram seu caráter ecumênico. Imagino que assim tenha acontecido também com as que vieram depois, já no século XXI.

Impressionante também a organização das Assembleias Gerais da CNBB. O clima era tranquilo, exceto nas assembleias eletivas, onde a tensão se fazia visível, embora não comprometesse o ambiente fraterno. Assessores e Secretaria trabalhavam à exaustão, mas os resultados eram sempre animadores.

Na ocasião em que prestei serviços junto à CNBB, o Presidente era Dom Lucas Moreira Neves. Surpreendi-me ao ver que sua presença não inibia assessores e assessoras de dizer o que pensavam. De igual modo, o Secretário Geral, Dom Raimundo Damasceno Assis, que participava de nosso cotidiano, nos deixava muito livres. Sentíamo-nos livres para discordar, o que demonstra termos vivido realmente a sinodalidade. Não a unanimidade, longe disso. Mas o ambiente reinante na sede da CNBB era muito fraterno.

Guardo as melhores lembranças de pessoas com quem nunca mais me encontrei, porém, me alegro sempre que ouço referência a elas. Claro que Dom Demétrio Valentini é a grande e inesquecível lembrança. Mas depois cruzei caminhos com outros bispos menos chegados naquela ocasião, como Dom Claudio Hummes, e me surpreendi com nossa proximidade.

A CNBB foi para mim grande escola de trabalho conjunto, respeito e tolerância, no melhor sentido da palavra. Tive certezas abaladas, o que avalio hoje como muito positivo.

Nos dias do Papa Francisco, a sinodalidade ganhou novo impulso. Um traço importante realçado por ele foi o escutar. O ver-julgar-agir nos fazia permanecer ainda muito em nós mesmos. O escutar o outro enquanto outro vai certamente abrir à Igreja novos caminhos no mundo.

Sou grata ao Senhor por me ter concedido viver a sinodalidade, mesmo sem ter suficiente consciência dessa vivência, de forma tão frutuosa e feliz.

Quinta Parte

DESAFIOS E OBSTÁCULOS À SINODALIDADE

13
Mulheres e sinodalidade: desafios[1]

Alzirinha Souza[2]

Introdução

O presente texto não tem a pretensão de recuperar todas as questões referentes à situação da mulher na Igreja, conhecida em profundidade por muitas mulheres, sobretudo pelas que são atuantes na pastoral e que são hoje percentualmente a base feminina da Igreja.

Na primeira vez que trabalhei sobre esse tema, num congresso em Madrid, que tinha como tema "Sinodalidade e caminhos pastorais", realizado no formato de um diálogo entre o Grupo Ibero-americano de Teólogos e a Fundación Pablo IV (cf. Souza, 2020), abordei o papel das mulheres e mesmo sua situação no contexto eclesial, a partir de três grandes "exercícios de colegialidade" da era moderna: o Concílio

---

1. O presente texto foi apresentado no Painel "Mulher e a sinodalidade na Igreja", no dia 03/05/2022, no II Congresso de Teologia Pastoral, mantendo, em parte, o "gênero literário" conferência.

2. Pós-doutora em Ciências da Religião pela UNICAP (Recife, PE), doutora em Teologia pela Université Catholique de Louvain (Louvain-la-Neuve, Bélgica), mestre em Teologia pela Universidad San Dámaso (Madrid, Espanha), graduação em Teologia pela PUC SP. Professora e Pesquisadora na PUC Minas e no ITESP (SP). Membro de vários grupos de pesquisa em teologia prática. E-mail: alzirinharsouza@gmail.com

Vaticano II, para a Igreja Universal; as Conferências Gerais do CELAM em Medellín (1968) e Puebla (1979), para América Latina e o Caribe. Retomo a seguir o que se destaca nos textos produzidos nesses três grandes eventos eclesiais.

1. Concilio Vaticano II

Comparando-se com os aproximadamente 2.500 homens participantes, as 23 mulheres do Concílio, das quais sete sem direito a voto (MARCILIO, 1984, p. 31), pode-se constatar, de imediato, a insuficiente presença feminina nas decisões, frente à presença de mulheres leigas e religiosas na Igreja. De fato, era como se elas não existissem. O Cardeal Suennens, da Bélgica, chegou a perguntar na 2ª Sessão do Concílio, em 1963, "Mas onde está aqui a outra metade da humanidade?" e fazia a proposta de que também as mulheres participassem das decisões conciliares (GIBELLINI, 1992, p. 110). Não obstante a organização concreta do evento conciliar, esse avança na tomada de posição a favor das mulheres, ao combater sua discriminação na vida social e cultural, e ao insistir que a educação acompanhasse os novos tempos e formasse homens e mulheres cultos e de personalidade forte (GS 294). A GS 289 protege os interesses específicos das mulheres:

> Na verdade, nem todos os homens se equiparam na capacidade física que é variada e nas forças intelectuais e morais que são diversas. Contudo, qualquer forma de discriminação nos direitos fundamentais da pessoa, seja ela social ou cultural, ou funde-se no sexo, raça, cor, condição social, língua ou religião deve ser superada e eliminada, porque é contrária ao plano de Deus. É de lamentar que realmente aqueles direitos fundamentais da pessoa não sejam ainda garantidos por toda a parte. É o caso quando se nega à mulher a faculdade de escolher livremente o seu espaço, de abraçar seu estatuto de vida ou acesso à mesma cultura e educação que se admitem para o homem (COMPÊNDIO DO VATICANO II, 1987, p. 172).

Os avanços foram pequenos. O Decreto *Apostollicam actuositatem*, que trata da situação dos leigos e leigas, demanda uma participação mais ampla da mulher na Igreja, mas sem dar a ela o direito à tomada de decisão (AA, 1136), ao passo que a *Lumen gentium*, que aprova o serviço masculino ao diaconato permanente como ministério ordenado, exclui as mulheres do serviço hierárquico (LG 29). Contudo, é bom recordar que a única atividade que não poderia em sentido estrito ser realizada por uma mulher é a de testemunhar um matrimônio. As demais atividades (batizar, conservar e distribuir a eucaristia, levar o viático aos que estão para morrer, ler o Evangelho, oficiar exéquias e enterros, realizar celebrações da Palavra) são passíveis a homens e mulheres batizados e preparados.

2. América Latina: a conferência de Medellín – mulheres como apoio

Foi em Medellín (Med) e "à luz da realidade latino-americana", que a questão ganhou novos contornos. Com a teologia da libertação, o nascimento das CEBs, dos conselhos paroquiais e diocesanos, que revelavam nova forma de eclesialidade, a leitura popular da Bíblia, o pensamento e as preocupações da Igreja foram se consolidando de outra forma no continente. De fato, a América latina se transformava, leigos e leigas tornavam-se protagonistas do processo de evangelização e descobria-se que a base da Igreja do continente era composta por mulheres, em sua maioria pobres e chefes de suas famílias. O sinal dos tempos por excelência assumido pela conferência foi o pobre latino-americano, independente do sexo. Um olhar preocupado sobre a realidade social do povo da região levou à denúncia de um pecado estrutural generalizado, do qual muitas vezes a própria Igreja ao longo de sua história teria sido conivente. De fato, a partir daí criou-se uma nova distribuição de poder dentro das comunidades. A visão piramidal foi se transformando em mais participativa e circular, as celebrações nas comunidades ganharam criatividade, incorporando elementos das realidades onde estavam inseridas, que, à luz de *Sacrossantum concilum* se libertavam de uma liturgia romana. Contudo, onde estavam as mulheres nessa eclesiogênese a partir de Medellín? Assim como no Concílio, a participação feminina na elaboração do documento conclusivo de Medellín foi pouca e pequena, e quando muito, interferindo de forma mais indireta nos debates que aconteciam fora da Conferência. O único nome feminino identificado por Beozzo, é o da Irmã Irani, das Missionárias de Jesus Crucificado (BEOZZO, 1994, p. 159) e mulheres leigas e religiosas são sempre um apoio importante a ser considerado nas comunidades (Med 18 e 20).

3. A Conferência de Puebla – mulheres integrantes da evangelização

Puebla aconteceu dez anos depois de Medellín, e nesse espaço de tempo muitas transformações aconteceram na história da Igreja e na sociedade. Em relação ao tema das mulheres, mesmo que naquele momento houvesse um debate inflamado nos USA sobre a questão do sacerdócio e do sexismo na Igreja, Puebla não avançou no debate. Foram registradas na Conferência a presença de mulheres, como denunciou a imprensa baiana, consideradas como "contraventoras da ordem estabelecida pela Igreja, o que delas esperava-se era: silêncio, serviço, humildade, a exemplo de Maria" (JORNAL DA TARDE, 1979).

De fato, o documento demonstrou pouca preocupação quanto a questão da mulher no campo social e principalmente na Igreja. O documento preparatório da Assembleia, preparado pela CNBB (Subsídios para Puebla 50) destaca a marginalização cultural do povo, a marginalização da mulher que ainda aparece no continente, que debilita a vitalidade construtora da sociedade e da Igreja, mas não estava no relatório que elas deveriam ser parte integrante da Conferência. Ou seja, a própria Conferência, que pretendia discutir suas questões as discriminava. Apesar disso, o documento de conclusão se referiu bem mais às mulheres que os anteriores. A Conferência contou com 300 representantes, como assinado no documento, a questão da mulher aparece em momentos distintos no documento final: (n. 57) a mulher a família. O eixo central da evangelização a Opção Preferencial pelos Pobres, continua tratando o pobre sem aprofundar que entre eles estão as mulheres, que se encontravam em maior grau de pobreza. Ressaltou-se a importâncias das CEBs (n. 98) sem, contudo, explicitar que a grande massa de formadoras e lideranças eram as mulheres.

Apesar desses limites, Puebla reconhece e ressalta, no n. 115: "A mulher merece uma menção especial: tanto a religiosa quanto a dos institutos seculares e as simples leigas que participam atualmente, cada vez mais, das tarefas pastorais atualmente, cada vez mais das tarefas pastorais, embora em muitos lugares, ainda exista o medo dessa participação". O n. 845 atesta que se abriu um espaço para "a possibilidade de confiar às mulheres ministérios não ordenados", o que, sem dúvida, poderá abrir "novos caminhos de participação na vida e missão da Igreja".

Se o documento não deixa clara a situação da mulher na Igreja, ao menos registra a necessidade de se reconhecer suas questões na sociedade. O documento faz uma análise crítica e real da situação da mulher na América Latina: ao condenar e mostrar como ela é marginalizada na sociedade (n. 834), ao denunciar por que é prostituída (n. 835), ao denunciar a falta de proteção no mundo do trabalho (n. 836), ao recordar a dupla jornada de trabalho, dentro e fora do lar (n. 837), ao evocar a exploração doméstica (n. 838), ao lembrar a não valorização da mulher pela Igreja (n. 839), ao incentivar as organizações femininas (n. 840).

4. Questões atuais das mulheres no processo sinodal

Mais de 43 anos se passaram desde a Conferência de Puebla. Duas outras Conferências foram realizadas depois, a de Santo Domingo, em 1992, e de Aparecida, em 2007, sem grandes progressos sobre o tema. O fato é que, desde o Concílio a questão da situação da mulher no contexto eclesial permaneceu mais no papel e nas tentativas de avançar, do que em avanço efetivo. Ela volta agora no contexto da realização do sínodo sobre a sinodalidade.

A questão então passa por uma vertente mais ampla: não basta somente desejar que as mulheres façam parte de alguma forma da hierarquia, como presbíteras ou diaconisas. Sem as transformações nas estruturas eclesiais, o sexismo, essa mentalidade que define as pessoas e lhes impõem limites e etiquetas por causa do sexo, forja um estereótipo de mulher e continuará a criticar aquelas que demandam igualdade ou exigem inclusão dentro de uma estrutura que continua marcadamente patriarcal e centralizadora.

É nesse sentido que levanto alguns pontos de reflexão, mais específicos que tocam (ou deveriam tocar) o processo sinodal. E aqui associo meu pensamento ao da teóloga italiana Serena Nocetti, citando elementos de seu brilhante artigo, *Una palabra inaudita. Las mujeres y la sinodalidad en la Iglesia* (NOCETTI, 2022):

1. Se a Igreja fosse verdadeiramente sinodal, e o exercício da sinodalidade nasce do processo de ESCUTA, em tese, a discussão sobre os diferentes membros eclesiais e suas situações e lugares de fala não deveriam mais ser discutidas, uma vez que, finalmente, TODOS/AS deveriam ser escutados/as.

Se estamos discutindo isso ainda hoje, é porque as mulheres, em especial, raramente são escutadas, no sentido de que suas posições e demandas pudessem ser uma contribuição efetiva na mudança e evolução dos processos eclesiais. Essa situação só mudara se esse sujeito eclesial deixar de ser apenas "coadjuvantes" para se tornar "EFETIVAMENTE SUJEITO" de decisão.

2. Ora, se esse passo básico não é dado, podemos nos perguntar por que razões. A primeira é que, via de regra, as mulheres não são reconhecidas como portadoras de um elemento essencial e constitutivo para a construção do sujeito eclesial (NOCETTI, 2022, p. 2).

E não basta ouvi-las. O processo sinodal deve indicar o reconhecimento da subjetividade própria das mulheres, que leva efetivamente a uma Igreja inclusiva, ou seja, constituída de homens e mulheres tomados de igual forma. Não basta falar *das* mulheres ou *para as* mulheres. Também não é mais suficiente discutir a questão das mulheres, isolada do conjunto da reforma eclesial, como se elas fossem um apêndice dentro dessa estrutura (NOCETTI, 2022, p. 3).

É necessário pensar a nova forma de ser Igreja que nasce do processo sinodal pensando TODAS as subjetividades (homens e mulheres) criando um rosto eclesial inclusivo, justo e participativo (NOCETTI, 2022, p. 3).

3. É necessário superar, portanto, os estereótipos que reduzem a mulher a uma lista de "valores femininos" ou a uma feminidade esponsal-maternal, que esquecem as diferenças de culturas e suas tantas outras experiências de vida. Trata-se, portanto, de abordar uma questão enraizada na Igreja: a abordagem sempre masculina em relação ao sagrado e ao poder na Igreja. A antropologia teológica parece não ter evoluído e continua incompleta à medida que pensa o humano (*antropos*) como um "macho" (*aner*) universalizado, declarado neutro, onde somente depois, em um segundo momento, a respeito da ideia de "humano", se tenta definir a "especificidade do feminino" (NOCETTI, 2022, p. 3).

Pensar que as relações em um processo sinodal *não são de subordinação* nem de simples complementaridade de características femininas e masculinas, senão de *partnership* (parceria) entre sujeitos iguais que têm a mesma crença.

4. Outro ponto toca a renovação das relações eclesiais: a ideia do "um", "alguns" e "todos", da Comissão Teológica Internacional, bem define a estrutura eclesial hoje. Contudo, destaca Serena Nocetti (Fiorenza, *apud* Nocetti), que é na expressão de Fiorenza, a lógica do *Kyrios*, do único senhor, que exerce poder sobre TODAS as mulheres e muitos homens. Ou seja, é preciso que o processo sinodal caminhe para mudar as relações e supere a cultura clerical-masculina e a estrutura patriarcal, própria de um sistema de lógica hierárquica, que não permite a transparência do conjunto (NOCETTI, 2022, p. 4).

5. E eu concluo dizendo que em um Igreja Sinodal, se trata de escutarmos juntos a Palavra de Deus, reconhecendo-a como graça que temos TODOS, mulheres e homens para transformar as relações, as estruturas desiguais, de tal modo que se alcance a participação de TODOS segundo o projeto evangélico do reino de Deus a partir da convivência das diferenças (NOCETTI, 2022, p. 6).

Conclusão

Enfim, nossa reflexão desvela, que ainda hoje, quando se trata do tema das mulheres na Igreja, são muitos os desafios a serem superados. A necessária mudança de uma cultura milenar patriarcal e hierárquica, é mais uma oportunizada pelo processo sinodal, que conclama a revisão ampla de processos que possibilitam a situação de todos(as) os que fazem parte desse corpo eclesial, denominado IGREJA.

Referências

BEOZZO, José Oscar. *A Igreja do Brasil*: de João XXIII a João Paulo II, de Medellín a Santo Domingo. Petrópolis: Vozes, 1994.

CELAM. *Medellín*: II Conferência Geral do Episcopado Latino-Americano. A Igreja na atual transformação da América Latina à luz do Concílio. Petrópolis: Vozes, 1968.

CELAM. *Puebla*. Conclusões da IIIa. Conferência Geral do Episcopado Latino-Americano. Evangelização no presente e no futuro da América Latina. São Paulo: Loyola, 1979.

COMPÊNDIO DO VATICANO II. *Constituições, decretos, declarações*. Petrópolis: Vozes, 1987.

FIORENZA, Elizabeth. *Empowering memory and movement*. Thinking and workink across Borders. Minneapolis: Fortes Press, 2014.

GIBELLINI, Rossino. *A teologia do século XX*. 3. ed. São Paulo: Edições Loyola, 1992.

JORNAL "A TARDE", 08.02.79, n. 21.976.

MARCÍLIO, Maria Luiza. (org.) *A mulher pobre na história da Igreja Latino-americana*, CEHILA, São Paulo: Paulinas, 1984.

Nocetti, Serena. Una palabra inaudita: las mujeres y la sinodalidad en la Iglesia. *Revistasic.org*. Disponível em: In: https://revistasic.org/una-palabra-inaudita-las-mujeres-y-la-sinodalidad-en-la-iglesia/. Acesso em 07.04.22.

Souza, Alzirinha. El rol de la mujer en la Iglesia ¿Un contra testimonio sinodal?, In: Luciani, Rafael y Compte, Tereza (orgs.). *En camino hacia una Iglesia Sinodal. De Pablo VI a Francisco*. Madrid: PPC Editorial, 2020. p. 369-388.

Valério, Adriana. *A presença feminina no Vaticano II*. As 23 mulheres do Concílio, São Paulo, Paulinas, 2013.

14
O clericalismo e o novo clero no Brasil

João Décio Passos

Introdução

O título do Painel 2 do primeiro dia do II Congresso Brasileiro de Teologia Pastoral indica a existência de obstáculos à sinodalidade, assim como sujeitos concretos alinhados ao clericalismo que atuam nessa frente eclesial. Não se trata de uma suspeita ou de uma mera ideia, mas de um dado da conjuntura eclesial atual. As estruturas eclesiais e, no caso, o clericalismo como seu componente, existem precisamente como afirmação da estabilidade e continuidade institucionais da Igreja católica, ainda que a crise faça parte de sua história e, de modo particular, de sua conjuntura atual. De fato, é necessário tomarmos consciência do poder e dos limites dos discursos eclesiais e eclesiológicos que se encontram em grande circulação no processo sinodal como um todo. Por enquanto, todos são sinodais, em nome de uma convicção de fé ou por adaptação às circunstâncias do pontificado do Papa Francisco. É preciso pesar as possibilidades de concretização das expectativas sinodais em franca ebulição para não cairmos nas ciladas discursivas que escondem sob o manto da normalidade e do teologicamente correto as inércias e as oposições às mudanças, postura comum na tradição católica.

O clericalismo é por definição antissinodal, tendência que conta com uma base estrutural e outra cultural na comunidade católica atual.

A primeira fundamenta-se, ampara-se e reproduz-se na organização institucional católica estruturada a partir do binômio clero/leigo. A segunda na cultura virtual organizada em bolhas que instauram representações e práticas eclesiais atomizadas, igrejinhas dentro da Igreja, e individualizadas em personagens investidos de poder, de modo crescente de poder midiáticos. Em tempos de mudança, a criatividade conservadora tem um lugar regular dentro das narrativas como estratégia de acolher o novo na moldura do antigo: transformando o novo em antigo e o antigo em novo. É quando, na verdade, o antigo vai sendo apresentado como o mais autêntico novo e o novo como ameaçador e como perigo à ordem e à verdade. Os discursos renovadores são assimilados pelos valores e posturas tradicionais. A Igreja católica é perita nessa estratégia de preservação com aparência de renovação. O Papa Francisco está atento a essas ciladas e mapeia seus riscos em seu Discurso de inauguração do processo sinodal em outubro de 2021. O *formalismo*, o *imobilismo* e o *intelectualismo* aí mencionados indicam as possíveis estratégias para evitar a transformação real das posturas e das estruturas da Igreja a partir do critério eclesiológico da sinodalidade. Os obstáculos à conversão sinodal da Igreja são reais e o clericalismo se apresenta como seu opositor instituído na estrutura e na cultura católicas.

1. O novo clero brasileiro

Embora devamos esclarecer que o clericalismo não é nem sinônimo e nem exclusividade de clérigos, mas, ao contrário, se mostra como tendência eclesial que se expressa também no leigo, as reflexões aqui expostas delimitam-se na relação entre clero e clericalismo e buscam os significados dessa tendência eclesial que se torna cada vez mais representante da Igreja autocentrada em sua hierarquia e denunciada por Francisco como raiz de outras contradições eclesiais. O clericalismo origina-se – nasce e perpetua-se – a partir da existência da dualidade clero-leigo, entendida como estruturante do corpo e das funções eclesiais. É da convicção de que sem clero não há Igreja ou de que essa nasce e sustenta-se em sujeitos clérigos que se perpetuam em um elo histórico das origens do cristianismo a nossos dias, que a dualização sagrados e profanos adquire sua legitimidade e legalidade e desemboca em posturas autocentradas de poder religioso.

A presença de um novo perfil de clero brasileiro revela uma tendência clericalista visível a olho nu que ganha seu lugar cada vez mais comum – e, por conseguinte, mais legítimo – nas mídias católicas e nas comunidades eclesiais. O avanço do tradicionalismo católico tem no clericalismo seu componente central, ainda que se deva ponderar esse dado genérico com linhagens e tipos distintos no interior da mesma comunidade eclesial (Passos, 2020, p. 23-50). O clericalismo é um modo eclesial de ser que se encontra instalado na sociedade, na política e na cultura católicas atuais, contando com padrões doutrinais tradicionais e com regras canônicas que o legitimam como sinônimo de comunidade eclesial. Há que pontuar que aquilo que o distingue no conjunto da comunidade eclesial é, precisamente, a existência de um outro modo de ser Igreja pautado na renovação eclesial e que compreende a comunidade eclesial como sociedade de comuns: corpo místico, comunhão dos batizados, povo de Deus e sacerdócio comum, conforme a eclesiologia conciliar. Sem as luzes da renovação acesas pelo Vaticano II o clericalismo sequer teria visibilidade; seria, de fato, o modo unânime de ser Igreja, como ocorria nos tempos pré-conciliares. O Vaticano II nos permite ver essa tendência como uma redução eclesial que peca contra a condição comum dos seguidores de Jesus Cristo e uma perversão que transforma o serviço em poder.

O fato é que em nossos dias estamos distantes de uma unanimidade que se podia observar em décadas anteriores, em que padres alinhados à renovação desencadeada pelo Vaticano II compunham uma frente de protagonistas nas pastorais populares, na organização ministerial, nas celebrações e no próprio ensino teológico. Em nosso contexto eclesial, o clero dos anos setenta e oitenta perfilaram essa identidade renovadora, configurando um quadro em que os conservadores eram, ao menos publicamente, residuais e eclesialmente "incorretos". Nesse período, as metodologias populares – leitura da Bíblia, Grupos de Rua, Assembleias Pastorais, Pastorais sociais etc. – predominavam e moldavam uma identidade clerical alinhada à renovação, ao menos em sua expressiva maioria. A legitimidade eclesial advinha da renovação e não da conservação. O carisma do *aggiornamento* conciliar brilhava nas posturas e opções eclesiais e buscava os modos concretos de efetivação nas Igrejas locais. As liturgias mantinham uma uniformidade nos cantos ligados aos tempos litúrgicos adaptados ao Brasil (Campanha da Fraternidade, Mês da Bíblica etc.), bem como seguiam um padrão descendente direto da renovação conciliar: participação do povo, uso de símbolos, participação de ministros etc. Os correspondentes estéticos compunham a mesma configuração eclesial: o colarinho clerical era raro, a batina praticamente inexistente e a simplicidade dos trajes era a moda regular dos padres. Por sua vez, as organizações pastorais se estruturavam em comunidades, setores, paróquias e dioceses, tendo a participação leiga como central, modo coerente de concretização da *Igreja povo de Deus*. As Assembleias pastorais dinamizavam essas esferas com suas deliberações coletivas e com seus planos de ação. Nessa cultura participativa a figura do padre estava associada diretamente à figura do leigo e vice-versa, longe de qualquer autocentramento ou contraposição de natureza eclesial. O clero ocupava seu lugar canônico regular, porém assumia em sua grande maioria uma postura de pastor que construía os modos de caminhar junto com os fiéis. Em termos eclesiológicos, era um modelo de Igreja que se definia como comunidade e não como hierarquia.

Um novo perfil identitário de Igreja foi tomando forma e presença, na medida em que nas décadas seguintes o modelo eclesial da renovação/libertação foi perdendo sua unanimidade e cedendo lugar a um perfil de cunho tradicional e carismático. As análises de João Batista Libanio no início da década de oitenta indicavam essa tendência sob a condução do pontificado de João Paulo II. A fase da renovação ou das experiências renovadoras deveriam ser superadas por uma fase da identidade católica onde o clerical gozaria de um lugar central. A afirmação da identidade católica dispersada após o Vaticano II tinha no clero seu epicentro seguro, donde adviria a retomada da grande disciplina tridentina (LIBANIO, 1984). O que naquele tempo soava como faro analítico do teólogo arguto foi tornando-se cada vez mais visível nas décadas seguintes. A identidade católica foi sendo afirmada como valor e projeto de resistência perante as ameaças modernas de dentro e de fora da Igreja. O autocentramento hierárquico era o porto seguro da fé cristã ameaçada. O clero era cada vez mais distinto do leigo. O distinto tornou-se cada vez mais sinônimo de um poder central por onde passaria a doutrina verdadeira, transmitir-se-ia a tradição e se manteria a ordem do conjunto. Esse autocentramento produziu um novo segmento clerical, composto curiosamente de padrões tradicionalistas e carismáticos, ou seja, fundado, simultaneamente na objetividade institucional (na tradição e na regra fixa e universal) e na individualidade (na emoção religiosa e no espetáculo) e que se tornou cada vez mais atuante e visível.

Esses dois modelos de cristianismo, ainda que originados de matrizes teológicas e eclesiais bem distintas, teceram afinidades e, quase sempre, somaram-se no perfil emergente e, por vezes, predominante do clero atual. A perspectiva institucional-carismática rege o segmento do novo clero brasileiro que se confronta e se distingue da geração de clérigos configurada na perspectiva evangelização libertação. A pesquisa coordenada por Agenor Brighenti (BRIGHENTI, 2022) constatou empiricamente esse fato eclesial e oferece dados exaustivos que permitem traçar os distintos perfis do clero nos dias de hoje com suas respectivas visões e práticas. A tendência mais ou menos hegemônica de um clero renovador configurada após o Vaticano II tem recuado e repartido o campo religioso católico com um novo clero, marcadamente tradicional e em franca expansão e reprodução. A fusão paradoxal do tradicional com o carismático em um mesmo perfil revela, por certo, por um lado a mesma capacidade sistêmica do mercado que assimila as individualidades – com seus desejos e satisfações – no único regime global e, por outro, a estratégia das mídias que fundem o velho e o novo, transformando o primeiro no segundo. No caso do clero, o tipo tradicional se apresenta, então, como carismático, numa curiosa inversão da evolução sugerida por Max Weber, quando todo carisma tende a rotinizar-se a assumir formas tradicionais e institucionais (WEBER, 1997, p. 197-203; 856-859). O fato é que vivenciamos hoje um quadro eclesial mais plural e em transformação. A pluralidade de modelos clericais perpassa todos os níveis eclesiais e os distintos perfis clericais se misturam na vida concreta das comunidades. Dois projetos eclesiais se acentuam, na medida em que o pontificado de Francisco avança em seus projetos de renovação. O projeto de *Igreja em saída* confronta-se com outro de uma *Igreja autocentrada* como duas identidades eclesiais distintas (PASSOS, 2018, p. 71-80). A Igreja em saída afirmada pelo Papa (EG 20-24) entra na cena eclesial como um desafio à renovação e à conversão dos sujeitos eclesiais, tendo em vista um projeto de Igreja já consolidado no que o próprio Papa definiu como autocentramento eclesial.

> Não quero uma Igreja preocupada com ser o centro, e que acaba presa num emaranhado de obsessões e procedimentos [...]. Mais do que o temor de falhar, espero que nos mova o medo de nos encerrarmos nas estruturas que nos dão uma falsa proteção, nas normas que nos transformam em juízes implacáveis, nos hábitos em que nos sentimos tranquilos, enquanto lá fora há uma multidão faminta e Jesus repete-nos sem cessar: "Dai-lhes vós mesmos de comer" (Mc 6,37) (EG 49).

A saída do que estava estagnado no regime autocentrado conta com um clericalismo instalado de alto a baixo na estrutura eclesiástica e na cultura eclesial católicas. De dentro da estrutura clerical o clericalismo se eleva como defesa pessoal de personalidades bem encaixadas na instituição, justificadas teologicamente e devotadas à preservação da Igreja e da sociedade como hierarquias estáveis.

O fato é que padres tradicionalistas convivem com padres renovadores e com padres indiferentes no mesmo corpo eclesial. O relativismo de modelos ocorre também dentro da Igreja nessas figuras distintas e, até mesmo, antagônicas. Missas em latim, rituais de curas e exorcismos, bênçãos de objetos e recitações do Santo Rosário ganham espaços e vão se tornando rotina em muitas localidades. Padres cantores e carismáticos marcam forte presença nos lares católicos pelas diversas mídias e ditam padrões devocionais, morais e doutrinais. A mistura de padrões, característica da cultura atual (CANCLINI, 1998), constitui hoje a regra da vida eclesial, de forma que já não se distingue o mais do menos autêntico, do ponto de vista eclesial e eclesiológico. Tudo é válido desde que seja uma boa oferta religiosa, que fale de Deus ou que ofereça um serviço religioso eficaz, ou seja, capaz de seduzir, agregar, emocionar e prometer alguma prosperidade. O *ethos* da comunhão se esvazia em frentes/grupos atomizados que têm na figura de um clérigo X a sua referência eclesial fixa e única, a fonte de verdade de fé e o padrão de vivência espiritual-devocional. O *consensus fidei* é prescindido em nome de um consenso localizado em cada grupo, alheio à colegialidade episcopal e ao próprio magistério eclesial. Cada pregador opera com seus discursos oferecidos como verdades válidas e necessárias, ainda que pratique de modo implícito ou explícito dissensos e divisões eclesial e crie a cisão entre a verdadeira e a falsa doutrina, no fundo, entre a Igreja regular e a Igreja da exceção. A cada grupo um magistério.

O clericalismo é hoje praticado como uma frente ampla que se estende do clérigo integrado à estrutura eclesial àquele que se posiciona contra as renovações e ao próprio Papa Francisco, dos legitimamente instituídos aos cismáticos. Nenhum segmento eclesial escapa dessa práxis conservadora implícita ou explícita. A tendência clericalista compõe uma comunhão conservadora de amplo espectro, que afirma e reproduz um modelo eclesial pré-conciliar e se afina com regimes políticos integristas e de ultradireita hoje em expansão pelo planeta. De um núcleo duro explícito que se posiciona como resistência direta às decisões conciliares e ao magistério papal expande-se em esferas mais amplas e mais "integradas" no corpo institucional.

Para os clericalistas, a suposta segurança em uma determinada tradição combina com o mais explícito individualismo clerical, quando grupos se alinham a líderes adotados como autênticos chefes que se sustentam com vidas próprias. A cada líder um grupo de seguidores e de curtidores imediatos e fiéis. A cada padre midiático uma comunidade eclesial territorial ou virtual. A autossuficiência do discurso tradicional e verdadeiro aí veiculado dispensa o consenso eclesial que nasce do último Concílio, chave de leitura para os demais e não o contrário. A reprodução da verdade anunciada pelas figuras clericais cria comunidades crentes, para além do tempo e do espaço em que estrutura o consenso católico como magistério ordinário ou extraordinário. A cada líder grupal um magistério particular. E a verdade de fé identifica-se com uma formulação do passado, com uma ritualística e com uma estética também do passado e as bolhas eclesiais não se envergonham de afirmar em muitos casos que "são seguidores do Papa Bento XVI". O clericalismo pilota a tendência tradicionalista em suas tipologias diversas e alimenta a resistência direta ou indireta a tudo que se apresentar como renovação. Dessa resistência não escapam a CNBB, a Doutrina Social da Igreja, o Vaticano II e o próprio Papa Francisco.

Contudo, há que lembrar que os padrões tradicionalistas/clericalistas são reproduzidos por personagens atuais, dentro de condições históricas presentes. A suposta preservação de uma ordem do passado ocorre de modo bem ajustado na ordem presente, a começar de uma ordem econômica a ser preservada como imutável, fora da qual tudo se torna "comunismo". Os tradicionalismos (e o clericalismo) em alta não resgatam (e nem podem fazê-lo, ainda que prometam) modelos do passado, mas oferecem representações do passado dentro de molduras culturais atuais, sabendo que toda tradição é inevitavelmente uma construção presente, um presente travestido de passado (HOBSBAWM-RANGER, 2002, p. 9-23).

Vale observar também que o clericalismo – desde aquele da Cúria romana até o mais paroquial – conta com um forte componente midiático. O jogo estruturante da sociedade atual entre o territorial e o virtual demarca a sua reprodução sócio eclesial: a Igreja *off-line* e a Igreja do *on-line* parecem estar longe de uma real unidade eclesial. Essa dualidade assume formas cada vez mais nítidas por meio das mídias católicas clássicas e, sobretudo, das redes digitais. A Igreja *on-line* atende às individualidades, seja na forma da recepção passiva das mídias clássicas, seja no reprodutivismo ágil das redes digitais. Nesse mundo *on-line* cada indivíduo sai do mundo *off-line* a que pertence (feito de papeis e controles sociais) e entra em um mundo que lhe pertence e que lhe favorece sem exigências disciplinares de uma convivência comunitária feita na tensão entre o igual e o diferente. Assim observa Bauman:

> A vantagem da alternativa on-line sobre a existência off-line está na promessa e na expectativa de se libertar de desconfortos, inconvenientes e agruras que atormentam os habitantes desta região; numa perspectiva de libertar-se das preocupações [...]. Tirando-se do caminho as irritações provocadas pela complexidade do mundo, toda tarefa parece bem mais fácil e menos árdua de concretizar. Se a tentativa de a realizar é considerada um esforço doloroso demais ou se mostra irritantemente lenta no que se refere a produzir resultados, ela pode, sem estresse nem remorso, ser abandonada e substituída por outras... (BAUMAN, 2017, p. 103).

O novo clero brasileiro opera majoritariamente nesses mundos paralelos e atua com suas clientelas autônomas em suas bolhas eclesiais. É desse mundo *on-line* que advém cada vez mais a legitimidade da Igreja *off-line*, de determinados padrões eclesiais (de ritos, pregações, estéticas). A vida virtual comanda a vida real em todas as suas dimensões, inclusive a religiosa. Com efeito, em grande medida, dessa lógica plural por certo não poderá escapar nenhum dos perfis eclesiais, sempre vistos como mais um dentre outros, assim como os bispos, as entidades eclesiais e o próprio Papa. O plural é o legítimo; a liquidez é a regra e a homofilia o valor que rege todas as escolhas. O ethos católico do *consensus ecclesiae* é transformado em uma mera ideia.

2. O significado sociológico do clericalismo

O clericalismo é um comportamento religioso presente nas grandes instituições religiosas. Será necessário distinguir clero de clericalismo, sendo o último uma exacerbação do primeiro, como indicam todos os *ismos*. As instituições religiosas se estruturam regularmente a partir do estabelecimento de papeis, quando a autoridade religiosa se mostra como distinta do fiel comum como figura legítima que fala em nome do grupo. Com variados modos de representar seus fundamentos sagrados e seus processos de institucionalização, essa distinção acompanha as tradições religiosas de um modo geral. A autoridade religiosa fala em nome do carisma fundante do grupo e a esse fundamento se apresenta vinculado por algum modo, por sucessão cronológica ou por ligação imediata que liga diretamente o presente às origens. Seja qual for o modo de vincular, é por meio dele que a autoridade se institui e se distingue dos demais membros do grupo. Assim nasce a figura do líder, da autoridade ou do clero.

a. Clericalização do cristianismo

Mais ou menos rígida, essa distinção acompanhou a formação do cristianismo, ao que parece, desde as suas origens, o que já se pode observar nos distintos ministérios testemunhados pelos textos canônicos. A noção de Apóstolos pode ser vista como a instituição mais arcaica da autoridade religiosa distinta dos demais seguidores de Jesus, o Cristo. A figura dos 12 já revela o recurso à autoridade religiosa que fundamenta o novo Israel, os seguidores do Messias Jesus.

Não há dúvidas de que o processo de institucionalização do cristianismo acirrou essa distinção na medida em que o tempo passava, contando com elementos tanto da hierarquia política romana quanto das hierarquias sacerdotais do judaísmo palestino. Juntamente com a fixação das doutrinas e das normas, os papeis religiosos são estabelecidos. A distinção entre os consagrados e os demais fiéis desde então laicos tornou-se não somente mais nítida, mas sobretudo estruturante no conjunto da instituição católica. Após a inserção na geopolítica romana, o clero torna-se constitutivo da vida cristã e adquire fisionomias e dinâmicas reflexas do poder político; os ministérios eclesiais transformam-se em poder sagrado e como tais passam a gerir o conjunto da vida eclesial. O clero assim compreendido torna-se sinônimo de clericalismo, sendo que a distinção de funções vai sendo compreendida e praticada como ordens sociais distintas e, na essência, como modos de ser cristão ontologicamente distintos. A Igreja, por sua vez, vai assumido uma forma que se identifica com a própria hierarquia onde e quando o poder sagrado a define como herdeira direta das origens primevas que tem como fonte o próprio Cristo, Sumo e eterno sacerdote. Essa sacerdotização dos ministérios forneceu o fundamento sagrado da distinção clero e leigo e instalou o clericalismo como ordem regular na comunidade eclesial (PARRA, 1991, p. 139-154). O resto da história se encarregou de consolidar a centralidade do clero na condução da vida eclesial.

b. A figura do clero

Esse processo de passagem de uma fase carismática original para uma fase institucional foi compreendido por Weber como regular nos movimentos religiosos e políticos. O carisma *in statu nascendi* rotiniza-se e vai sendo racionalizado e assumindo formas institucionalizadas em um corpo organizado. Nada de tão original no cristianismo e no catolicismo. Nesse sentido weberiano, o clericalismo seria, de fato, o resultado de um processo de racionalização da organização cristã onde o espontâneo deu lugar ao estruturado, o participativo deu lugar à centralização, o carisma deu lugar ao poder. Desse processo não escaparia nenhum carisma que vinga na história, sob pena de dissolver-se em sua oferta original, na medida dos desgastes históricos. O cristianismo nasceu carismático, sobreviveu clerical e consolidou-se clericalista. Sua história é um exemplo emblemático da sociologia do poder religioso analisado por Weber (WEBER, 1997, p. 196-197). A Igreja Católica seria, de fato, a representante mais emblemática da burocratização religiosa.

Mas foi Pierre Bourdieu quem expôs a dimensão estrutural e dialética desses modelos de autoridade religiosa, quando apresenta os tipos profeta e sacerdote como figuras que habitam a instituição religiosa como posições antitéticas que visam renovar (profeta) ou preservar (sacerdote). O sociólogo francês inseriu as tipologias weberianas em uma moldura dialética, superando uma possível diacronia da análise weberiana pela sincronia de sua perspectiva. A luta entre os tipos de autoridade compõe a dinâmica das instituições religiosas (BOURDIEU, 2003). Os profetas reformadores são o contraponto dos sacerdotes preservadores no interior da instituição que luta por apresentar-se como legitima representante de um carisma original. Nessa luta, os profetas refontalizam-se, voltam ao carisma e apresentam esse projeto como modo de renovar a instituição e como postura legitima de falar de suas fontes e de seus autênticos significados, enquanto os sacerdotes afirmam um vínculo tradicional – de geração em geração – com as mesmas fontes e, em nome dessa autenticidade conservadora, buscam os meios de preservar o corpo institucional de forma intacta e de reproduzi-la no tempo e no espaço.

c. O caráter clericalista

O clericalismo não constitui uma simples tendência que compõe estruturalmente o poder religioso clerical católico, como forma de poder autocentrado que existe, portanto, por si mesmo: como central na instituição, sagrado e superior aos demais. Essa posição sustenta-se com personalidades integradas em um sistema maior ou em um regime autocentrado em certa consciência de poder e autoridade. Há que pensar em um perfil de personalidade: de indivíduos ajustados em um tipo de comportamento centrado no que politicamente se identifica com autoritarismo. O poder vivenciado como mando de um superior sobre o inferior, de um sagrado sobres os profanos. Nesse sentido, o clericalismo afirma-se sobre essa distinção estrutural, ontológica e psicológica. É no posicionamento de poder que a personalidade clerical se define e se exerce. A relação entre os que mandam e os que obedecem demarca a postura clericalista no corpo eclesial, de forma que a consciência de um poder de mando exercido em nome de Deus e da Igreja sustenta a práxis dessas personalidades. O que Erich Fromm definiu como "caráter autoritário" (FROMM, 1974, p. 133-140) explicita com propriedade a psicologia clericalista. Esse caráter distinto e antagônico ao caráter autônomo define-se como forma de "vínculo secundário" com um sistema capaz de oferecer segurança a uma solidão do eu individual lançado à própria sorte desde à ruptura inevitável com os "vínculos primários" (do seio materno e do seio familiar providentes). É nesse sentido que afirma: "ânsia de poder não se origina da força, mas da fraqueza" (FROMM, 1974, p. 133). É nessa indigência que se assenta o caráter autoritário que se faz, então, como vínculo com o poder em duas direções: com o poder superior no qual deposita toda a segurança buscada e no domínio do inferior no qual exercita sua dominação. O caráter autoritário está sempre posicionado entre o superior e o inferior e nessa posição encontra sua razão de ser.

A personalidade clericalista é emblematicamente de caráter autoritário, na medida em que se vincula ao aparelho institucional eclesiástico e nele encontra sua identidade: os clericalistas encaram e reproduzem em suas personalidades os traços, as normas, os costumes e as rotinas imutáveis e seguras da instituição; são personalidades institucionais e canônicas que se recusam a viver o caráter autônomo, a liberdade doada pelo Evangelho em uma comunidade de fiéis seguidores de Jesus Cristo, como ensina o Apóstolo Paulo (COMBLIN, 1977). A passagem da vida na lei para a vida na liberdade constitui o itinerário do amadurecimento humano não somente na vida cristã, mas no processo psicoafetivo de cada ser humano. Na perspectiva de Fromm, pode-se dizer que o clericalismo emblematiza, de fato, as pessoas que se alimentam da ideia do poder – no caso reforçado pela convicção de poder sagrado – seja como submissão irrestrita a um poder superior e como comando de subalternos. Tanto o poder superior quanto os leigos subalternos são exigências de sustentação da personalidade clericalista: posicionada como mediadora indispensável entre superiores e inferiores. A reprodução fiel da norma superior sustenta a lógica autoritária como ordem segura que vem de cima e é transferida para os localizados abaixo. Em uma práxis eclesial desse tipo, qualquer dinâmica de sinodalidade se mostra não somente como desnecessária ao modelo eclesial que se sustenta e se reproduz nos papeis hierárquicos, mas também como um incômodo desestabilizador da regularidade psicoafetiva.

3. O clericalismo antissinodal

Na análise de Bourdieu, o tipo sacerdote encarna os segmentos cuja função é preservar a instituição religiosa como autêntica imagem do que ela representa: a portadora visível e coerente da oferta de salvação que vem das fontes mais originas. O especialista sacerdote se encontra posicionado em estratos superiores da comunidade religiosa, desde onde exerce a função de preservar e reproduzir a estrutura de alto a baixo. Nesse sentido, ao clero cabe a missão de ensinar e vigiar para que a verdade seja reproduzida sem modificações no decorrer do tempo. A função clerical é, por sua natureza institucional, sempre centralizadora, jamais participativa. Por missão o clero deve preservar a tradição e resguardá-la de tudo que possa modificá-la, o que executa de modo centralizado em sua própria função. A dinâmica da conservação é, por conseguinte, sempre reprodutivista, jamais reformadora. Os mecanismos participativos não são nem necessários e nem conaturais a essa posição eclesial. Ao contrário, são vistos como riscos de dispersão da verdade e da tradição e de dissolução institucional. Se o clero ocupa uma posição institucional por si mesma preservadora, o clericalismo significa a afirmação e assunção da posição clerical como exclusividade nos serviços eclesiais, como superioridade em relação aos demais sujeitos eclesiais e como poder concentrado e centralizado. O clericalismo reproduz a eclesiologia hierarcologia que identifica Igreja com clero e entende o laicato como receptor passivo das decisões emanadas e descendidas nos degraus do poder sagrado. Aqui vale recorrer ao que explica Fromm sobre o caráter autoritário:

> Na filosofia autoritária não existe o conceito de igualdade. O caráter autoritário talvez empregue às vezes a palavra igualdade, convencio-

nalmente ou porque atenda a seus fins. Mas ela não encerra significado ou peso real para ele, posto que diz respeito a algo que fica fora de sua experiência emocional. Para ele, o mundo compõe-se de pessoas com poder e de pessoas sem este, de superiores e inferiores (FROMM, 1974, p. 141).

A razão sociológica do clero e, *a fortiori*, do clericalismo, é a manutenção e a reprodução da instituição religiosa hierarquicamente estruturada, assim como deve ser hierarquizado o conjunto da sociedade e a política, senão toda a criação e o próprio mundo sobrenatural (LAFONT, 2000, p. 85-95). Essa função conservadora faz com que o clericalismo busque modos estratégicos de exercê-la, evitando mudanças e rupturas no sistema que o abriga e alimenta. Todo processo que desestruture essa percepção hierarquizada ou a coloque em risco será visto como disruptivo e herético em sua raiz. A afirmação da estabilidade e das funções divinamente hierarquizadas é questão de sobrevivência pessoal de personalidades assimiladas por um corpo estável que lhe garante conforto e segurança, como mãe que sustenta o filho pequeno. Por essa razão, a acomodação e a assimilação do novo é quase sempre o caminho preferido pelos conservadores da ordem estável. Mas, parece ser somente no limite de um processo reformador que os clericalistas assumem a postura de vigilantes intransigentes da instituição e partem para o expurgo do novo como heterodoxia ou heresia. A regra regular é sempre renovar para preservar, ou preservar renovando. Ou seja, as renovações só são legítimas se puderem ser assimiladas na moldura estável e rígida do antigo. Uma perspectiva sinodal que busque reconfigurar papeis e processos eclesiais/eclesiásticos será rejeitada como traição à tradição, heterodoxia e dissolução do corpo institucional. Serão, assim, bem-vindos os discursos renovadores como belas ideias teológicas, as sugestões de participação eclesial que mantenham o controle clerical e os mecanismos que renovem somente práticas jamais as estruturas.

O processo sinodal em curso ocorre dentro de condições de possibilidades institucionais clericais e clericalistas. Não se trata nem de um grupo conservador maquiavelicamente instalado no corpo eclesial e nem de um segmento inocente, mas de uma configuração estrutural que compõe os trilhos e as dinâmicas possíveis de uma sinodalidade radical a ser assumida pela Igreja. Qualquer proposição de reforma estrutural na linha da participação ampla e efetiva dos sujeitos eclesiais contará com esse obstáculo estrutural, cultural e psicológico. Não faltarão aqueles que em nome da mais autêntica e santa tradição verão nos intentos de reforma estrutural da Igreja uma heresia a ser combatida.

4. E agora a sinodalidade?

O clericalismo é uma postura mais natural ao status teológico e canônico do clero do que a sinodalidade. Embora seja uma deformação eclesial, nasce de dentro da estrutura hierárquica católica, entendida como composição feita de consagrados e não consagrados (distinção teológica), como ordenados e não ordenados (distinção social e política) e como autoridade e não autoridade (distinção psicológica). A sinodalidade exige mudança dessas distinções ontoteológicas e teocráticas. Sem essa revisão radical, a estrutura dualizada e canonizada traz de volta o clericalismo como postura decorrente do estruturalmente instituído e que não se soluciona com movimentos renovadores e com decisões voluntariosas de sujeitos proféticos. No fundo, estão sendo confrontados percepções e modelos eclesiais distintos: um centrado e edificado na ideia de poder sagrado (separado, hierarquizado e centralizado) e outro na ideia de uma Igreja edificada na comunhão de iguais, onde toda função só pode ser exercida como serviço e a participação de todos os membros é uma ação impulsionada pelo próprio Espírito.

No momento eclesial, a postura sensata deverá certamente ser: nem pessimismo perante as estruturas clericais instituídas com suas deformações clericalistas e nem o otimismo ingênuo que aposta em mudanças estruturais imediatas, mas, sim o realismo esperançoso. O clericalismo se encontra em alta no corpo eclesial católico, fortalecido pelo tradicionalismo e pelo fundamentalismo que avançam como paradigmas teóricos e práticos, aparados sobremaneira pelos mecanismos das redes sociais. O primeiro foi reforçado nos dois pontificados anteriores a Francisco. O segundo foi sendo assimilado do paradigma pentecostal, quando assumido pelo movimento carismáticos católico.

O clericalismo é, em princípio, defensor da ordem e costuma ser exercido evitando todo tipo de ruptura. O processo sinodal contará com esse segmento em franca expansão e com suas estratégias de assimilar os discursos da renovação em seus esquemas fixos. O ponto conflitivo real e central do processo sinodal será certamente esse: assimilar o discurso da sinodalidade e impedir suas consequências reformadoras estruturais. De alto a baixo na hierarquia católica esse posicionamento será, por certo, a regra e a estratégia dos que pensam e agem de modo tradicionalista/clericalista. Nesse sentido, não será surpresa se o resultado final do Sínodo for essa renovação do discurso sem efeitos estruturais. Não parece ter sido outro o resultado do Sínodo da Amazônia.

A pergunta que resta: vale a pena investir no processo sinodal e afirmar a sinodalidade como valor eclesial fundamental? A resposta precisa avaliar de modo calculado os processos de mudança das mentalidades, dos costumes e das estruturas institucionais. Toda mudança se faz com ideias (proposição de novos valores), com sujeitos (que encampam projetos políticos de transformação) e com decisões institucionais (que mudam as regras das estruturas, dos papéis e das funções). O sociólogo Manuel Castells denomina essas três esferas de atuação como cultural, política e institucional (CASTELLS, 2015, p. 353). Entende que tudo começa com a mudança cultural, ou seja, das ideias e dos valores. Essa é a fase da divulgação dos ideais renovadores, da construção e ampliação dos consensos. Sem a mudança cultural não é possível gestar o novo, construir os fundamentos da renovação e angariar sujeitos políticos como adeptos. A esfera dos sujeitos significa precisamente o espaço da luta por renovação onde e quando o novo e o velho se confrontam inevitavelmente e onde os sujeitos renovadores e conservadores buscam hegemonias no conjunto do grupo social. Esse é o momento de ampliação dos apoios entre os sujeitos envolvidos no processo sinodal. A mudança institucional é o ponto de chegada do processo e só pode ocorrer se o projeto de renovação atingiu um relativo consenso e um apoio suficiente dos sujeitos eclesiais convencidos da necessidade de renovação. A consciência desses limites do próprio processo histórico pode ajudar a não projetar na assembleia sinodal expectativas irreais.

Vivenciamos no pontificado de Francisco uma cultura eclesial renovadora na qual a participação de todo povo de Deus, sujeito primordial da evangelização, está sendo apresentada como legítima e necessária para a renovação eclesial. Trata-se de uma autêntica renovação cultural e, nesse processo, há que avançar as discussões e as deliberações possíveis. Portanto, transformar as ideias de sinodalidade em textos oficiais – em magistério – é algo positivo, necessário e viável politicamente. No *ethos* católico uma decisão sinodal pode ser um germe, um indicativo ou mesmo uma decisão de mudança. A mudança no âmbito das ideias em uma instituição tradicional não é pouco; ao contrário, pode ser o início de uma transformação institucional de médio ou longo prazo. É hora, portanto, de refletir e divulgar a sinodalidade como valor, meta e critério de organização e ação de toda a Igreja.

Por outro lado, há que considerar que o clero, não obstante suas funções institucionais, pode ser profético, para utilizar a tipologia de Bourdieu. A história da Igreja já mostrou personalidades clericais assumidamente proféticas e reformadoras. É quando em momentos de mudança o próprio clero terá que lutar contra o clericalismo. Consola-nos relembrar que, no decorrer da história do cristianismo, os grandes reformadores – o os hereges – foram de fato clérigos. O processo sinodal deveria, de fato, repensar de modo estrutural a posição do clero como serviço, libertado das neuroses do autoritarismo clerical e das fundamentações teológicas sacertotalizadas. Sem essa conversão teológica, pastoral e estrutural tudo poderá retornar ao estável e, o pior, ao autoritarismo clericalista cada vez mais naturalizado dentro das bolhas eclesiais. Esse ideal reforça a perspectiva de uma recolocação teológica dos ministérios ordenados e uma urgente educação para esse serviço no conjunto dos demais ministérios eclesiais. A psicologia clericalista há que ser conhecida em tempos de afirmação do poder, de amor ao poder triunfal e espetacular. A resistência clericalista é, de fato, assustadora na conjuntura renovadora do Papa Francisco; indica a presença de uma cultura instalada no sistema católico que bebe de fontes distintas do *aggiornamento* conciliar, das renovações eclesiais latino-americanas e das convocações insistentes do Papa Francisco.

> Assim, quando falamos de uma Igreja sinodal, não podemos contentar-nos com a forma, mas temos necessidade também de substância, instrumentos e estruturas que favoreçam o diálogo e a interação no Povo de Deus, sobretudo entre sacerdotes e leigos. Por que destaco isto? Porque às vezes há algum elitismo na ordem presbiteral, que a separa dos leigos; e, no fim, o padre torna-se o "dono da barraca" e não o pastor de toda uma Igreja que está avançando. Isto requer a transformação de certas visões verticalizadas, distorcidas e parciais sobre a Igreja, o ministério presbiteral, o papel dos leigos, as responsabilidades eclesiais, as funções de governo etc. (FRANCISCO, 2021).

Referências

BAUMAN, Zygmunt. *Estranhos à nossa porta*. Rio de Janeiro: Zahar, 2017.

BOURDIEU, Pierre. *A economia das trocas simbólicas*. São Paulo: Perspectiva, 2003.

BRIGHENTI, Agenor (Org.). *O novo rosto do clero*; perfil dos padres novos do Brasil. Petrópolis: Vozes, 2021.

CANCLINI, Nestor. *Culturas híbridas*; estratégias para entrar e sair da modernidade. São Paulo: Edusp, 1998.

CASTELLS, Manuel. *O poder da comunicação*. São Paulo: Paz e Terra, 2015.

COMBLIN, José. *A liberdade cristã*. Petrópolis: Vozes, 1977.

FRANCISCO. *Exortação Apostólica Evangelii gaudium*. São Paulo: Paulinas, 2013.

FRANCISCO. *Momento de reflexão para o início do percurso sinodal*. Disponível em: https://www.vatican.va/content/francesco/pt/speeches/2021/

october/documents/20211009-apertura-camminosinodale.html. Acesso: 25/04/2022.

FROMM, Erich. *O medo à liberdade*. Rio de Janeiro: Zahar, 1974.

HOBSBAWM, Eric; RANGER, Terence. *A invenção das tradições*. São Paulo: Paz e Terra, 2002.

LAFONT, Ghislain. *História teológica da Igreja Católica*. São Paulo: Paulinas, 2000.

LIBANIO, J. Batista. *Volta à grande disciplina*. São Paulo: Loyola, 1984.

NETTO, E. Leila. *O conservadorismo clássico*: elementos de caracterização crítica. São Paulo: Cortez, 2011.

PASSOS, J. Décio. *As reformas da Igreja Católica*: posturas e processos de uma mudança em curso. Petrópolis: Vozes, 2018.

PASSOS, J. Décio. *A força do passado na fraqueza do presente*: o tradicionalismo e suas expressões. São Paulo: Paulinas, 2020.

PARRA, Alberto. *Os ministérios na Igreja dos pobres*. São Paulo: Vozes, 1991.

WEBER, Max. *Economía y sociedade*. México: Fondo de Cultura Económica, 1997.

15
Sinodalidade e clericalismo: considerações a partir da pesquisa "O novo rosto do clero" – Perfil dos padres novos no Brasil[1]

Andréa Damacena Martins

Introdução

A sinodalidade reflete processos de comunhão, participação e missão na Igreja, através de um itinerário (2021-2023) de escuta e consulta, que envolve as igrejas locais, os continentes e a igreja universal. A convocação ao Sínodo pelo Papa Francisco sobre a sinodalidade na Igreja Católica pode ser compreendida como dinâmica de reconstrução da comunhão, participação e o sentido da missão, conjuntamente, buscando qualificar esses termos e incorporá-los como dimensão constitutiva de ser Igreja. Mais do que um ato culminante com a primeira XVI Assembleia Geral Ordinária do Sínodo dos Bispos em Roma em outubro de 2023 e depois uma segunda sessão em outubro de 2024, a sinodalidade engendra um passo ousado, na conjuntura atual da Igreja, de se abrir para novos temas e incluir "questões complicadas" na conversa como a participação das mulheres e de pessoas divorciadas e recasadas, e aproximar não católicos no diálogo com a Igreja. O lema é crescer em comunhão e acolhida a todos, sem excluir ninguém. No que se refere às estruturas, visa ampliar a governança, isto quer dizer maior

---

1. Texto da apresentação no painel "Obstáculos da sinodalidade no Brasil: o clericalismo e o novo clero no Brasil".

diversidade na participação e compartilhamento da autoridade pastoral, assumindo mais características de diálogo e serviço do que centrada em princípios de revelação ou autoridade clerical.

Nesta reflexão, portanto, estabeleço uma conexão entre este espírito da proclamação do sínodo da sinodalidade feito pelo Papa Francisco e as tendências sociopastorais presentes no clero brasileiro, oriundas dos dados recentes da pesquisa "O novo rosto do clero", publicados em livro pela editora Vozes, em 2021 (BRIGUENTI et. ali, 2021). Nesta pesquisa a renovação do Vaticano II se apresenta como chave hermenêutica para compreender as transformações no interior da Igreja Católica em relação ao esforço de adaptação à modernidade.

A pesquisa identifica o que pensam os padres e agentes de pastoral sobre questões ligadas à sociedade, à Igreja e ao ministério dos presbíteros. Estive envolvida na redação e análise dos dados levantados, como fruto de dois estágios de pós-doutorado realizados no Programa de Pós-graduação em Teologia na PUC de Curitiba. Há ainda um vasto material empírico para alimentar novas reflexões, aqui extraí apenas alguns temas que ajudarão a configurar minha reflexão sobre as visões dos novos padres e agentes pastorais, em relação à promoção de caminhos de sinodalidade ou reforço do clericalismo dentro da Igreja.

Quero ressaltar que o tema da sinodalidade não estava incluído como horizonte de reflexão dentro pesquisa "O novo rosto do clero", pois é um processo posterior à realização do levantamento de informações. Porém, a partir de um exercício teórico, é possível retomar os dados empíricos e explorar afinidades eletivas sobre o material. Este é o prisma aqui adotado para enriquecer o debate nas rodas de conversa dentro da Igreja sobre a sinodalidade, incluindo as informações advindas do uso da pesquisa "O novo rosto do clero".

O diálogo entre a pesquisa sociológica e pastoral perdeu muito do seu vigor nas últimas décadas. A pesquisa "O novo rosto do clero" retoma esse diálogo interdisciplinar e o papel que a pesquisa empírica pode oferecer para o campo pastoral. No trabalho conjunto entre teologia e sociologia surge uma sinergia que produz dados empíricos que são fincados em opiniões metodologicamente recolhidas e sistematizadas. No caso da pesquisa "O novo rosto do clero", lidamos com opiniões de diferentes categorias ou informantes dentro da comunidade eclesial, ou seja, os padres, os/as religiosos/as, os seminaristas, os/as leigos/as e os/as jovens. (BRIGHENTI, 2021, p. 17-29).

Vale notar que em tempos em que a ciência vem sendo, por vezes, desqualificada e qualquer forma subjetiva de pensar é frequentemente tomada como verdade absoluta, cabe reafirmar a relevância da construção científica e que o saber envolve método e conhecimento aprofundado. Através desse esforço é que se abrem caminhos de compreensão da complexidade sociocultural atual, com atenção às fontes e elaboração de tipos ideais. A análise interpretativa é conhecimento produzido, sempre ciente de sua parcialidade e provisoriedade. Na pesquisa "O novo rosto do clero" foi feito um recorte de análise, recorrendo a duas classificações para caracterizar modelos sociopastorais: 1. Evangelização/Libertação, 2. Institucional/Carismático. Eles correspondem a instrumentos heurísticos diante do real, que é sempre contraditório, híbrido, borrado. Porém, são justamente classificações que ajudam metodologicamente a produzir saber e, posteriormente, a fomentar o diálogo entre ideias.

Apresento a análise e reflexão de acordo com a seguinte estrutura. Primeiro, identifico os informantes da pesquisa, conforme lugares dentro da estrutura eclesial. Nesse passo, reconhecemos a posição de participação dos agentes pastorais. A seguir, exploro suas ideias e discursos sobre os seguintes temas: lacunas na ação pastoral; mudanças que são mais urgentes na Igreja; o que consideram já superado no modelo de ministério dos padres das décadas de 1970-80; qual é o modo de se vestir do padre consideram mais adequado para ele cumprir sua missão no mundo de hoje e, finalmente, o que veem de positivo no modelo dos presbíteros de 1970-80. Por fim, traço considerações finais com o perfil atual das posições do clero e agentes pastorais referentes à sinodalidade, segundo a comparação entre as perspectivas sociopastorais apresentadas. Considero também a importância de dar continuidade à reflexão e ao enraizamento de uma Igreja sinodal, levando adiante o processo inaugurado pela convocação ao Papa Francisco ao Sínodo sobre a sinodalidade.

1. O Novo Rosto do Clero

O rosto atual do clero brasileiro retrata uma face importante da estrutura da Igreja Católica. Estudar o que permanece tem menos popularidade nas Ciências Sociais do que explorar estudos sobre mobilidade, instabilidade, flexibilidade de grupos, movimentos e identidades religiosas, no interior de uma modernidade marcada por constantes condições de incertezas (BAUMAN, 2007). Nesse sentido, os resultados da pesquisa "O novo rosto do clero" permitem enxergar um contexto relativamente estável, ou seja, o modo de ver do clero sobre processos pós-Vaticano II, nos quais estão em jogo alavancar mudanças em direção à renovação conciliar do Vaticano II ou defender um modelo mais centralizador e eclesiástico. Ambas as direções, ligadas a modelos de sacerdócio, sempre se diferenciaram na história da Igreja (SERBIN, 2008). Serbin argumenta que essa diferenciação foi influenciada tanto pelos contextos históricos específicos quanto por modelos de renovação da própria Igreja. O autor explora um período de longa duração, realizando uma reflexão histórico-cultural do catolicismo brasileiro desde o século XIX até o início do século XXI. Particularmente, interessa-me entrar em diálogo com seu trabalho, a partir da construção de um novo modelo de ser padre surgido com a renovação conciliar do Vaticano II. Nesse período histórico, os padres formados experimentam e fazem parte da modernização da Igreja, ou seja, incorporam uma visão progressista da prática pastoral, buscando estabelecer uma nova relação com os fiéis e a sociedade. Muitos deles assumem a perspectiva da Teologia da Libertação, uma forma de transformar a religião católica, introduzindo no interior dela uma visão social e política do Evangelho (BOFF, 2000; LEVINE, 1986; MARTINS, 2004; MARIZ, 2006, OLIVEIRA, 2003). A partir dessa visão progressista, padres e agentes de pastoral defendem um modo descentralizado de ser Igreja no continente latino-americano, através das Comunidades Eclesiais de Base (CEBs) ou em paróquias com participação ativa de fiéis (THEIJE, 2002). O compromisso pela defesa da justiça e dos Direitos Humanos é um aspecto importantes na atuação dos católicos na sociedade, dentro dessa perspectiva sociopastoral. É esta parte do clero, que forma o "perfil dos padres da perspectiva dos anos 70-80", grupo que é classificado na pesquisa para elaborar a comparação e mudança no clero atual brasileiro.

Fernandes (2007) analisa discursos de jovens candidatos à vida religiosa sacerdotal e explora o campo de motivações dos possíveis futuros padres e religiosas. Conforme sua contribuição, delimitam-se as seguintes buscas identitárias. Para alguns, a própria identidade se constrói pela diferença de opção de vida, ou seja, eles se consideram "diferentes" dos demais jovens de sua geração. Outros buscam refúgio nas instituições religiosas e adotam uma atitude indiferente à vida social externa aos conventos e, ainda, um terceiro grupo assume uma atitude de "colonizar" o "mundo" no que tange à disseminação dos ideários cristãos.

Carranza, em suas pesquisas sobre a Renovação Carismática Católica e o catolicismo midiático (CARRANZA, 2000; 2011), assinala, por um lado, a importância ativa do novo clero na criação de uma cultura católica sintonizada com valores urbanos, modernos e portadora de uma espiritualidade performática e difusa. Por outro lado, a autora, ao analisar o fenômeno Pe. Marcello Rossi, afirma que o jovem sacerdote *se encontra impregnado desse espírito do tempo*", ou seja, o das duas espiritualidades acima assinaladas. Além disso, o padre pode ser visto como ícone da *reinstitucionalização* católica (CARRANZA, 2011).

As características acima assinaladas descrevem a visão sociopastoral institucional/carismática, que visa reatualizar os valores tradicionais e a tradição da Igreja para criar legitimidade institucional no campo religioso e sentido às suas práticas e crenças frente à modernidade reflexiva.

Os entrevistados da pesquisa "O novo rosto do clero" se distribuem entre posições na comunidade eclesial: padres, leigas, leigos, seminaristas, jovens e religiosas, segundo as duas perspectivas sociopastorais apresentadas. O quadro geral é representativo de opiniões levantadas entre 743 católicos ativos nas cinco regiões do país, conforme amostras.

2. Quem são e de onde falam os entrevistados?

	Visão da Totalidade das amostras	Visão por Perspectiva Sociopastoral		Regiões do país				
		Institucional/ Carismática	Evangelização/ Libertação	Sul	Sudeste	Centro Oeste	Nordeste	Norte
Base	743	324	419	156	65	143	175	204
Padres	22,0%	20,7%	23,1%	28,8%	23,1%	15,4%	19,4%	20,1%
Leigas	17,8%	17,0%	18,3%		21,5%	21,7%	20,0%	17,6%
Seminaristas	16,9%	24,5%	11,2%	17,3%	15,4%	16,1%	20,6%	12,7%
Jovens	15,9%	18,0%	14,3%	7,7%	18,5%	25,2%	11,4%	23,0%
Religiosas	14,2%	10,2%	17,1%	38,5%	7,7%	11,2%	13,7%	10,3%
Leigos	13,0%	9,3%	16,0%	7,7%	13,8%	10,5%	14,3%	16,2%
não respondeu	0,2%	0,3%					0,6%	
Total	100,0%	100,0%	100,0%	100,0%	100,0%	100,0%	100,0%	100,0%

A perspectiva Evangelização/Libertação orienta-se por uma agenda de descentralização do poder e estímulo ao protagonismo dos jovens, das diversas pastorais sociais, das CEBs e outros organismos. A ótica é a inserção da Igreja agindo profeticamente através de organizações sociais, culturais, políticas ou outras. Essa perspectiva aposta na concretização das orientações do Concílio, como forma de encarnação, evangelização no mundo e criação de relações mais horizontais dentro da estrutura da Igreja. Os alinhados a essa perspectiva correspondem, na pesquisa aos seguintes entrevistados: 23% dos padres; 18% das leigas; 11% dos seminaristas; 14% dos jovens; 17% das religiosas e 16% dos leigos.

Já, a perspectiva Institucional/Carismática busca refazer os rumos da Igreja sob uma ótica de retorno a um passado, em reação às formas de atualização propostas pelo Vaticano II. Os alinhados a essa perspectiva de Igreja valorizam mais a observância à disciplina e o cumprimento da doutrina da Igreja. Mas, eles introduzem também inovações, no sentido de serem mais atentos às necessidades espirituais e individuais das pessoas. Em termos de estrutura do poder, é alimentada a visão de que padres e bispos são portadores de um carisma extraordinário. O conjunto de entrevistados dessa perspectiva corresponde a: 21% dos padres; 17% das leigas; 24% dos seminaristas; 18% dos jovens; 10% das religiosas e 9% dos leigos.

Trata-se de modelos sociopastorais que auxiliam nessa reflexão para identificar quem são aqueles que pavimentam a criação de processos e espaços de sinodalidade ou os que procuram reforçar a autoridade do padre e o clericalismo, criando obstáculos para a comunhão e a ampliação da participação na missão. Os dois modelos analíticos convivem na realidade eclesial. A proposta do Papa Francisco, através do convite ao desenvolvimento da sinodalidade, ou seja, participação, comunhão e missão conjunta, pode ser entendida como caminho para aproximar essas duas perspectivas, através de diálogo e da escuta mútua. Com o sínodo da sinodalidade ele estimula a Igreja a encontrar formas de superar polarizações dentro da comunidade eclesial.

A partir do perfil dos entrevistados, como se configuram os obstáculos à sinodalidade na Igreja, tendo em vistas as perspectivas sociopastorais anteriormente assinaladas?

Desafios na ação pastoral

3. Quais as maiores lacunas ou vazios na ação pastoral, hoje?

1ª citação	Visão da Totalidade das amostras	Visão por Perspectiva Sociopastoral		Visão por categoria de agentes das duas perspectivas juntas				
		Institucional/ Carismática	Evangelização/ Libertação	Padres	Leigos(as)	Jovens	Seminaristas	Religiosas
Base	743	324	419	157	210	127	122	126
A baixa do profetismo e o esfriamento da opção pelos pobres	23,6%	21,9%	24,8%	42,6%	20,1%	4,3%	19,0%	29,0%
A centralização na paróquia e no padre, burocracia e clericalismo	20,0%	14,5%	24,3%	22,2%	20,1%	24,8%	13,5%	17,8%
A falta de acolhida pessoal e desconhecimento da situação da pessoa	16,9%	22,8%	12,1%	9,3%	20,1%	15,4%	26,2%	12,1%
Liturgias frias, sem convencimento, sem valorização da afetividade	8,1%	9,6%	6,9%	3,1%	10,0%	12,0%	7,1%	8,4%
O esfriamento das pastorais sociais e da inserção profética na sociedade	6,9%	7,1%	6,7%	6,2%	4,8%	9,4%	11,1%	4,7%
Apostar numa Igreja de Movimentos e Novas Comunidades de Vida e Aliança	5,7%	4,6%	6,4%	3,1%	6,6%	8,5%	2,4%	8,4%
A centralização da vida cristã na liturgia, festivas, com pouco compromisso	5,6%	5,6%	5,7%	3,1%	8,3%	7,7%	4,0%	4,7%
O deslocamento do profético para o terapêutico e do ético para o estético	3,9%	2,2%	5,2%	4,9%	1,3%	0,9%	2,4%	14,0%
Uma fé com pouca sensibilidade ecológica	2,1%	2,2%	2,1%	1,2%	0,9%	4,3%	5,6%	
Muita insistência no compromisso e pouco espaço para a gratuidade e a festa	1,6%	1,9%	1,4%			9,4%		
Outro	0,9%	2,2%			0,4%		4,0%	
não respondeu	4,8%	5,6%	4,3%	4,3%	7,4%	3,4%	4,8%	0,9%
Total	100,0%	100,0%	100,0%	100,0%	100,0%	100,0%	100,0%	100,0%

As lacunas ou vazios na pastoral mais assinaladas por todos os entrevistados são: a. A baixa do profetismo e o esfriamento da opção pelos pobres: assinalada por 24% dos respondentes; b. A centralização na paróquia e no padre, burocracia e clericalismo: 20%, a falta de acolhida pessoal e desconhecimento da situação da pessoa: 17% respondentes. Os sintonizados com a visão sociopastoral Evangelização/Libertação percebem que a maior lacuna existente na ação pastoral é a centralização na paróquia e no padre. Já para aqueles alinhados a uma visão do reforço institucional ou carismática acham que isso é pouco relevante. Essa maneira de ver a pastoral é coerente com o prestígio e a estima que os padres têm dentro dos grupos do movimento carismático e das novas comunidades. Nessas estruturas eclesiais volta-se a reafirmar a figura central do padre, por conta do monopólio sacramental e relação com o sagrado. Trata-se, portanto, de um traço significativo de reinstitucionalização do poder do ministério sacerdotal, na contramão da divisão e compartilhamento de funções ministeriais dentro da Igreja, almejada pela proposta do Papa Francisco, através da sinodalidade. Dentro da perspectiva Evangelização/Libertação aponta-se que um vazio é também a centralização na paróquia, no padre, na burocracia e no clericalismo: 24% das opiniões neste grupo pesquisado. Neste item, os que têm uma visão Institucional/Carismática representam apenas 14%.

Neste contexto eclesial, o que seria então mais urgente mudar?

Desafios na estrutura eclesial

4. Que mudanças na estrutura da Igreja são mais urgentes?

1ª citação	Visão da Totalidade das amostras	Visão por Perspectiva Sociopastoral			Visão por categoria de agentes das duas perspectivas juntas				
		Institucional/ Carismática	Evangelização/ Libertação	Padres	Leigos(as)	Jovens	Seminaristas	Religiosas
Base	743	324	419	157	210	127	122	126
A renovação da paróquia, especialmente sua setorização em unidades menores	24,8%	24,8%	24,7%	45,1%	15,3%	5,1%	31,2%	27,6%
O funcionamento de conselhos e assembleias de pastoral em todas as comunidades	20,6%	21,7%	20,0%	5,6%	27,1%	35,6%	14,4%	20,0%
Repensar o modelo de ministério ordenado na Igreja	13,6%	3,7%	21,1%	14,8%	16,2%	5,9%	9,6%	20,0%
Não multiplicar paróquias e criar redes de comunidades, com padres trabalhando em conjunto	9,4%	8,4%	10,2%	10,5%	7,0%	18,6%	4,8%	8,6%
A criação de pequenas comunidades eclesiais, a exemplo das CEBs	7,1%	8,4%	6,2%	8,0%	6,1%	7,6%	6,4%	9,5%
Dar o direito das comunidades eclesiais terem a celebração eucarística semanalmente	6,4%	10,8%	3,1%	3,7%	9,2%	3,4%	9,6%	4,8%
Maior rotatividade dos padres nas paróquias	5,9%	8,7%	3,8%	4,3%	5,7%	11,9%	7,2%	
Instituição de ministérios para as mulheres	3,4%	3,1%	3,6%	0,6%	7,0%	4,2%		2,9%
Maior autonomia para as Conferências Episcopais Nacionais	2,7%	1,9%	3,3%	5,6%	0,4%		4,0%	4,8%
Rever os critérios e forma de nomeação de bispos	1,5%	1,9%	1,4%	1,2%	1,7%	0,8%	2,4%	1,9%
Outro	1,7%	3,7%	0,2%		0,4%	4,2%	4,8%	
não respondeu	2,7%	3,1%	2,4%	0,6%	3,9%	2,5%	5,6%	
Total	100,0%	100,0%	100,0%	100,0%	100,0%	100,0%	100,0%	100,0%

O conjunto de entrevistados destaca principalmente dois itens que seriam urgentes transformar na Igreja: a. A renovação da paróquia, especialmente sua setorização em unidades menores: 25% das respostas; b. O funcionamento de conselhos e assembleias de pastoral em todas as comunidades: 21% das respostas. Extrai-se dos resultados um sinal de participação e descentralização. É importante perceber que esses dois aspectos não revelam diferenças entre as perspectivas sociopastoriais Evangelização/Libertação e Institucional/Carismática. Os alinhados a cada uma dessas perspectivas estão de acordo sobre esse tema. Mas os sentidos atribuídos à participação e descentralização das estruturas seguem direção opostas. Isso se revela mais claramente, quando avançando na análise incluímos o que pensam os entrevistados sobre mudanças no ministério ordenado. Nesse item revela-se uma clara distância entre os dois modelos. Os alinhados à perspectiva sociopastoral Evangelização/Libertação sugerem claramente que se deveria repensar o ministério ordenado: 21% das respostas, enquanto os alinhados na perspectiva sociopastoral Institucional/Carismática não consideram o item como relevante: apenas 4% o assinalam. Em termos da reflexão sobre a sinodalidade, a leitura interpretativa dos dados possibilita apontar que os católicos desejam participação e descentralização no interior da Igreja, porém muito ligadas aos aspectos organizacional e funcional. Já, no que se refere ao exercício dessa participação, está em aberto de que maneira se desenhariam e se concretizariam a abertura para o exercício de todos e em conjunto na missão da Igreja, tendo se em vista diversas formas de atuação ministerial.

Olhar sobre o ministério

5. O que está superado, hoje, do modelo de ministério dos presbíteros das décadas de 1970-1980?

1ª citação	Visão da Totalidade das amostras	Visão por Perspectiva Socio-pastoral		Visão por categoria de agentes das duas perspectivas juntas				
		Institucional/ Carismática	Evangelização/ Libertação	Padres	Leigos(as)	Jovens	Seminaristas	Religiosas
Base	743	324	419	157	210	127	122	126
A linguagem: falar de libertação, pobres, luta, compromisso social, comunidade	27,3%	33,6%	22,6%	26,5%	31,9%	18,6%	29,4%	26,9%
Os preconceitos em relação à renovação carismática	10,6%	9,3%	11,4%	5,6%	12,7%	11,0%	6,3%	16,3%
Não tirar tempo para si, para o lazer e o cuidado pessoal	8,7%	10,0%	7,8%	21,6%	2,2%	9,3%	7,1%	4,8%
A desconfiança nos movimentos de Igreja, primavera para a Igreja	8,4%	5,6%	10,5%	9,9%	7,9%	2,5%	12,7%	8,7%
Desleixo na liturgia, com os paramentos, o modo de vestir-se	6,8%	4,4%	8,8%	7,4%	6,1%	3,4%	11,1%	5,8%
Implantar CEBs, que as pessoas não querem e nem funcionam	6,7%	10,0%	4,3%	10,5%	4,4%	5,9%	11,1%	1,9%
Uma liturgia mais para o compromisso, do que festa, vivência pessoal	5,2%	6,5%	4,0%	2,5%	4,8%	3,4%	9,5%	7,7%
As pastorais sociais, quando as pessoas querem resolver seus problemas pessoais	4,8%	4,0%	5,5%	4,9%	3,9%	3,4%	1,6%	11,5%
O engajamento nas lutas e reivindicações dos movimentos sociais	4,0%	1,2%	6,2%	3,7%	3,5%	6,8%	1,6%	5,8%
Não acolher e promover as devoções tradicionais e novenas	3,7%	2,8%	4,3%	1,9%	3,1%	1,7%	4,0%	9,6%
Outro	1,3%	1,2%	1,4%	4,3%	0,4%	0,8%	0,8%	
não respondeu	12,4%	11,2%	13,3%	1,2%	19,2%	33,1%	4,8%	1,0%
Total	100,0%	100,0%	100,0%	100,0%	100,0%	100,0%	100,0%	100,0%

QUINTA PARTE
DESAFIOS E OBSTÁCULOS À SINODALIDADE

Após o Concílio Vaticano II, vê-se que o modelo de ministério dos presbíteros das "décadas de 1970-1980" semeou a experiência de participação e comunhão. As CEBs, os conselhos nas igrejas, a atenção à formação de jovens, dos leigos e leigas são exemplos que ilustram essa opção. De que maneira, esse legado é visto por diferentes agentes eclesiais (padres, religiosas/os; jovens e leigos/as)? Como eles olham para esse legado e percebem que algo não corresponde mais à forma atual de ser Igreja? Que sinais eles dão sobre os caminhos de sinodalidade?

Na tabela acima, a mudança fundamental assinalada é a "linguagem: falar de libertação, pobre, luta, compromisso social e comunidade", que é vista como uma linguagem ultrapassada. Os alinhados, tanto a perspectiva Evangelização/Libertação quanto a perspectiva Institucional/Carismática, estão convencidos que esses discursos não "colam" mais. Portanto, toda uma ênfase em ideias coletivistas, de luta, engajamento, adesão ao comunitário é vista como algo que não ressoa mais dentro da Igreja. Essa é uma linguagem que foi deslocada para as margens. A linguagem e as formas contemporâneas que aparecem estão voltadas para novas sensibilidades: o cuidado pessoal; a liturgia, o estilo das novas comunidades católicas e do movimento carismático. Portanto, visto que nesses espaços o clero é muito valorizado, a tendência revela um reforço simbólico do poder do clero e rumos que associam o catolicismo as lógicas culturais pós-modernas.

Na linha de continuar a reflexão, veja-se o que positivamente continua válido do modelo de ministério dos presbíteros na pesquisa.

6. O que continua válido do modelo de ministério dos presbíteros das "décadas de 1970-1980"?

1ª citação	Visão da Totalidade das amostras	Visão por Perspectiva Socio-pastoral		Visão por categoria de agentes das duas perspectivas juntas				
		Institucional/ Carismática	Evangelização/ Libertação	Padres	Leigos(as)	Jovens	Seminaristas	Religiosas
Base	743	324	419	157	210	127	122	126
Insistir na dimensão comunitária e social da fé, contra todo o intimismo e espiritualismo	18,9%	13,9%	22,9%	28,8%	10,5%	8,5%	26,6%	24,8%
Uma pastoral social consistente e estruturada, expressão do Evangelho social	16,5%	15,5%	17,2%	17,8%	18,8%	14,4%	15,3%	13,3%
Compromisso com a opção pelos pobres, com uma sociedade justa e solidária	14,8%	12,4%	16,7%	15,3%	12,2%	17,8%	12,9%	18,1%
Comunidades eclesiais com planejamento, conselhos e assembleias de pastoral	12,5%	17,6%	8,6%	14,7%	6,6%	11,0%	16,1%	19,0%
Menos centralização na matriz e no padre e mais autonomia aos leigos e leigas	8,1%	9,0%	7,4%	6,7%	9,6%	6,8%	6,5%	9,5%
Vestir-se com mais simplicidade e sem pompas na liturgia	6,9%	6,2%	7,4%	6,1%	14,4%	4,2%		2,9%
Priorizar as pequenas comunidades eclesiais em relação aos movimentos	6,2%	5,9%	6,2%	8,0%	7,9%	3,4%	2,4%	7,6%
Nada ficou, tudo fracassou, o mundo é outro e pastoral deve ser outra	2,4%	1,5%	3,1%	0,6%	5,2%	0,8%	1,6%	1,9%
O testemunho dos mártires das causas sociais	2,2%	3,1%	1,4%	0,6%	1,7%	7,6%	0,8%	1,0%
Foi válido o testemunho de entrega e dedicação, mas hoje é preciso fazer outra coisa	2,1%	2,5%	1,7%	1,2%	1,3%	4,2%	4,0%	1,0%
Outro	0,7%		1,2%				4,0%	
não respondeu	8,8%	12,4%	6,2%		11,8%	21,2%	9,7%	1,0%
Total	100,0%	100,0%	100,0%	100,0%	100,0%	100,0%	100,0%	100,0%

Focalizando os resultados mais significativos, vê-se que para os da perspectiva sociopastoral Evangelização/Libertação trata-se de insistir na dimensão comunitária e social da fé, contra todo o intimismo e espiritualismo: 23% dos respondentes. Para a visão sociopastoral Institucional/Carismática, insiste-se em estimular comunidades eclesiais com planejamento, conselhos e assembleias pastorais: 18% dos entrevistados.

A ótica de fortalecimento da dimensão comunitária vai ao encontro da ótica de promoção do diálogo e inserção da Igreja no mundo, elementos que podemos associar a formas de pensar conjuntamente a missão e a comunhão, propostas pelos caminhos da sinodalidade. No entanto, o foco apresentado pela perspectiva sociopastoral Institucional/Carismática está em planejar, organizar e garantir o funcionamento da Igreja, o que retrata uma linha voltada para dentro, segundo uma lógica empresarial. Em resumo, no que continua válido sobressai-se tanto uma lógica de Igreja de saída quanto outra lógica, a de recatolização. Ambas fazendo parte de diversos campos pastorais.

O último tema desta análise refere-se à identificação pública de ser presbítero na sociedade.

7. **Para cumprir sua missão, qual é o modo mais adequado para um presbítero se vestir, hoje?**

	Visão da Totalidade das amostras	Visão por Perspectiva Sociopastoral		Visão por categoria de agentes das duas perspectivas juntas				
		Institucional/ Carismática	Evangelização/ Libertação	Padres	Leigos(as)	Jovens	Seminaristas	Religiosas
Base	743	324	419	157	210	127	122	126
Com trajes civis, com bom gosto e simplicidade	34,9%	22,0%	44,8%	40,5%	35,2%	30,5%	16,7%	51,9%

	Visão da Totalidade das amostras	Visão por Perspectiva Socio-pastoral		Visão por categoria de agentes das duas perspectivas juntas				
		Institucional/ Carismática	Evangelização/ Libertação	Padres	Leigos(as)	Jovens	Seminaristas	Religiosas
Base	743	324	419	157	210	127	122	126
Cada um escolhe o que melhor lhe convier	25,7%	15,5%	33,6%	31,3%	25,7%	25,4%	17,5%	26,9%
Com veste eclesial: clergeman	24,1%	**35,4%**	15,5%	19,6%	22,2%	22,9%	**44,4%**	12,5%
Com vestes de padre: batina	12,7%	23,6%	4,3%	4,9%	13,9%	21,2%	17,5%	7,7%
Outro: cada traje para seu lugar	0,9%		1,4%	3,7%				
não respondeu	1,8%	3,4%	0,5%		3,0%		4,0%	1,0%
Total	100,0%	100,0%	100,0%	100,0%	100,0%	100,0%	100,0%	100,0%

As preferências dos entrevistados sintonizados com a perspectiva sociopastoral institucional carismática assinalam mais a veste clerical, 35% e, surpreendentemente, o retorno à batina como melhor forma de representação pública do padre. Essa é a opinião de 24% dos entrevistados dentro dessa perspectiva. Os que se alinham à perspectiva de Evangelização/Libertação preferem que o padre não diferencie sua função no mundo. Ele pode escolher uma forma de se vestir civil e simples e está apto para o cumprimento de sua missão, assim pensam 45% dos respondentes desse grupo. Concluindo essa seção, vê-se que simbolicamente, para a maioria dos entrevistados, o padre deve ser destacado e identificado externamente por seu estilo de vestir no convívio social. Esse é um sinal de reposicionar a função do padre conforme uma imagem tradicional.

Conclusão

Ao revisitar os resultados da pesquisa "O novo rosto do clero", pela ótica da sinodalidade ou dos obstáculos a ela, considero que a Igreja convive com visões distintas dentro do processo convocado pelo Papa Francisco. De um lado, estão aqueles sintonizados com a criação de estruturas participativas e de abertura da Igreja para fora. Os sintonizados com a perspectiva sociopastoral Evangelização/Libertação atuam na busca de ampliar a participação e a comunhão. Esse campo retoma as linhas do Concílio Vaticano II e aposta em caminhos para maior sinodalidade na Igreja. A dinâmica sinodal abre para que se concretize a concepção de Igreja como povo de Deus e revigore os princípios de comunhão, participação e missão conjunta. Esses agentes pastorais atuam na ótica de resgate e aprofundamento do legado do Concílio Vaticano II, que exige um novo aprendizado dentro da comunidade eclesial de convivência, diálogo e o assumir da corresponsabilidade na missão. A abertura do processo de sinodalidade representa esperança e abertura de atuação e protagonismo em todos os espaços eclesiais, uma vez que o longo período de governança do Papa João Paulo II e do Papa Bento XIV fechou muitos caminhos e, os alinhados à perspectiva Evangelização/Libertação foram colocados à margem da estrutura eclesial e sofreram processos de desqualificação em diferentes instâncias internas à Igreja.

O modelo sociopastoral vigente nos últimos anos, formado pela ótica de reação ao legado do Vaticano II, percebe o processo de sinodalidade como ameaça ao modelo clerical. Os agentes pastorais sintonizados com a ótica Institucional/Carismáticas apoiam-se numa visão de Igreja tradicional e hierárquica. Nesse sentido, são favoráveis às ideias de ampliação da participação e da comunhão, a partir da autoridade central dos padres. A identidade e posição dos padres devem ser ratificadas. A democratização de funções ministeriais talvez seja possível desde que outros agentes sejam dóceis e colaborem no desenvolvimento de um estilo de liderança centralizador e diretivo. No que se refere à missão, os propósitos estão mais voltados para o atendimento sacramental e as aflições espirituais.

Esses dois modelos distintos do ministério dos presbíteros encontram-se dentro da pastoral, gerando polarização de ideias, riscos de rupturas e conflitos. Em certas dioceses ocorre até mesmo perseguição e silenciamento de vozes. Nesse sentido, há um profundo deslocamento na cultura católica, que se caracteriza bastante pelo jogo de acomodação e conciliação entre diferenças. Assim, a convocatória do Papa Francisco para uma dinâmica sinodal é também a proposta de se voltar a cultivar o "espírito do diálogo". Dar atenção à troca de valores, práticas e ideias entre as perspectivas sociopastorais. A sinodalidade pode ser então vista como uma promessa para se criar uma sinergia nova e mais aberta para a reconstrução de coesão interna na Igreja. De forma que, a orthopraxis do encontro e diálogo reverbere no contexto pastoral e além dele, ou seja, principalmente na atual sociedade brasileira.

Referências

BAUMAN, S. *Vida líquida*. Rio de Janeiro: Zahar, 2007.

BOFF, C. Carismáticos e Libertadores na Igreja. *Revista Eclesiástica Brasileira*. Petrópolis: Vozes, n. 237 (2000), p. 36-53.

BRIGUENTI, A. (Org.). *O Novo Rosto do Clero*. Perfil dos padres novos no Brasil. Petrópolis: Vozes, 2021.

CARRANZA, B. *Catolicismo Midiático*. Aparecida/SP: Ideias & Letras, 2011

CARRANZA, B. *Renovação carismática católica*. Origens, mudanças e tendências. Aparecida/SP: Ed. Santuário, 2000.

FERNANDES, S. Impasses da vida religiosa em contexto multicultural. Interpelações sociológicas sobre demandas de identidade. *Cadernos de Ciências Humanas, Especiaria*, v. 10, n. 18 (2007), p. 679-701.

LEVINE, D. *Religion and political conflict in Latin America*. Chapel Hill, University North Carolina Press, 1986.

MARIZ, C. L. Catolicismo no Brasil contemporâneo: reavivamentos e diversidade. In: FAUSTINO, Teixeira e MENEZES (orgs.). *As Religiões no Brasil. Continuidades e rupturas*. Petrópolis/RJ, Ed. Vozes, 2006.

MARTINS, A. D. *Experiências religiosas: um estudo sobre mística e autonomia nos discursos e práticas de católicos da libertação e católicos carismáticos*. Tese de Doutoramento. Universidade do Estado do Rio de Janeiro. Programa de Pós-Graduação em Ciências Sociais/PPCIS-UERJ, 2004.

OLIVEIRA, Pedro. A. R. O catolicismo: das CEBs à Renovação Carismática. *Teoria e Sociedade* – número especial: Passagem de milênio e pluralismo religioso na sociedade brasileira (2003), p. 122-135.

SERBIN, P. *Padres, celibato e conflito social*. Uma história da Igreja Católica no Brasil. São Paulo: Companhia das Letras, 2008.

THEIJE, M. *Tudo o que é de Deus é bom*. Uma antropologia liberacionista em Garanhus. Brasil. Recife: Fundação Joaquim Nabuco/Editora Massangana, 2002.

16
Desafios para uma formação sinodal na Igreja

Carlos Sérgio Viana

Introdução

A formação para candidatos ao ministério presbiteral representa um grande esforço da Igreja Católica em oferecer o que de melhor esteja ao seu alcance para que seus presbíteros sejam homens integrados, realizados em sua vocação e bons pastores do povo de Deus. Esse plano de ação nem sempre é fácil de realizar, especialmente nas áreas periféricas em que os custos de uma formação qualificada e a falta de recursos humanos levam ao comprometimento da qualidade no acompanhamento dos seminaristas, além da falta de presbíteros para o exercício do ministério, que leva à tentação de relaxar nas exigências dos candidatos. Essa breve reflexão quer despertar para a necessidade de que todos na Igreja devem tomar a si a responsabilidade em oferecer os melhores meios e oportunidades formativas. Essa responsabilidade não deve ser deixada apenas para bispos e presbíteros. Todos os estados de vida e todos os carismas são chamados a contribuir com a formação dos futuros ministros ordenados.

O texto aqui proposto não pretende ser exaustivo e nem resolver todos os problemas que envolvem a formação. Pelo contrário, ele quer apenas ser um comentário provocativo para que a Igreja toda, em sua diversidade e comunhão, volte-se para o processo formativo como sua responsabilidade. Se não praticarmos a sinodalidade no processo formativo, nossos futuros presbíteros serão privados de uma identidade central do ser Igreja – não só em tempos do Papa Francisco – mas da Igreja de Jesus de Nazaré que caminha com seu povo.

1. Como se encontra a formação Presbiteral

A formação presbiteral continua despertando atenção e cuidado por parte das lideranças eclesiásticas e mesmo de toda a comunidade eclesial. Há muitas manifestações de preocupação e uma breve análise dos documentos eclesiais sobre a formação dos candidatos ao presbiterado, mostra claramente a carga de interesse e a quantidade de esforço em oferecer a melhor formação possível para os que se apresentam como candidatos ao ministério ordenado. A reflexão aqui proposta se baseia apenas nos seguintes documentos: *O dom da vocação sacerdotal: ratio fundamentalis institutionis sacerdotalis*, da Congregação para o Clero (DVS), de 2016; *Diretrizes para a formação dos presbíteros* (DFP), correspondente ao Documento 110 da CNBB, 2020; *Diretrizes da formação presbiteral e religiosa para o Regional Oeste 2* (DFPR), do Regional Oeste 2, de 2007. Tem-se por configuração a estrutura interdiocesana-regional da formação presbiteral do Regional Oeste 2 na qual a dimensão sinodal se faz clara e patente. É a partir dessa experiência que as reflexões aqui propostas foram concebidas.

1.1. Pontos fortes

A formação presbiteral na Igreja católica apresenta um plano bem delineado, muito discutido, explicado e assumido pela instituição eclesial em suas diversas esferas (universal, nacional, regional e diocesana/religiosa), gozando de quase 500 anos de história como formação feita em seminários, com suas diversas ênfases e estágios. Houve e continua existindo diversas iniciativas tentando adaptar a estrutura formativa a uma vida mais simples, ligada à comunidade local e com ênfase na formação continuada. Apesar dessas inovadoras iniciativas, a formação no seminário continua sendo organizada em tempo Propedêutico (seminário menor), estágio da Filosofia (tempo do discipulado) e estágio da Teologia (tempo da configuração) e estágio da formação permanente. A Igreja não foge de sua responsabilidade em orientar, normatizar e supervisionar todas as iniciativas formativas das dioceses e institutos de vida consagrada e religiosa. Pode-se afirmar que o seminário é uma instituição consolidada no imaginário católico e religioso, tendo formado santos, pastores e pessoas de grande preparo, fibra e compromisso pelo Reino de Deus. Em toda parte do Brasil se encontram ex-seminaristas, seja do clero diocesano, seja do clero religioso, que se destacam por seu amor e dedicação à Igreja. Na busca de formar bons presbíteros, formam-se também excelentes cristãos comprometidos.

Existe igualmente um vocabulário consolidado com relação à formação: quatro fases: Propedêutico; Discipulado (Filosofia); Configuração (Teologia); Formação Permanente; cinco dimensões: Espiritual; Intelectual; Humano-Afetiva; Pastoral; Comunitária (DFPR, n. 22-67). Assim a Igreja estabelece a formação para os presbíteros: única, integral, comunitária e missionária. Os bispos, como os principais encarregados da formação do clero, se fazem ajudar pela organização dos seminários, a OSIB, com suas orientações, escolas de formadores, assessores. Pode-se suspeitar que essa estrutura e suas orientações formativas levam a um certo enrijecimento do processo, mas, indubitavelmente, a Igreja Católica sabe da importância de formar bem os futuros presbíteros porque eles exercem um papel crucial em sua missão. A formação assim concebida capitaliza nos valores da disciplina, da ascese, do controle dos impulsos, uma vida comunitária exigente e a certeza de alcançar os objetivos formativos.

Essa realidade toma ainda mais importância quando se acentua a dimensão sinodal da Igreja, porque a responsabilidade pela formação dos futuros presbíteros é de todos. A pergunta que surge espontaneamente é: estamos formando os presbíteros para serem líderes do diálogo, do consenso e do caminhar em comunhão?[1]

1.2. Desafios para a formação

O desafio da prudência e do equilíbrio: quem está de fora dos seminários tem a impressão de que em sua rotina tudo está de antemão estabelecido. Há pouco espaço para a criatividade e o protagonismo dos candidatos. A formação nessas instituições pode apresentar uma estrutura fechada e com pouca adaptação aos novos tempos e suas respectivas demandas. Além disso, há os limites inerentes da equipe de formação – os reitores e seus auxiliares. Aqui aparecem duas formas extremas que devem ser evitadas, mas que parecem estar mais presentes nos seminários do que gostaríamos de admitir. Na primeira, o reitor e sua equipe, muito liberal, não exercem seu papel de ajudar o grupo de seminaristas a crescer, não há reflexão profunda e possível discernimento. Tudo é permitido, as rotinas são muito soltas e nada se constrói. Essa atitude, minimalista, pode suscitar acomodação. Na segunda, uma equipe muito rígida e controladora, que também não suscita um necessário discernimento, porque o reitor e sua equipe já o fizeram (ou farão). Esse último modelo quer controlar tudo e cria pessoas infantis ou em duplicidade de vida. O foco desse último grupo, que parece mais presente nos seminários atualmente, é o ideal de vida, sem cuidado com a realidade concreta da vida do candidato. O seminarista é formado para ser santo, mas sua "santidade" está desconectada da realidade e é

---

1. As DFPR insistem na eclesiologia da comunhão, usando expressões fortes para a formação nessa dimensão do ser igreja: "Fortalecer a comunhão com o povo a nós confiado, evitando atitudes de isolamento e prepotência, de timidez, de convencimento, de autoritarismos, de desprezo ou desrespeito [...] Nesse espírito, queremos ressaltar o valor do diálogo aberto, fraterno, educativo, pessoal de todos, com todos e de cada um com os demais colegas, com os formadores, com o reitor. Esse diálogo abrangerá todos os aspectos e dimensões da vida humana e da caminhada vocacional num espírito de fraternidade" (DFPR, n. 95-96).

inalcançável (FRANCISCO, 2018), causando atitudes doentias e criando ambientes tóxicos para relacionamentos saudáveis e integrados. Parece haver uma desconfiança diante da capacidade e maturidade dos seminaristas: não há tempo livre ou que seja limitado o mais que possível (o ócio é a oficina do diabo).

Desafios pedagógicos: a formação presbiteral depende de uma adequada mistagogia, mas como conduzir os candidatos a uma genuína experiência de Deus? Como falar do inefável? Como conduzir numa caminhada a quem não quer caminhar? Como liderar a partir dos valores e virtudes e educar para a maturidade, ensinando a fazer escolhas e a crescer a partir dos erros e acertos? É muito comum ouvir dos seminaristas que eles não se sentem livres para falar de seus problemas e angústias porque seria um sinal de falta de vocação. Como ajudar uma pessoa a crescer se ela não pode admitir seus limites e fragilidades?

O seminário pode se tornar um refúgio para pessoas inseguras e com problemas de aceitação (o mundo afetivo dos adolescentes atualmente é amorfo, confuso e cheio de sofrimento). Há muita ansiedade e crise afetiva no ambiente de seminários. Vive-se uma cultura do "Não pergunte" "Não Fale"[2]. Os candidatos ao ministério ordenado entram no seminário para serem padres e não para serem formados. Cria-se um descompasso entre o que se ensina e os resultados previstos. Todos então reclamam: bispos, comunidades, reitores, e muitas vezes culpa-se o ensino da faculdade e a parte acadêmica.

Uma outra realidade muito presente é que os seminários surfam na onda conservadora da Igreja Católica. Estes lugares estão cheios de seminaristas. Muitos procuram o seminário para serem como seu guru, um padre *influencer* das redes sociais. Tais candidatos vêm por causa da roupa, dos ritos pomposos e do status dos presbíteros-celebridades.

---

2. Situação parecida é vivida pelas forças armadas dos EUA em relação à política de pessoas homoafetivas nas suas fileiras, denominada de: "Don't ask, don't tell", ou seja, não faça perguntas sobre isso e nem tampouco se revele. Há uma convenção não estabelecida formalmente, mas perfeitamente funcional.

Assim, criam-se consensos artificiais e se desenvolvem personalismos com opinião para todos os assuntos. É a ascensão da extrema direita conservadora que da política estende sua influência na religião e nos costumes. Não importa o que a Igreja institucional venha a dizer, o que vale é a videoaula do padre tal, que reúne uma multidão para seu curso de Teologia, ou o líder religioso, que convoca os fiéis para uma prática devocional às três da manhã, ou para uma Quaresma de São Miguel. Se o reitor e sua equipe não aceitam tais posições conservadores, o seminarista é orientado por essas lideranças conservadoras a saber resistir no silêncio e na obediência aparente até ser ordenado. Quando o sujeito for pároco, ele vai decidir o que seguir e o que será feito na *sua* paróquia.

Os seminários mais conservadores parecem ser mais eficazes com mais vocações e até mesmo há fila de espera. Essas vocações levantam o questionamento sobre a perseverança de quem não constituiu uma sólida vida espiritual pautada no imaginário do seguimento de Cristo. Muitos dos novos presbíteros carregam para sua vida a crise fundamental de uma vocação não discernida, que se fragiliza pela imaturidade afetivo-espiritual do candidato. Do ponto de vista dos reitores, bispos e provinciais, ainda existe uma falsa forma do perfil dos presbíteros: fazer com que todos se encaixem no modelo conceitual do Reitor, do Bispo ou provincial. Esse suposto perfil responde aos apelos e necessidades da Igreja real, das pessoas e seus dramas?

Aqui arrisco-me a traçar um perfil do seminarista na atualidade, mesmo sabendo que toda generalização tende a errar por excesso de confiança na aproximação da realidade estudada. O perfil apenas quer elaborar objetivamente a realidade das escutas e percepções pessoais e comunitárias diante das interações com diversos grupos de seminaristas. Quem é o seminarista maior na atualidade? Ele é um adolescente (19-25 anos), pardo, negro ou branco (poucos se veem como representantes dos povos originários), morador da periferia, baixo nível de escolaridade, proveniente de escola pública, de família liderada por mulheres, com tendências homoafetivas – talvez mais por curiosidade, tocado pela experiência da Renovação Carismática Católica (RCC), encantado pela liturgia e pelo contato com algum padre que muito admira. Segue inspirado pelos grandes gurus da Igreja conservadora na Internet e um dia quer repetir os passos de seu líder. A formação é um período que é obrigado a passar, mas desconfia de tudo e de todos na formação. Fará o que for preciso para ser aceito para a ordenação. Não quer formar-se, quer ser ordenado, embora sente-se despreparado para tão grande vocação. O seminarista interpreta sua vocação como um herói da Fé: tem que enfrentar todos os desafios para perseverar na vocação. Muitos apresentam uma narrativa de alguma experiência de livramento pessoal ou familiar. Alguns sentem-se "obrigados" a ser padre porque Deus lhes deu uma segunda chance diante de uma doença, de um acidente ou de uma vida desregrada.

O seminarista teve alguma experiência eclesial, mas em geral não gosta das CEBs ou da Teologia da Libertação (coisa de comunista e herege – ele foi atingido em cheio pela propaganda dos gurus da direita católica). Encantado pela liturgia, paramentos, incensos, velas, e o mundo do altar que o faz sonhar com um mundo diferente de tudo o que viveu até então, é alguém apaixonado pela eucaristia e a presença real de Cristo. Diz-se decidido e definido, mas na prática está aberto a todos os grupos e movimentos que o acolherem e o aceitarem. Como a maioria dos adolescentes, ele também valoriza o grupo e o pertencimento ao mesmo.

Quer subir na escala social, preza a obediência e a autoridade. Vê a si mesmo com um CEO de uma grande e importante atividade. Quer ter conforto, reconhecimento social, segurança na aposentadoria. Sabe conduzir um grupo de oração e atividades que reforçam a emotividade e o sentir-se bem. Jesus é sempre manso e humilde de coração, o bom pastor que cuida das ovelhas, especialmente as mais ricas e generosas. Possui várias madrinhas e padrinhos que sustentam suas necessidades no tempo de seminário. O celibato não é problema porque diz respeito principalmente ao relacionamento com mulheres (meninas) que representam o que deve ser evitado a todo custo para se manter no caminho vocacional.

Vive em constante luta contra a masturbação e o uso de pornografia na Internet. Nesse ambiente de seminário experimentam-se muitas confissões (quase diárias) e pouca conversão e reconciliação. Para ser padre, tudo pode ser usado: esconder-se no grupo, colar na prova, plagiar TCC, submeter-se aos caprichos do Reitor e do Bispo – tudo em nome de um grande ideal. Muitos sofrem assédio moral, porque essa linguagem e sensibilidade pelos direitos humanos ainda não é assumida pelos formadores. Em nome da formação eles podem obrigar os seminaristas e emagrecer, a mudar sua dieta, a usar determinadas roupas e acessórios, a ter que se submeter ao ideal seminarístico do seu reitor.

2. A formação para o Presbiterado na Igreja hoje

A formação para o ministério ordenado tem como referência os documentos do Concílio Vaticano II promulgados para essa finalidade e, no plano nacional, os da CNBB.

2.1. A dimensão universal: o dom da vida sacerdotal

A tradição de documentos sobre a formação dos presbíteros na atualidade começa com o decreto do Vaticano II sobre os presbíteros – *Presbiterorum ordinis*. Em 1970 se faz uma revisão completa das diretrizes da formação. Em 1992, o papa João Paulo II publica sua exortação apostólica pós-sinodal *Pastor Dabo Vobis*. Por sua vez, o papa Bento XVI, antes da renúncia, promulgou, em 2013, o *Motu Proprio Ministrorum Instituto*.

Para se chegar à atual *Ratio Fundamentalis* houve caminhos prévios: a primeira versão do documento veio à luz na primavera de 2014, enviada para discussão e aberta a melhorias, sinal de uma busca ativa de sinodalidade. Em novembro de 2015 foi realizado o Congresso Internacional por ocasião dos 50 anos de publicação da *Optatam totius* e da *Presbyterorum ordinis*, do Vaticano II. O documento seguiu seu caminho para estudos junto a alguns dicastérios da Cúria Romana. Foi feito um grande esforço para adaptá-lo ao pontificado do Papa Francisco, à sua linguagem, conceitos e abordagens próprias. Assim ficou estabelecido o objetivo dos Seminários como casa de formação: Que os seminários possam "formar discípulos missionários 'enamorados' do Mestre, pastores 'com cheiro de ovelhas', que vivam no meio delas para servi-las e conduzi-las à misericórdia de Deus" (DVS, p. 5).

Desde o começo do documento se estabelece que o sacerdócio é dom de si para a Igreja, como expressão máxima da caridade pastoral. A preocupação primeira é com o desabrochar e amadurecer do candidato (DVS 11), realizando uma síntese interior, serena e criativa entre força e fraqueza (DVS 29). Apresenta-se o clericalismo como uma grande tentação do ministério presbiteral (DVS 33), que leva a considerar o ser padre como uma profissão, em busca de aceitação popular e se fazendo servir do povo de Deus – tirando vantagem da condição de pastor de pessoas. Usando uma linguagem própria do Papa Francisco (2013) o documento alerta para o risco da "mundanidade espiritual", que se revela na obsessão pela aparência, na busca de uma segurança doutrinal ou disciplinar presunçosa e doentia, deixando transparecer um narcisismo e autoritarismo que foge do diálogo e do encontro humano. Como padre, ele age com a clara intenção de impor-se porque assim foi educado no seminário diante do grupo de colegas. Porque seu mundo interior é frágil agarra-se com desmedida ao cuidado somente exterior e vive uma ostentação especialmente na ação litúrgica, sempre em busca de vanglória egocêntrica. Essa tentação se maximiza no individualismo e na incapacidade de escutar o outro e se expressa num carreirismo destruidor e desumanizante (DVS 42).

O documento alerta para o estilo de vida que o presbítero precisa cultivar já desde o tempo da formação inicial: uma vida com simplicidade, sobriedade e diálogo sereno, que equilibra autenticidade e coerência de vida a partir do centro da vida de um presbítero: a caridade pastoral, que só se compreende a partir da escola do Mestre (DVS 42).

Esses são alguns números inspiradores que expressam a linha central do que se entende por formação nos seminários. A preocupação com a vida comunitária deve ensinar a superar o individualismo e a conformar-se com o Espírito de Cristo. A comunidade oferece o substrato espiritual necessário para o cultivo vocacional adequado e que educa para a vida em comunhão, capaz de ajudar outros no seu atual e futuro ministério. O documento em questão insiste em afirmar que a missão do presbítero é exercida enquanto fraternidade sacramental no coração de uma diocese e, que, junto com o bispo, formam uma família (DVS 50-51).

2.2. Diretrizes Nacionais: Documento 110

O Documento 110 da CNBB foi aprovado na Assembleia Nacional dos bispos brasileiros em 2018 e aprovado pela Congregação para o Clero, em 2019, com o objetivo de adaptar o documento da Igreja universal, o DVS, para a realidade e o contexto brasileiro. Este é o seu maior desafio: como formar futuros presbíteros enraizados no Brasil, com a dimensão universal de seu ministério, mas focando no serviço ao povo do seu país? O Doc 110 apresenta o contexto como um grande desafio para a formação, porque o futuro presbítero deve ser formado na escola do diálogo (Doc. 110, n. 7).

Parece faltar uma reflexão teológico-filosófica mais sólida para se constituir uma antropologia e psicologia da vocação presbiteral adaptada às novas exigências, especialmente nesse tempo de pós-pandemia. Por outro lado, o caminho vocacional, embora bem conhecido e consolidado, apresenta igualmente muitos desafios para ser realmente assumido em nossos seminários ainda marcados pelo espírito corporativo e pela infantilidade. O documento apresenta os desafios desses tempos de mudança de época e as demandas pastorais dessa igreja a caminho, mostrando que é preciso estar atento à formação de presbíteros que respondam a esses mesmos desafios. Elogia-se o quadro traçado do perfil do presbítero para se evitar uma visão estreita e unilateral dos objetivos da formação. Assim, o presbítero é: pastor, profeta, servo, missionário, padre, sacerdote, esposo (em relação à Igreja, esposa), perito em humanidade, homem da proximidade, homem da misericórdia, homem da oração, homem do sacrifício, irmão universal. (Doc. 110, n. 41). Os bispos brasileiros insistem que a identidade do presbítero se dá em suas ações em benefício de todo o povo:

a. Testemunho pessoal de fé e de caridade, de profunda espiritualidade vivida, de renúncia e despojamento de si; b. Prioridade da tarefa da evangelização, o que acentua o caráter missionário do ministério presbiteral; c. Capacidade de acolhida a exemplo de Cristo Pastor que une a firmeza à ternura, sem ceder à tentação de um serviço burocrático e rotineiro; d. Solidariedade efetiva com a vida do povo, a opção preferencial pelos pobres, com especial sensibilidade para com os oprimidos e os sofredores; e. Cultivo da dimensão ecumênica, o diálogo inter-religioso, no respeito à pluralidade de expressar a fé em Deus e nos valores do Evangelho; f. Apoio às justas reinvindicações do povo, especialmente dos pobres, segundo as orientações do Magistério da Igreja; g. A capacidade de respeitar, discernir e suscitar serviços e ministérios para a ação comunitária e a partilha; h. Promoção e a manutenção da paz e a concórdia fundamentada na justiça; i. Configuração de homem da esperança e do seguimento de Jesus na cruz; j. Condições para administração pastoral, patrimonial, econômico-financeira e pessoal (Doc. 110, n. 43).

Acentua-se que o presbítero é uma vocação multifacetada, o que indica que a formação presbiteral deve se dar num contexto de liberdade, maturidade e responsabilidade. O grande objetivo do processo formativo é formar homens configurados a Cristo, para servir ao povo de Deus e viver sua missão como pastores e pais espirituais (Doc. 110, n. 72). O documento dos bispos é riquíssimo em estabelecer os papeis de cada sujeito no processo formativo, explicando suas fases, dimensões a perspectivas.

Não é por falta de documento e orientação que se vive uma crise na formação dos futuros presbíteros. Busca-se uma formação integral para o ser, para um conhecimento a serviço das pessoas, marcado notadamente pelo serviço (ser, saber, servir). Na verdade, os documentos atestam que a Igreja é extremamente cuidadosa em estabelecer as diretrizes e orientações para organizar da melhor maneira possível a formação de pessoas maduras, com grande sensibilidade pastoral e cuidado com o povo de Deus em suas diversas dimensões. O Documento das diretrizes da formação do regional Oeste 2 é bem mais modesto que as diretrizes nacionais e, embora tenha sido elaborado em chave colaborativa e sinodal, padece de dificuldades para que seja assumido por todas as dioceses, já que o seminário diocesano é de inteira responsabilidade do bispo titular, não precisando ter que prestar contas à equipe regional da OSIB. Pelos limites desse texto não analisaremos em detalhe o documento do Regional Oeste 2.

3. Como pode ser a formação presbiteral em chave sinodal?

Para completar o quadro apresentado até aqui, indicaremos a seguir alguns elementos que precisam ser considerados na formação para o ministério presbiteral, em vista de formar para que eles possam efetivamente participar do processo sinodal proposto por Francisco.

3.1. Liberdade e Maturidade

Se o problema da formação das vocações ao ministério ordenado feita nos seminários não é de organização e planejamento documental, deve-se buscar em outro lugar a origem das dificuldades na formação dos futuros presbíteros. É necessário expandir a percepção do que é formação inicial e continuada e insistir que toda a Igreja é responsável pela formação dos futuros presbíteros. É necessária uma vila inteira para se educar uma criança. Algo parecido se pode dizer sobre a formação dos presbíteros. É preciso envolver toda a Igreja em sua educação na caminhada de fé.

Maturidade se aprende vivendo e experimentando a maturidade. Erros e acertos são passos necessários. Cada candidato ao ministério ordenado deve ser o protagonista de seu processo formativo (Doc. 110, n. 68). Mas, premida pela falta de presbíteros, muitas dioceses descuidam do processo de seleção e formação propedêutica. Nem todos estão preparados para iniciar uma caminhada formativa. Aqui a comunidade, através de diversas consultas e uma escuta qualitativa, deve ser chamada a participar. A experiência latino-americana do ver-ouvir a realidade pode ajudar muito. Deve-se partir do Real concreto para se dar os passos necessários. Mas se a formação se torna um jogo de esconde-esconde quando não há transparência. Qual o tipo de coração/pessoa queremos formar?

A formação em tempos de realidade virtual apresenta um conjunto enorme de desafios. Além de falar de dimensões da formação (humana, espiritual, pastoral missionária e intelectual) (Doc. 110, n. 182), é preciso insistir na compreensão orgânica e integral do processo formativo.

Há um temor grande de que muitos vivam duplicidade de vida e a internet é um terreno propício para cobrir a busca de anonimato. Não há diversos níveis de pessoas em diversas realidades: há uma só pessoa vivendo elementos das diversas dimensões da vida. A vida virtual continua sendo vida da pessoa com sua identidade e valores. Mas também o virtual deve seguir os princípios da formação na sinodalidade. Acompanhar, assistir, orientar e educar o formando para a presença nas redes sociais vai prevenir sérias dificuldades enfrentadas por membros do clero no uso desregrado das redes sociais. Há um grande dano na saúde mental quando a vida das pessoas se pauta por uma cultura on-line 24h – para se ter intimidade com o Senhor é preciso desligar-se de tudo (entrar no offline) para ficar com Ele e com as pessoas ao redor – a vida comunitária é mais que uma dimensão – é a plataforma necessária para a formação presbiteral.

Romper com a cultura do guru, do like, do enriquecimento fácil da Internet representa a opção por uma vida simples e desapegada. Queremos discípulos e não gurus, presbíteros que cuidam das pessoas reais ao seu redor e não influenciadores digitais ou celebridades das redes sociais. Precisamos renovar a evangélica opção preferencial pelos pobres, também no treinamento dos seminaristas para que tenham as condições de usar as ferramentas para promover os excluídos das redes sociais e sair delas para encontrar com as pessoas reais, excluídas do mundo virtual e suas benesses.

3.2. Mística e Discernimento

A liberdade é fruto do projeto que se quer compor e está embasada numa relação íntima e consistente com o Deus Trino, numa mística eucarística, comprometida com um mundo melhor para todos. Se queremos um homem íntegro, coerente, capaz de discernir, temos que treinar os seminaristas na arte do discernimento. Então não deveria acontecer uma hipertrofia da equipe formativa sobre as pessoas em formação. "O compromisso e as atitudes pastorais e evangelizadoras são critérios fundamentais de discernimento vocacional e deverão ser objeto principal do diálogo formativo" (DFPR, n. 20). Se a pessoa não for orientada a deixar-se formar e a buscar novas atitudes, o processo formativo torna-se deficiente.

A formação inicial pode ser considerada um tempo para educar o candidato ao ministério ordenado para estar sempre desejoso de buscar a Deus – sempre – um projeto de uma vida em que se caminha discernindo os planos de Deus às apalpadelas. A atitude discipular da escuta da voz de Deus faz parte da vida do presbítero. Sem essa cuidadosa escuta, outras vozes acabam por se intercalar na vida e missão do ministro ordenado, causando dificuldades, sofrimentos e escândalos. Portanto, a formação deve educar o seminarista para a oração como atitude. Discernir é saber ouvir, educar a sensibilidade humana para interpretar, procurar em comunhão as melhores respostas, ou fazer as perguntas mais adequadas. Não há discernimento comunitário sem sinodalidade. Para melhorar a qualidade formativa dos seminários é preciso que mais vozes sejam ouvidas e que a diversidade comunial da Igreja se faça presente na formação.

3.3. Diálogo e Coerência

Para falar é preciso saber ouvir. O Papa Francisco (2017) indica que as instituições de ensino superior devem se pautar por quatro critérios fundamentais: a preocupação com a verdade do evangelho na sua dimensão querigmática; o diálogo sem reserva; a interdisciplinaridade e a transdisciplinaridade; e formar redes que habilitam as instituições cristãs a serem mais eficazes e a irem mais longe em seus ideais. Por isso, a formação presbiteral poderia se guiar por esses mesmos princípios e para também saber de si, de sua identidade e do que significa ser Igreja. Sua identidade se revela melhor na relação e no relacionamento com as outras vocações eclesiais. O presbítero não pode desistir nunca das ovelhas e estar revestido de sua missão como identidade profunda. Que tipo de padre queremos? Nesse sentido está na hora de discutir com profundidade a identidade afetiva do Presbítero – um homem sensível, viril, integrado, criativo, cuidadoso, letrado e com grande inteligência emocional.

O presbítero exerce também a função de ser um gerenciador de recursos humanos: deve ser inspirador de pessoas, na sua maioria voluntários. Talvez deveríamos oferecer aos presbíteros formação em outras áreas gerenciais, para habilitá-los a ter uma visão mais completa sobre as demandas atuais das pessoas, seus direitos, deveres, fortalezas e fraquezas. Talvez a descrição mais triste que se possa fazer a um presbítero é que ele fala para um grupo muito pequeno de pessoas, que não estão nem um pouco interessadas naquilo que ele está dizendo, porque é irrelevante ou até nocivo. Praticar o diálogo torna o presbítero atento aos tempos e às pessoas, para ter o "cheiro das ovelhas", mas também seu jeito de ouvir e falar.

Por fim, uma última palavra para reformular a coordenação dos seminários e das equipes formativas das dioceses. É urgente trazer mais participação diversa no grupo que toma decisões. Mulheres, homens casados, adolescentes, idosos, todos deveriam ter seus representantes na equipe formativa para que os futuros presbíteros sejam formados na escola da vida real das pessoas e que sejam capazes de ouvir, de aprender e ensinar numa chave discipular.

Conclusão

Não há respostas fáceis quando se considera o processo formativo dos futuros presbíteros. Mas isso não deve nos impedir de perguntar. A formação presbiteral é tão importante que deve ser mais plural, comunitária, participativa, discernida e assumida por toda a Igreja. Ainda parece que não sabemos lidar com a Encarnação – humano e divinos juntos na jornada da vida abundante. Temos medo de perder o divino, então somos tentados a assegurá-lo a todo custo. Proteger os futuros presbíteros dos desafios do presente é fórmula mais fácil para o fracasso do processo formativo. Os extremos são danosos. A prudência é saber ouvir e estarmos dispostos a buscar novos caminhos. Há sinais de esperança. Os novos padres recém-formados também são amorosos com o povo e querem ser igreja sinodal. É preciso romper preconceitos e querer caminhar juntos a serviço de uma igreja toda ministerial, a serviço da vida e da esperança.

Referências

CNBB. *Diretrizes para a formação dos presbíteros da Igreja no Brasil*. Brasília: Edições CNBB. 2020.

CNBB Regional Oeste 02. *Diretrizes da formação presbiteral e religiosa para o regional oeste 2 da CNBB 2007-2009*. Edição local, sem data.

Congregação para o Clero. *O dom da vocação sacerdotal: ratio fundamentalis institutionis sacerdotalis* (DVS). Roma: Libreria Editrice Vaticana, 2016. Disponível em http://www.clerus.va/content/dam/clerus/Ratio%20Fundamentalis/O%20Dom%20da%20Vocaçao%20Presbiteral.pdf. Acesso: 15/04/2022.

Francisco, Papa. *Constituição apostólica Veritatis gaudium*, sobre as universidades e faculdades eclesiásticas. Roma: Libreria Editrice Vaticana, 2017. Disponível em https://www.vatican.va/content/francesco/pt/apost_

constitutions/documents/papa-francesco_costituzione-ap_20171208_veritatis-gaudium.html. Acesso em 15/04/2022.

Francisco, Papa. *Exortação apostólica Evangelii gaudium*, sobre o anúncio do evangelho no mundo atual. Roma: Libreria Editrice Vaticana, 2013. Disponível em https://www.vatican.va/content/francesco/pt/apost_exhortations/documents/papa-francesco_esortazione-ap_20131124_evangelii-gaudium.html. Acesso: 25/04/2022.

Francisco, Papa. *Exortação apostólica Gaudete et exsultate*, sobre a chamada à santidade no mundo atual. Roma: Libreria Editrice Vaticana, 2018. Disponível em https://www.vatican.va/content/francesco/pt/apost_exhortations/documents/papa-francesco_esortazione-ap_20180319_gaudete-et-exsultate.html. Acesso: 15/04/2022.

Sexta Parte

HORIZONTES DA SINODALIDADE

17
Aparecida: 15 anos[1]

Dimas Lara Barbosa[2]

Antes de tratar o tema "Aparecida: 15 Anos", menciono os 70 Anos da CNBB – Conferência Nacional dos Bispos do Brasil – e gostaria de lembrar que Pe. Manoel Godoy e eu trabalhamos juntos como assessores e fomos colegas no INP – Instituto Nacional de Pastoral, nos tempos em que nosso saudoso Pe. Alberto Antoniazi era o Diretor. Tivemos a oportunidade de organizar dois seminários muito importantes do ponto de vista da Sinodalidade. O primeiro refere-se aos 50 Anos da Ação Católica Especializada, cujas contribuições ainda não foram publicadas, portanto são inéditas, com a participação de Francisco Whitaker e Raymundo Caramuru de Barros, nosso querido Ca-

---

1. O presente texto é resultado da gravação de minha exposição durante a *live* sobre a Conferência de Aparecida, promovida pela FAJE no dia 05 de maio de 2022. Minha exposição nessa live foi feita de forma espontânea, e o seu teor foi resgatado a partir da gravação. Embora o tenha revisado, o texto conserva as características da oralidade original. Assim, não segue as normas estritas de um trabalho acadêmico.

2. Arcebispo de Campo Grande (MS), graduado em engenharia eletrônica (ITA, 1979), em filosofia (São Bento), em teologia (Taubaté, 1988), doutor em teologia pela Pontifícia Universidade Gregoriana, bispo auxiliar do Rio de Janeiro (2003-2011), Secretário Geral da CNBB (2007-2011). Participou da V Conferência do CELAM, em 2007, Aparecida, SP.

ramuru, dentre vários outros. O segundo seminário abordou o Jubileu de Ouro da CNBB – Presença Pública da Igreja no Brasil (1952-2002), publicado em 2003, e contou com a presença de vários assessores de peso, além do testemunho de alguns Bispos que marcaram a história da nossa Conferência, como Dom Ivo Lorscheiter, Dom Luciano Mendes de Almeida, Dom Celso Queirós, Dom Marcelo Carvalheira e Dom Raymundo Damasceno Assis. E acredito que ambos foram eventos marcantes.

Posso dizer que minha participação na CNBB, sobretudo como secretário do INP, significou para mim, um segundo doutorado, sob a batuta sempre muito segura do Pe. Antoniazi.

Retomando Aparecida, eu também vejo esta Conferência Geral como um evento extremamente marcante, não apenas para a Igreja na América Latina, mas para o próprio magistério do Papa Francisco. Todos devem saber que o cardeal Bergoglio era o chefe de redação do Documento de Aparecida.

A Conferência de Aparecida foi muito preparada. Eu mesmo, quando era bispo auxiliar do Rio de Janeiro, tive a oportunidade de realizar um seminário muito produtivo em que conseguimos reunir cerca de 40 peritos provenientes de São Paulo, de Campinas e do Rio de Janeiro. Passamos três dias no Sumaré, discutindo sobre temas que pareciam não estar sendo refletidos por outros. De fato, em toda a América Latina, e no Brasil em particular, várias equipes, começaram a se organizar, como foi o caso das Escolas Católicas, as CEBs, os movimentos Afro, os povos indígenas, cada grupo procurando dar a sua contribuição. Fizemos o seminário buscando abordar um pouco a questão da cultura, da antropologia, da nossa visão de pessoa, do diálogo entre fé e ciência. Fomos um pouco nessa direção. Porém, ao contrário da regra estabelecida, ou seja, de que todas as contribuições deveriam ser encaminhadas diretamente ao CELAM para elaboração do documento base, eu não fiz isso. Eu guardei o texto comigo no meu computador, e deixei para apresentar as conclusões diretamente em Aparecida. E o resultado foi excelente.

Houve uma iniciativa da parte da organização do CELAM, no sentido de boicotar o método ver-julgar-agir. Com isso, foi elaborado um instrumento de trabalho mais ou menos na linha de Santo Domingo. Só que nós não tínhamos mais a figura de Dom Luciano Mendes de Almeida para salvar a Conferência. Parecia que o texto tinha sido elaborado primeiro, em nível de gabinete, para depois se buscar citações bíblicas de apoio ao que tinha sido escrito. A primeira reação da assembleia quando se reuniu foi de rejeitar *in totum* o instrumento de trabalho. Essa decisão gerou muitas perplexidades. De repente ficamos sem luz, sem o chão, e todo aquele esforço de preparação foi descartado. Havia uma certa suspeita de que a Conferência ia ser concluída sem um documento final. No entanto, depois de um bom tempo de reflexão, conseguimos elaborar um projeto do que poderia ser o Documento de Aparecida.

Com o projeto em mãos, os Delegados à Conferência foram distribuídos em grupos. Eu me inscrevi para ficar no grupo da cultura, com o Cardeal Paul Poupard, na ocasião Presidente do Pontifício Conselho para a Cultura. Depois de nos reunirmos por cerca de 40 minutos, não havia saído uma única frase. Aí comentei com os demais participantes: "Estou com algumas ideias aqui na cabeça" (na verdade as ideias estavam no computador). "Vou colocar tudo por escrito, trago para cá e vocês opinam". Depois de 15 minutos, eu trouxe o texto que tinha sido elaborado no seminário que tínhamos organizado no Rio de Janeiro, que se encaixava muito bem na nossa temática. Tive apenas que adaptá-lo ao esquema que a assembleia tinha votado. Os colegas ficaram surpresos: como é possível escrever tudo isso em 15 minutos? Naturalmente, não foram 15 minutos. Tudo tinha sido preparado anteriormente, mas como já falei, não tinha enviado nossas contribuições ao CELAM, e acho que isso foi providencial. O fato é que nossas contribuições acabaram entrando na íntegra no texto de Aparecida.

E mais: como o Pe. Manoel Godoy deve se lembrar, o INP – antigo Instituto Nacional de Pastoral, hoje INAPAZ – Instituto Nacional de Pastoral Padre Alberto Antoniazzi – realizou vários seminários em torno do tema da Pastoral Urbana, dos quais o então Pe. Joel Portella

Amado era participante assíduo. E a atuação do Pe. Joel como assessor externo contribuiu de forma significativa para o desenvolvimento desse tema no Documento de Aparecida.

Ficou claro para mim que essa reviravolta na Assembleia, ao rejeitar o *Instrumentum Laboris*, foi um sinal muito concreto de que os Delegados queriam viver uma experiência em que eles não seriam meros aprovadores de um documento previamente elaborado num gabinete. Pelo contrário, queriam ser protagonistas na elaboração do Documento final, e assim foi. Note-se que a primeira versão do Documento de Aparecida foi redigida em um único dia, e isso foi um espanto. Mesmo a redação final deixa entrever as muitas mãos que o redigiram. Depois da segunda e terceira versões, houve um grande esforço da equipe de redação no sentido de uniformizar a linguagem, mas isso não foi possível e talvez essa seja uma das muitas riquezas do próprio Documento de Aparecida.

Agora, sem dúvida alguma uma grande contribuição, fundamental, sem a qual não haveria o texto de Aparecida, foi o discurso de abertura do Papa Bento XVI. Ele deu a tônica. Aliás, quando o CELAM levou ao Papa Bento a proposta do tema "Discípulos Missionários de Jesus Cristo para que nossos povos tenham vida", o Papa Bento acrescentou a palavrinha "N'Ele": "Discípulos Missionários de Jesus Cristo para que N'Ele nossos povos tenham vida". E essa pequena inserção foi decisiva. Além disso, a declaração do Papa Bento de que a opção preferencial pelos pobres é intrínseca à nossa fé cristológica também foi fundamental, porque havia irmãos bispos, e eu sabia disso, que já estavam preparando um discurso para poder detonar a opção pelos pobres. E a partir da fala do Papa Bento isso mudou radicalmente. O discurso do Papa passou, quase que na íntegra, a fazer parte de vários tópicos do Documento de Aparecida, como quando ele diz que o cristianismo não começa com uma boa ideia, nem mesmo com uma ética: começa com um encontro vivo com a pessoa de Jesus Cristo. Realmente, o Documento de Aparecida está focado nesse encontro com a pessoa de Jesus, na necessidade do querigma, na necessidade da iniciação à vida cristã.

A partir daí vão aparecer expressões que se tornaram características do Documento, como é o caso da conversão pastoral. Igualmente foi reforçada a necessidade da renovação da Paróquia, que deve se tornar uma rede de comunidades, ou uma comunidade de comunidades eclesiais missionárias.

Durante os debates, houve uma discussão em torno da Amazônia: alguns delegados achavam que esse tema não deveria fazer parte do Documento, já que a Amazônia não é uma realidade de todo o Continente, e sim dos países que constituem a Pan-Amazônia. Nessa discussão, os Bispos do Brasil deram uma importante contribuição, e o tema da ecologia passou a fazer parte significativa do Documento. Aliás, não só a Amazônia, mas também a Antártida foi levada em consideração. Uma vez, numa visita da Presidência do CELAM a Roma, o Papa Francisco nos disse que grande parte da sua própria consciência ecológica surgiu ali, daquelas discussões.

Quando foram elaboradas as Diretrizes Gerais da Ação Evangelizadora da Igreja no Brasil, já em 2013, houve uma corrente entre os Bispos que gostaria de modificá-las radicalmente para nelas inserir o Magistério do Papa Francisco. Eu, particularmente, fui contra, pois não me parece adequado ficar mudando em profundidade as Diretrizes com muita frequência. As Igrejas Particulares ainda nem tiveram tempo de assimilar as primeiras e daí a quatro anos já surgem novas. E o meu argumento era muito simples: o Papa Francisco dizia claramente no início do seu pontificado que Aparecida tinha sido para ele um milagre. Ele distribuiu o Documento de Aparecida para todo mundo, até para a Presidente Dilma, quando ela o visitou em Roma. Quando tomamos a *Evangelii gaudium*, percebemos que o Papa Francisco conferiu a várias conclusões de Aparecida uma dinâmica universal, ou seja, ele conferiu a tais conclusões a sua autoridade pontifícia, de modo que muitas das nossas contribuições passaram a integrar o seu próprio Magistério Pontifício.

Como sabemos, Aparecida focou a figura do discípulo missionário. Assim, a ideia de Igreja em saída já estava lá. É mais um tema que vai se tornar central no atual pontificado. E também a ideia de mudança de época estava presente, a alegria de ser discípulo missionário de Jesus Cristo e a alegria do Evangelho, a necessidade da conversão pastoral, a renovação missionária das comunidades, a formação do discípulo missionário como tal. Lembro-me de que já na Jornada Mundial da Juventude, no Rio de Janeiro, o Papa teve um encontro com os Bispos do Brasil, e outro com os Bispos do CELAM. De fato, o CELAM tinha agendada uma Assembleia, que foi transferida para o Rio de Janeiro para poder inserir a presença do Papa. Tive o privilégio de estar em ambos os encontros, já que estava na Presidência do CELAM. Naquela ocasião, o Papa insistiu na dimensão programática e paradigmática da missão: não bastam programas missionários, é preciso criar uma verdadeira cultura missionária, uma mudança de mentalidade, aí incluída a animação bíblica de toda pastoral.

Dom Claudio Hummes, já no final da Conferência de Aparecida, fez uma proposta ousada, a de lançarmos uma "Grande Missão Continental" (a expressão era dele). Embora a Conferência tenha mudado o nome simplesmente para "Missão Continental", sem qualificá-la de "Grande", a proposta foi aprovada na sua essência, e os delegados todos saímos com essa ideia de que era tempo de uma missão que deveria envolver todos os nossos países.

Um outro elemento que teve forte influência do discurso do Papa Bento XVI foi o da piedade popular como lugar privilegiado de encontro com Jesus Cristo: a piedade popular como uma das grandes riquezas dos nossos povos.

Aparecida renovou também a proposta de Puebla, da opção preferencial pelos pobres e pelos jovens, além de insistir sobre o valor e a dignidade da família no processo da Evangelização do nosso Continente.

Para concluir, lembro que houve certamente polarizações no interior da Conferência. Por exemplo, havia aqueles delegados que provinham de movimentos e havia aqueles que provinham das CEBs – Comunidades Eclesiais de Base, cada grupo puxando a reflexão para sua própria bandeira. Mais uma vez, foram os Bispos do Brasil a afirmar que uma coisa não se opõe à outra. É muito importante suscitar e favorecer todas as forças vivas da Igreja.

Na minha opinião, uma das expressões mais fortes de Aparecida surgiu quando foi apontada a necessidade de superar as estruturas caducas que já não mais contribuem para o anúncio do Evangelho. Por outro lado, também se afirmou a consciência de que a Paróquia não é uma estrutura caduca, já que ela é uma estrutura profundamente flexível. Numa mesma diocese existem muitos tipos diferentes de Paróquias e, nesse sentido, a própria "diocesaneidade" é um conceito que precisa ser refletido, aprofundado, porque ser diocesano em Campo Grande é completamente diferente de ser diocesano na Amazônia, em São Paulo ou em qualquer outro lugar.

Enfim, Aparecida foi, sim, uma grande experiência de sinodalidade, em que os delegados assumiram com ardor seu protagonismo, não permitindo que as decisões viessem por imposição, de cima para baixo.

18
Assembleia Eclesial da América Latina e Caribe: por uma Igreja em saída para as periferias[1]

Maria Inês Vieira Ribeiro

Introdução

"Todos somos discípulos missionários em saída". Este foi o lema da I Assembleia Eclesial da América Latina e Caribe, realizada nos dias 21 a 28 de novembro de 2021, uma Assembleia que teve como um dos principais objetivos resgatar a eclesiologia da Igreja Povo de Deus, elaborada no Concílio Vaticano II que, no continente latino-americano e caribenho, deu origem a uma Igreja libertadora, ministerial e sinodal. Esse evento continental dá continuidade à recepção criativa do Concílio Vaticano II, promovendo uma Igreja do caminhar juntos, para fora, em saída para as "periferias geográficas e existenciais", que vai junto e ao encontro com os/as pobres, os excluídos, como discípula-missionária de Jesus Cristo, em permanente estado de missão. Seu centro é a missão evangelizadora e a defesa da vida (DAp 366), tornando presente o Reino de Deus no mundo (EG 176).

---

1. O presente texto retoma as anotações pessoais feitas durante a I Assembleia Eclesial da América Latina e Caribe, realizada entre os dias 21-8/11/2021, e alguns elementos da obra de SANCHEZ (2022) sobre esse evento eclesial.

1. Jesus enviado do Pai: messias em saída

"De tal modo amou Deus o mundo que enviou o seu próprio Filho. Não o mandou para condenar o mundo, mas para que o mundo fosse salvo por Ele" (Jo 3,16-17). "E vimos e testemunhamos que o Pai enviou o seu Filho para ser nosso salvador"

(1Jo 4,14).

Depois do seu batismo de consagração missionária como profeta e peregrino dos pobres, no Rio Jordão, Jesus foi ao deserto, conduzido pelo Espírito. Formulou as opções de sua vida como peregrino itinerante. Foi tentado. As tentações foram um tempo de discernimento entre dois tipos de messianismo que se lhe apresentaram: o messianismo de poder e prestígio, de tipo davídico, e o messianismo pobre e simples, na linha dos profetas de Israel e de sua vida em Nazaré. Jesus decidiu-se por este último, rejeitando o poder político, social e o prestígio religioso.

O sistema do mal, promotor de uma sociedade empobrecida, feita de famintos e sedentos de justiça do Reino, apresentou a Jesus as melhores estratégias para obter sucesso. Mas, para Jesus, porém, a fome e a sede do povo, particularmente dos mais pobres, o preocupavam.

Depois de trinta anos de uma vida camponesa em Nazaré da Galileia, Jesus partiu para uma vida missionária de peregrino nas estradas e povoados da Galileia, Samaria e Judeia.

Ser discípulo de Jesus é seguir um caminho, o qual conduz à libertação da pessoa de forças que a prendem física e espiritualmente. Quem é libertado por ele passa a viver alimentado por uma espiritualidade que se coloca em antítese contra o sistema opressor no qual vivia. O coração missionário de Jesus foi ungido e trabalhado pela mística da *kénosis*, isto é, pelo despojamento e esvaziamento de si. Ele escolheu o *caminho descendente da pequenez e da pobreza.*

2. Chamados a abraçar as opções missionárias de Jesus

Graças à caminhada que fazemos como Igreja, pelo Vaticano II e pelas Conferências Latino-americanas de Medellín, Puebla, Santo Domingos, Aparecida e, ainda, pela presença dinâmica, carismática e profética do Papa Francisco, está acontecendo uma sincera busca de mudança radical do lugar social da Igreja para espaços mais pobres e periferias existenciais. Somos chamados a viver a mística humilde do último lugar de uma *Igreja em saída* e abraçar as opções missionárias de Jesus.

Bem conhecemos nossa realidade histórica brasileira. O Estado brasileiro foi fundado com base no tripé do latifúndio, da monocultura e da escravidão. Esta estrutura formou um povo explorado e sem direitos. Mas ao mesmo tempo, formou um povo guerreiro e lutador que, não aceitando as amarras da opressão, vem lutando contra toda forma de escravidão, desde as lutas do passado nas senzalas e quilombos pela liberdade, às atuais lutas por justiça, reforma agrária, direitos sociais e trabalhistas.

Vivemos, de forma cruel, as lutas pela democratização e acesso à terra, de modo particular pelos povos originários e afrodescendentes.

Em plena realidade, agravada pela fragilidade sanitária trazida pela Covid-19, aconteceu a I Assembleia Eclesial da América Latina e Caribe.

O tempo urge e é preciso que cada qual atue de acordo com sua vocação, a serviço do Reino de Deus na história.

3. A I Assembleia Eclesial da América Latina e Caribe

A Assembleia Eclesial foi convocada após quatorze anos da Vª Assembleia do CELAM, em Aparecida (2007). Sem dúvida, trata-se de um itinerário, um processo que prossegue, pedindo de nós contínua conversão. A inspiração de todos os momentos foi o processo de escuta e as premissas dos trabalhos em grupos.

Ultimamente, através dos últimos Sínodos, como o da Família, o da Juventude e o da Amazônia, de forma inovadora, e por iniciativa de Francisco, a primeira etapa da Assemblei foi a de uma *"escuta"* dos vários segmentos da Igreja. *"Todos somos discípulos missionários em saída"*, em uma Igreja toda ministerial. Foi com essa motivação que os mais de mil participantes percorreram do caminho traçado pela Assembleia Eclesial. O que aí aconteceu foi muito mais um processo, um caminho, do que propriamente um evento.

Destacou-se, desde o início, que o objetivo principal era ser um espaço de escuta comunitária e não de decisão. Não haveria um documento final, mas um conjunto de desafios e orientações pastorais para a Igreja.

A importância da Assembleia Eclesial está muito além de sua conclusão, muito além das tensões nela vividas. Ela abriu as portas para uma experiência de Igreja que pode responder de forma mais adequada às novas exigências históricas.

Foi um momento de louvor e gratidão por tanta doação, sem dicotomia, entre liturgia e transformação social, entre oração e vida. Fizemos memória agradecida por todos os que se doaram, em nome do Evangelho, em nossas terras.

Todo o processo de escuta da voz viva do Povo de Deus (*sensus fidelium* – Cf. o documento da Comissão Teológica Internacional: O *sensus fidei* na vida da Igreja, 74), que antecedeu a Assembleia Eclesial, tinha a preocupação de *"descer, ver, ouvir e conhecer"* (cf. Ex 3,7 ss) "as alegrias e as esperanças, as tristezas e as angústias das mulheres e homens de hoje, sobretudo dos pobres e de todos aqueles que sofrem" (GS 1).

O primeiro momento de escuta propiciou o protagonismo de todo o povo de Deus, em um itinerário eclesial e pastoral de profunda sinodalidade. No segundo momento da realização da Assembleia, marco importante que despertou entusiasmo e esperança, houve problemas metodológicos que atrapalhou uma efetiva participação dos assembleístas. Faltou o método ver, Julgar, Agir, tão comum na vivência da

Igreja da América Latina e Caribe e que ajudaria muito na construção de propostas mais consistentes e criativas a partir de um olhar crítico sobre a realidade.

A "escuta" exige tempo, sensibilidade e empatia. Ouvir o clamor por cuidado e mudanças, requer um exercício de discernimento para apresentar propostas e respostas.

Na Assembleia Eclesial, o processo de "escuta" foi sacrificado e o Documento de discernimento foi deixado de lado. O processo sinodal deixou de ser sinodal por conta da pressa de apresentar quarenta e uma afirmações, fruto da reflexão dos grupos de trabalho.

A sinodalidade foi a chave de leitura para o discernimento das atividades e reflexões durante todo o tempo da Assembleia. Isto em razão da Assembleia anteceder e ser parte integrante de um processo eclesial democrático: o 16º Sínodo convocado pelo Papa Francisco, com sua abertura no dia 10 de outubro de 2021, com sua primeira sessão prevista para outubro de 2023, com o tema "Por uma Igreja Sinodal: comunhão, participação e missão". Trata-se de um sínodo diferente em que se espera ouvir mais de um bilhão de pessoas.

O Papa Francisco almeja uma Igreja sem exclusão. Expressa isso a todo momento e destacou na sua mensagem de abertura da Assembleia. Todos os batizados têm a missão de anunciar o Reino de Deus ao mundo. Ele está tentando compreender a caminhada da Igreja, além do episcopado e isso requer uma vivência de todos na circularidade, própria do Povo de Deus, inspirada em Jesus Cristo, em que todas as pessoas batizadas têm a mesma vocação e autonomia eclesial. Tem procurado recuperar a eclesialidade do Vaticano II (EG 111-114) ao afirmar que "ser Igreja é ser Povo de Deus" (EG 114), pois "Deus nos elegeu" (EG 113), "nos tem convocado como um povo" (EG 113).

Trata-se não apenas de uma concepção ecossociológica, mas de uma noção teológica de salvação de todo o Povo de Deus, na mesma dignidade batismal.

Na *Constituição Dogmática Lumen gentium*, os padres conciliares queriam destacar a dimensão humana da Igreja e ao mesmo tempo superar o clericalismo e valorizar a presença e atuação do laicato na Igreja. "Deus quer santificar e salvar a todos os homens e mulheres, não individualmente, sem nenhuma mútua conexão, senão constituí-los em um povo" (LG 9).

Não é fácil romper com velhas concepções eclesiológicas, mas, como insiste o Papa, "o caminho da sinodalidade é precisamente o caminho que Deus espera da Igreja do terceiro milênio" (FRANCISCO, 2015). Sinodalidade é caminho de comunhão, que só pode ser feito com escuta, participação nas decisões e corresponsabilidade. Esse caminho deve guiar o modo de ser e de agir da Igreja. É decorrência do próprio ser da Igreja, entendida como Povo de Deus.

Uma Igreja sinodal é uma Igreja onde todos são sujeitos nas decisões, na formulação de prioridades e na missão. Segundo São João Crisóstomo, "Igreja e sínodo são sinônimos".

Na *Evangelli gaudium* há escolhas para todos os cristãos renovarem sua pertença ao Povo de Deus e responder ao apelo de uma Igreja "em saída", tais como:

a. "[...] renovar hoje mesmo seu encontro pessoal com Cristo, ou, pelo menos, toma a decisão de deixar-se encontrar por Ele" (EG 3);
b. "[...] permitir que a alegria da fé comece a despertar, como uma secreta, mas firme confiança, mesmo no meio das piores angústias" (EG 6);
c. "Em toda a vida da Igreja, deve-se sempre manifestar que a iniciativa pertence a Deus, 'porque Ele nos amou primeiro' (1Jo 4,19) e é 'só Deus que faz crescer' (1Cor 3,7)" (EG 12);
d. "Todos têm o direito de receber o evangelho. Os cristãos têm o dever de o anunciar, sem excluir ninguém, e não como quem impõe uma obrigação, mas como quem partilha uma alegria" (EG 14);
e. "A alegria do Evangelho é uma alegria missionária" (EG 21);
f. "Estar em estado permanente de missão, ser 'Igreja em saída'" (EG 24).

Para ser Igreja "em saída" é fundamental que cada cristão saiba discernir, à luz do Divino Espírito Santo para atender a essa convocação. Para "sair" é preciso "dar razões da própria esperança" (cf. 1Pd 3,15).

4. Assembleia Eclesial: por uma Igreja em saída para as periferias

Dissemos acima que a Assembleia foi muito mais um processo, um caminho do que propriamente um evento. O caminho está aberto!

De nada adianta repetirmos e citarmos os insistentes apelos do Papa Francisco para sermos Igreja em saída sem a nossa conversão para que sejamos, cada vez mais, Povo de Deus. Tudo está interligado e somos habitantes e cuidadores da criação. Os retrocessos não podem ser maiores que nossos legítimos desejos de mudança, inspirado pelo Espírito Santo e pelos ensinamentos socioambientais da Igreja.

Com efeito, como afirmaram os bispos em Aparecida, "a Igreja está chamada a repensar profundamente e a relançar com fidelidade e audácia sua missão nas novas circunstâncias latino-americanas e mundiais" (DAp 11).

Já demos significativos passos como Igreja da América Latina e Caribe, mas é urgente uma profunda conversão pastoral (DAp 368). Igreja com mudança de mentalidade e estruturas que promova a descentralização do poder, reorganize a Paróquia em rede de comunidades (CNBB, Doc 100).

Uma Igreja que diz "não" ao clericalismo e reconhece no ministério de animação comunitária, assumido pelos cristãos leigos e leigas como fruto do seu batismo, os sujeitos na Igreja e na sociedade (DAp 497). Todo batizado é sujeito ativo da evangelização, independente da própria função na Igreja e do grau de instrução de sua fé (cf. EG 120).

Nós não avançaremos no caminho do "ser uma Igreja em saída" sem acreditar profundamente na descentralização do poder, mantido nas mãos dos ministros ordenados.

Conforme expressão de Téa Frigério, que participou da Assembleia Eclesial, "o chamado à conversão pastoral e à sinodalidade não conseguiu aterrissar em propostas concretas" e assim, mesmo que todos os doze desafios apontem para significativas mudanças, nada resultará sem que se estimule o surgimento ou o fortalecimento de pequenas comunidades, das Comunidades Eclesiais de Base, dos grupos de reflexão orante da Palavra de Deus.

Infelizmente a Assembleia Eclesial quase ignorou o potencial da experiência das CEBs na história da Igreja da América Latina e Caribe. No Documento de Discernimento, com 163 parágrafos, em apenas um se encontra a expressão CEBs. Nos 41 desafios pastorais elaborados pela Assembleia, o 16º diz: "Promover com mais decisão as comunidades eclesiais de base (CEBs), e as pequenas comunidades como experiência da Igreja sinodal". Ao mesmo tempo que surgem nas reflexões dos grupos elas desaparecem na síntese final dos desafios. Quanto é importante uma das contribuições mais importantes da Igreja na AL e Caribe para a sinodalidade: as CEBs. É necessária sua eclesialidade e o seu valor para a Igreja e a vida de nossos povos.

Na experiência eclesial de algumas Igrejas da América Latina e do Caribe, as CEBs têm sido escolas que têm ajudado a formar cristãos comprometidos com sua fé, discípulos missionários do Senhor, como o testemunho, a entrega generosa, até derramar o sangue, de muitos de seus membros. Elas abraçam a experiência das primeiras comunidades (cf. At 2).

Enquanto houver interesses em conflito, a Igreja permanecerá a mesma, incapaz de se autorreformar. Enquanto os resultados de uma consulta honesta aos católicos leigos forem processados por uma elite clerical, não haverá sinodalidade. Na prática, entender a sinodalidade é viver um processo de conversão estrutural que não pode ser interrompido e que não pode ser visto apenas como mais um tema, sem um diálogo fraterno e sentimental entre diferentes, que diz respeito a uma dimensão real e lógica de atuação, segundo o próprio Evangelho, que age no cotidiano das nossas estruturas pastorais na e da Igreja.

Se não acreditarmos na força das pequenas comunidades, na força participativa e transformadora do laicato e da Vida Consagrada, não avançaremos nos "deslocamentos da Igreja" rumo às periferias geográficas e existenciais, sintonizados com o Papa Francisco que nos convoca a darmos testemunho em prol da construção da fraternidade global e da defesa da casa comum.

São nos pequenos grupos de base que a vida acontece! A experiência das CEBs, inúmeras ainda – espalhadas por toda América Latina e Caribe, são movidas pela espiritualidade libertadora, convictas de serem a concretização da Igreja, na missão transformadora. Infelizmente não têm recebido o decidido reconhecimento de sua eclesialidade por muitos pastores.

Nas comunidades são as mulheres as principais lideranças e participantes, assumindo ministérios e serviços. Na Assembleia Eclesial o clamor da mulher tomou conta dos grupos, dos testemunhos, muito embora nos trabalhos mais falaram homens e homens brancos.

Nas Comunidades se reconhece o rosto da mulher negra, indígena e jovem. É preciso impulsionar a atuação das mulheres na Igreja e que seja reconhecida sua ministerialidade, para assim vencer o clericalismo arraigado em nossas mentalidades e estruturas.

As CEBs funcionam como lugar de oração, de vida fraterna e compromisso com os pobres e marginalizados, expressão privilegiada de uma Igreja pobre para os pobres. Elas fomentam, na sua práxis, os 12 desafios pastorais para a Igreja na América Latina e Caribe, que são causas históricas das CEBs: juventudes, injustiças sociais e eclesiais, participação das mulheres, vida digna para todos, sinodalidade, ativa participação dos leigos e leigas, a opção preferencial pelos pobres, formação integral de todos, ecologia integral, defesa dos povos indígenas e afrodescendentes.

Concretizar esses desafios é avançar em direção aos mais sofridos e marginalizados, é ser Igreja em saída missionária.

Ser Igreja missionária em saída é abraçar os doze desafios pastorais para a América Latina que podemos resumir:
    a. Proporcionar o encontro pessoal com Jesus encarnado na realidade do continente;

b. Renovar, à luz da Palavra de Deus e do Vaticano II, a experiência de Igreja como Povo de Deus, em comunhão ministerial, que evite o clericalismo e favoreça a conversão pastoral;
c. Acompanhar a participação dos jovens, das mulheres, dos leigos e leigas, dando-lhes protagonismo; investir na formação cristã é fundamental;
d. Acompanhar as vítimas de injustiças sociais e eclesiais, destacando maior presença em relação aos povos indígenas, afrodescendentes, refugiados, atingidos pelo sistema capitalista neoliberal e descartados por uma economia que visa ao lucro acima da vida;
e. Reafirmar a prioridade da ecologia integral;
f. Pensar, para que isso se concretize, a ordenação de homens casados, os ministérios das mulheres. Isso é fundamental para esvaziarmos posturas individuais e institucionais muitas vezes contaminadas por excessos "machistas". Trata-se de mudança estrutural. Somos marcados pela cultura ocidental, pela força do homem branco, de descendência europeia.
g. Para avançarmos nossa pastoral deve dar prioridade a um grande labirinto que se chama sexualidade humana. É impossível repensar a formação em nossos seminários, a catequese em geral, sem abordar os dramas concretos que afloram em nossos corpos humanos, nunca prontos, mas sempre em construção.

Nossa maior esperança e grande tarefa para o futuro e assim sermos Igreja missionária em saída, é reforçarmos uma eclesiologia fundamentada no Concílio Vaticano II, nas cinco conferências do episcopado latino-americano e caribenho e, nos últimos sínodos, dentro do magistério do Papa Francisco. Sem uma boa assimilação de tudo isso, não avançaremos. Pelo contrário, seremos vítimas das continuadas doenças eclesiais como o clericalismo, o fundamentalismo, o catolicismo de massa. Vítimas ainda de influenciadores digitais religiosos, distantes da comunhão eclesial, submetidos a fragmentos religiosos, facilmente manipulados por uma cultura de mercado.

Muitas vezes, liderança, padres, bispos, ministros ordenados acham que possuem um status especial, que lhes dão poderes sobrenaturais. Há quem fale e aja como se tivesse autoridade absoluta, acima do bem e do mal, desconhecendo o corpo eclesial. Quando isso acontece nos distanciamos da Igreja servidora, amiga dos pobres e dos aflitos. Igreja de diversidade ministerial que mais avança quanto maior for o senso de corresponsabilidade, de comunhão e de participação.

A grande profecia de nossas comunidades e da teologia da libertação muito tem a contribuir com a experiência de uma fé encarnada na vida. Não podemos mais aceitar suspeitas preconceituosas em relação às mesmas ou, do contrário, seremos capturados por espiritualidades mágicas, tão presentes nos cenários neopentecostais, teologia da prosperidade, que mais alienam nosso povo do que o aproxima do projeto genuinamente cristão.

Conclusão

Somos um continente cristão, mas convivemos com as absurdas chagas das injustiças sociais. Por que tanta religião e tão pouca libertação entre nós? Somos peritos em ajudar os pobres, mas nos faltam vozes de denúncia das causas da pobreza e da destruição do meio ambiente.

Ser Igreja missionária em saída às periferias é seguir o exemplo de Jesus, quando o vemos nos Evangelhos, tocando as feridas, aproximando-se, sem discriminação, dos pobres, dos doentes, dos desajustados e injustiçados. Ele é nosso ponto de partida.

O discípulo é convidado a ter os mesmos sentimentos do Mestre, a fazer as mesmas opções que Ele fez.

A soberania de nossos povos, indígenas, ribeirinhos, camponeses, quilombolas, pobres e marginalizados nas áreas urbanas e rurais, clama por nosso grito profético, a partir de redes de comunidades, organizações sociais, formadoras de uma nova consciência cristã e cidadã.

As feridas de nossos tempos são o lugar eclesial comum, para outra vez florescer a experiência de Maria Madalena e das outras mulheres, ou seja, diante do absurdo de um túmulo frio, fechado com uma pedra pesada, imbuídas do desejo de verem o Senhor e serem agraciadas pelos acenos da ressurreição, nascidos das chagas do vivente (cf. Mt 16,1-8).

As mudanças ou virão das periferias, dos descartados, ou não virão. A esperança latino-americana é mariana, poética e profética! O Senhor continuará fazendo em nós maravilhas, porque Ele eleva os humildes (cf. Lc 1,46-56).

Referências

CELAM. *Documento de Aparecida*: texto conclusivo do V Conferência Geral do Episcopado latino-americano e do Caribe. São Paulo: Paulus, 2007.

CELAM. *Documento para o caminho em direção à Assembleia Eclesial da América Latina e do Caribe*. Todos somos discípulos missionários em saída. Bogotá: CELAM, 2021. Disponível: https://www.vatican.va/content/francesco/pt/speeches/2015/october/documents/papa-frances co_20151017_50-anniversario-sinodo.html. Acesso: 23/04/2022.

CELAM. *Documento para el discernimiento comunitário en la primera asamblea eclesial de America Latina y el Caribe*. Bogotá: CELAM, 2021. Disponível: 8- Documento de Discernimiento Comunitario.pdf. Acesso: 23/04/2022.

COMISSÃO TEOLÓGICA INTERNACIONAL. *O sensus fidei na vida da Igreja*. Roma: Libreria Editrice Vaticana, 2014. Disponível: https://www.vatican.va/roman_curia/congregations/cfaith/cti_documents/rc_cti_20140610_sensus-fidei_po.html. Acesso: 25/04/2022.

COMPÊNDIO VATICANO II. *Constituição pastoral Gaudium et spes* (GS). Petrópolis: Vozes, 1987, p. 141-256.

FRANCISCO. *Exortação apostólica Evangelii gaudium, sobre o anúncio do Evangelho no mundo atual*. Roma: Libreria Editrice Vaticana, 2013. Disponível: https://www.vatican.va/content/francesco/pt/apost_exhortations/documents/papa-francesco_esortazione-ap_20131124_evangelii-gau dium.html. Acesso: 25/04/2022.

FRANCISCO. *Comemoração do cinquentenário da instituição do sínodo dos bispos*. Discurso do Santo Padre Francisco. Roma: Libreria Editrice Vaticana, 2015. Disponível: https://www.vatican.va/content/francesco/pt/speeches/2015/october/documents/papa-francesco_20151017_50-anniversario-sinodo.html. Acesso: 24/04/2022.

SANCHEZ, Wagner Lopes (org.). Primeira Assembleia Eclesial da América Latina e do Caribe. São Paulo: Paulinas, 2022.

19

Da cegueira à luz no caminhar juntos/as: a Igreja latino-americana no processo de conversão sinodal[1]

Mauricio López Oropeza

Introdução

Compartilhamos esta reflexão a partir de da experiência nos caminhos sinodais da América Latina dos anos recentes e do acompanhamento espiritual que nos assistiu como mediação a partir do discernimento que nos permitiu tratar de seguir o Senhor mais de perto. Nossa experiência é cheia de limitações e fragilidades, mas, por outro lado, carregada de parresia e da coragem de buscar obstinadamente caminhos novos e mais sinodais para a Igreja do tempo presente. Não há outro caminho, o caminho sinodal é o caminho necessário hoje para o seguimento de Jesus. Com muita simplicidade, a partir do meu ponto de vista particular, compartilharemos sobre um processo no qual estão os rostos e as vozes de inúmeras pessoas que fazem parte dessa experiência.

Concretamente, essas reflexões traduzem algumas moções que vêm de dois eventos recentes, o Sínodo Especial da Igreja Universal sobre a Amazônia, que começou em 2017, teve sua fase de Assembleia em Roma em 2019, e ainda está em processo; e a 1ª Assembleia Eclesial da

---

1. O presente texto corresponde a uma conferência dada, em 25/03/2022, em Campion Hall, Oxford University, adaptado pelo autor para o seminário oferecido no II Congresso Brasileiro de Teologia Pastoral.

América Latina e do Caribe, que começou em janeiro de 2021, teve sua fase plenária em novembro do mesmo ano, e ainda está em pleno movimento em conexão com o Sínodo da Igreja Universal sobre Sinodalidade. Em outras palavras, processos inacabados e limitados, mas cheios de ensinamentos porque são caminhos de discernimento em comum e de escuta genuína do povo de Deus.

Começamos com uma oração que aparece quase despercebida no documento do Papa Francisco, infelizmente pouco conhecido, a *Episcopalis Communio*. Esse documento é muito mais do que um texto sobre estrutura (é uma Constituição Apostólica). Ele revela o anseio do Papa por uma Igreja totalmente sinodal. Essa oração, que é trazida da experiência do Sínodo sobre a família, é a melhor síntese que conhecemos sobre o caminho sinodal que estamos fazendo juntos como uma Igreja: "Para os Padres sinodais, pedimos, do Espírito Santo, antes de mais nada, o dom da *escuta*: escuta de Deus, até ouvir com Ele o grito do povo; escuta do povo, até respirar nele a vontade de Deus que nos chama" (FRANCISCO, 2014).

Nessa oração, descobrimos três princípios fundamentais que, na recente experiência sinodal da América Latina, se mostraram como verdades e convites essenciais:

A escuta é um dom, é uma graça. É algo que devemos pedir ao Senhor e que requer uma atitude de oração para buscar que o próprio Deus nos conceda. Não se trata apenas de uma capacidade particular ou de uma ferramenta na qual se pode ser treinado; é, antes de tudo, uma graça. Entrar em uma experiência de escuta genuína implica tirar as sandálias diante do solo sagrado do encontro com o outro. Essa é uma condição indispensável.

A escuta não é um exercício individual ou autônomo. É um processo de reconhecer a Deus como o centro e de saber-nos seus colaboradores nessa experiência. Somente com Ele podemos escutar de verdade, e o destinatário é sempre o povo de Deus. É o grito do povo o conteúdo principal da escuta, nunca nossa própria voz ou nossas ideias autorreferenciais. O Espírito Santo irrompe a partir da voz do povo.

Somente ouvindo o povo poderemos respirar nele a voz de Deus. Esse *sensus fidei*, que deixa de ser um conceito teológico, às vezes etéreo, torna-se um rosto concreto, que é o próprio Jesus que nos interpela a partir e no clamor do povo. Somente saindo de nossos espaços fechados e seguros poderemos ir ao encontro desse povo de Deus que grita, que espera e que tem muito a dizer, expressando o próprio desejo de Deus para sua Igreja.

Queremos compartilhar alguns aprendizados importantes que extraímos do processo na América Latina. Para isso, usaremos uma imagem profundamente improvável, mas absolutamente necessária: a do cego Bartimeu.

Parece difícil considerar um cego sentado imóvel ao lado da estrada como um guia em qualquer estrada; de fato, parece que às vezes em nossa Igreja andamos nas sombras, com uma cegueira estrutural. No entanto, esse é um cego redimido, um cego que consegue ver com novos olhos a maneira como Deus faz novas todas as coisas. O caminho de redenção de Bartimeu é o próprio caminho de nossa Igreja em sua busca de ser mais sinodal, mais fiel em seu seguimento do Senhor, buscando sua própria redenção.

1. A cegueira de Bartimeu é a nossa própria cegueira

Em nossa crescente incapacidade atual de responder aos sinais dos tempos, tanto os do mundo quanto os da própria Igreja, reconhecemos que caminhamos em profundas sombras. Nossas limitações, incoerências e pecados, e nossa resistência em dar vida aos apelos do Espírito que nos foram dados há 60 anos no Concílio Vaticano II, para sermos uma Igreja Povo de Deus, refletem nossa própria cegueira e incapacidade estrutural. É impossível uma conversão para uma Igreja Sinodal sem nos reconhecermos como limitados e necessitados de redenção, cegos como Bartimeu.

No processo sinodal latino-americano, as participações mais profundas, as expressões mais contundentes de conversão e as que mais deram vida, foram o resultado do reconhecimento de nossas próprias limitações. Lembro-me como nos comoveram, mais do que os aportes intelectualmente impecáveis, os testemunhos de reconhecimento da própria fragilidade como Igreja no acompanhamento das necessidades mais urgentes do povo. Abraçar nossa própria miséria permite preparar o coração para um encontro genuíno e para ser transformados pelo encontro com outros que, como nós, também estão feridos.

Essas periferias, antes indesejáveis e improváveis, presentes na experiência sinodal amazônica e latino-americana: os povos nativos, os camponeses, aqueles que têm outras crenças, as mulheres que são julgadas por expressarem com voz firme seu apelo a um tratamento em equidade, foram as vozes mais lúcidas e reveladoras, e as que nos permitiram reconhecer com mais força a necessidade de abrir os olhos.

2. Bartimeu, sentado à beira do caminho e condenado a permanecer na periferia, experimenta um chamado que o comove e o mobiliza

Como esse personagem, a Igreja precisa reconhecer sua condição limitada, machucada, santa e pecadora, colocada à beira da estrada sem relevância e incapaz de abraçar tudo o que fere o próprio Cristo. Precisamos reconhecer nossa própria condição de cruz e de necessidade de ajuda, para poder escutar os apelos ao novo. Bartimeu, sabendo-se irrelevante, percebe a passagem de Jesus e começa a gritar com toda força. Ele grita para ser escutado, ele grita para tentar sair de sua condição. Nossa Igreja precisa da força da parresia para voltar a gritar com o desejo do encontro com o Senhor que caminha perto de nós.

Nos recentes processos sinodais na América Latina, experimentamos a necessidade de nomear aquilo que nos impede de caminhar através dos amplos processos de escuta (87.000 no Sínodo da Amazônia – 22.000 de modo direto – e pelo menos 70.000 na Assembleia Eclesial). Os gritos a partir e na direção da Igreja na escuta sinodal nos chamam a confrontar o clericalismo; a afrontar a responsabilidade sobe os abusos sexuais e de poder, colocando em prática os meios para erradicar esse mal que é difícil de perdoar. Esses clamores nos interpelam a reconhecer o papel essencial da mulher na sociedade e na Igreja, que ao negar-lhe a atuação ministerial atenta contra seu próprio futuro; a reconhecer a urgência de responder aos desafios de cuidar da casa comum, que está tão ameaçada; a buscar modos de acompanhar os jovens em seus próprios espaços e caminhos; a dar um maior protagonismo e reconhecimento aos leigos, acompanhando-os em sua formação; a reformar os itinerários dos seminários e a formação dos sacerdotes com elementos próprios da sinodalidade.

E, por outro lado, apelos para reconhecer a centralidade de Jesus neste novo tempo e a necessidade de discernir as formas de anunciá-lo hoje nas sociedades secularizadas; a urgência de desenvolver novos ministérios; de criar estruturas eclesiais adequadas à realidade atual; a optar pelos excluídos, especialmente os povos originários, os afrodescendentes, os migrantes e refugiados, os que vivem sua identidade sexual diversa e tantos outros rostos que nos pedem para clamar com eles, entre outras urgências.

3. **Bartimeu, ao ouvir o chamado de Jesus, e apesar do fato de tentarem silenciá-lo, levanta-se, abandona seu manto e vai ao encontro**

Esse personagem aparentemente irrelevante, que, abraçando sua cegueira, clama com o grito do mundo, com o grito de uma Igreja que quer ser redimida, com nosso próprio grito, consegue ouvir o chamado de Jesus e, sem pensar duas vezes, abandona sua preguiça e seu estado deplorável, levanta-se com uma força que só pode vir do Senhor e vai ao seu encontro. Tentam calá-lo, para impedi-lo de se aproximar, consideram seu grito incômodo e tentam detê-lo, mas ele segue adiante. Mais ainda, para ir a este encontro, ele precisa abandonar o que é, seguramente, a única coisa que possuía, sua única segurança. Abandona seu manto, renuncia ao que aparentemente era seu senso de segurança e sua aparente fonte de vida, a fim de descobrir o verdadeiro centro de seu ser, o Senhor Jesus.

Nos caminhos sinodais da América Latina nos últimos anos, em meio a profundas fragilidades e equívocos, assumimos com fidelidade o chamado que desde o Concílio Vaticano II foi sendo tecido em nossa região e, apesar de toda as resistências, os clamores e as esperanças do povo foram escutados. Apesar de tantas vozes do status quo quererem impedir essas vozes incômodas; apesar de a presença dos povos indígenas ou dos representantes das periferias ser aparentemente estranha para os protocolos do Vaticano, a força de suas vozes nos permitiu escutar mais atentamente o que o Espírito Santo quis nos dizer: precisamos mudar, ser transformados por esses encontros.

A periferia é o centro. O Papa Francisco expressou isso, pedindo que as vozes rejeitadas pelos construtores sejam verdadeiras pedras angulares do caminho de conversão da Igreja. Os que se preocupam com a forma em vez dos rostos concretos são os que queriam silenciar as vozes que clamam por conversão. No Sínodo da Amazônia, quiseram silenciar essas vozes criando um falso cenário de um inexistente "Sínodo Pachamama", quando o que se queria impedir eram as mudanças de fundo, mudanças urgentes, mudanças discernidas com clareza e uma atitude de oração dentro da sala sinodal.

Da mesma forma, na experiência sinodal latino-americana, tornou-se mais evidente a necessidade de dar o devido lugar ao *sensus fidei* do Povo de Deus. Não se trata de substituir as estruturas, o *depositum fidei*, mas de dar espaço ao Espírito para que não seja asfixiado e para que as formas continuem a se desenvolver e as estruturas sejam reformadas a serviço da grande diversidade da Igreja, de sua plena catolicidade. É impossível caminhar sinodalmente sem abandonar os apegos que tornam impossível seguir um itinerário conjunto, na diversidade de carismas e ministérios, com diferentes papéis e serviços na Igreja, mas caminhando juntos em igualdade como homens e mulheres batizados.

4. **Quando Jesus pede que tragam Bartimeu à sua presença, ele lhe pergunta: O que queres? A resposta do cego é a mesma que deve ressoar em nossos processos sinodais: Senhor, que possamos ver!**

Jesus interpela esse cego, mesmo sabendo de antemão o mal que o aflige, ou seja, ele o desafia a ser capaz de nomear o que ele precisa com mais urgência. Ao interpelá-lo, ele o afirma como filho. Diante disso, Bartimeu assume a responsabilidade por sua própria cegueira e, por isso, é capaz de pedir o poder de ver. Ele se torna responsável por sua incapacidade de ver e a põe nas mãos de Jesus.

Em última análise, esse é um diálogo que reflete a necessidade de uma escuta recíproca, não porque não sejamos capazes de fazer nossos próprios diagnósticos para descrever o que está acontecendo na Igreja, mas porque esse homem cego, assim como a Igreja cega, só pode assumir a responsabilidade por sua condição nomeando o que padece. Assim, abre-se um verdadeiro processo de conversão, no qual se produz um diálogo em que o principal interlocutor é o próprio Jesus.

Várias vezes, na recente experiência sinodal recente da América Latina, nos disseram que isso era uma perda de tempo: por que tanto esforço para escutar o que já sabemos e já estudamos em profundidade? Por que tanto trabalho para que nada mude? E muitas outras perguntas do mesmo tipo. Diante disso, aqueles que se aventuraram a participar desses processos sinodais com liberdade e esperança experimentaram em sua própria carne o poder da conversão ao escutar os outros, ao ser escutado pelos outros e em discernir e sonhar novos caminhos juntos.

Constatamos que a mudança para uma Igreja sinodal não se produz nem se sustenta nos documentos, muito menos nos próprios eventos; a conversão se dá no caminho da escuta compartilhada, no rezar juntos, discernir e optar concretamente pelos novos caminhos que são possíveis em cada realidade particular. Em todos os lugares onde a escuta foi pré-fabricada, reduzida aos poucos de sempre, ou transformada em um simples relatório dos diagnósticos já feitos, pudemos ver que, independentemente da força dos documentos e dos eventos, nada mudava, porque não havia o reconhecimento da própria necessidade de conversão.

Se reduzirmos este Sínodo, e qualquer processo sinodal, a uma série de atividades programáticas e tarefas a serem cumpridas, ao mero cumprimento de uma lista de requisitos, ele terá fracassado desde o início. Se o Sínodo não nos transformar a partir do encontro com o improvável, mesmo o documento mais perfeito não produzirá o fruto desejado de uma Igreja que caminha mais sinodalmente e se permite ser interpelada. É necessário não perder o foco, não diluir a essência do processo, que é: dar o passo adiante, o que corresponde a este momento, para avançar em direção a uma verdadeira cultura de sinodalidade na Igreja.

5. **A conversão sinodal de Bartimeu não se produz quando recupera a visão, mas somente quando, depois de ser curado, decide, por convicção, seguir Jesus no caminho. Ele caminha com Jesus, eles caminham juntos**

O relato da conversão de Bartimeu não termina com um final aparentemente previsível, quando Jesus lhe devolve a visão. Não, a mudança mais profunda em Bartimeu acontece quando, tendo recuperado a visão no encontro com Jesus, ele decide segui-lo no caminho, tornando-se um verdadeiro discípulo do Senhor.

A missão da Igreja não é a sinodalidade, mas o seguimento de Jesus; porém, sem sinodalidade, será impossível seguir Jesus plenamente e em comunhão com os outros. Em outras palavras, a sinodalidade é um meio que não pode ser renunciado e não pode ser adiado, mas é um meio com o único fim de revitalizar o seguimento do Senhor em nossa Igreja para a construção do Reino em um mundo quebrado.

Nos processos latino-americanos, recebemos constantes acusações, algumas de instâncias do próprio Vaticano, de querer mudar a

Igreja, substituindo o que é central por uma moda momentânea de sinodalidade. A verdade é que o modo sinodal é inerente à identidade da Igreja desde o início. Ela não pode ser ela, em sua plenitude, sem aquele caminhar juntos que é expresso na própria maneira de Jesus caminhar com os outros, especialmente com aqueles considerados nas periferias, os mais improváveis dos improváveis. Esse também é o modo predominante de proceder das primeiras comunidades cristãs, de acordo com os textos sagrados.

Mas, como expressou o tema do Sínodo da Amazônia, devemos encontrar "novos caminhos para a Igreja e para uma ecologia integral", e como indicou a 1ª Assembleia Eclesial da América Latina e do Caribe, somos chamados a ser "discípulos missionários em saída". É um tempo em que se necessita de um "transbordamento do Espírito", um "transbordamento sinodal".

Em 15 de outubro de 2019, durante a Assembleia do Sínodo da Amazônia, o Papa tomou a palavra e disse com firmeza:

> não conseguimos fazer propostas totais... estamos de acordo com um sentimento comum sobre os problemas da Amazônia e a necessidade de responder, mas ao buscar as saídas e soluções, algo não satisfaz. As propostas são de remendo. Não há uma saída totalizante que responda à unidade totalizante do conflito... com remendos não podemos resolver os problemas da Amazônia. Eles só podem ser resolvidos pelo transbordamento... O transbordamento da redenção. Deus resolve o conflito por meio do transbordamento (FRANCISCO, 2019).

Para concluir, à luz da conversão de Bartimeu e de seu caminho rumo ao seguimento sinodal de Jesus, compartilhamos algumas percepções de nossa recente experiência na América Latina.

6. Algumas luzes que nos abrem os olhos a partir da 1ª Assembleia Eclesial da América Latina e do Caribe, organizada pelo CELAM

Em uma experiência de dimensão regional sem precedentes, ficou para trás uma visão de eventos isolados, já que esta Assembleia é um processo, que não terminou, marcado por várias etapas, inspirado na proposta sinodal da Constituição Apostólica *Episcopalis Communio*, em virtude do fato de ter considerado:

- Uma ampla escuta de todo o Povo de Deus que quis e decidiu participar, com uma intenção clara de um alcance aberto e sem exclusão, e dando espaço para os "excluídos" ou "improváveis", através das diferentes formas de aproximação dos próprios membros da Igreja que serviram como pontes vivas;
- Um profundo e vertebrador itinerário espiritual e litúrgico acompanhando todo o processo;
- A elaboração de um documento para o discernimento baseado na escuta (com a participação de pelo menos 70.000 pessoas nas diferentes modalidades), que orientou a busca de horizontes a partir da própria palavra do povo de Deus;
- Uma fase de Assembleia Plenária híbrida (virtual e presencial) com uma participação sem precedentes em composição e número de mais de 1.100 pessoas (cerca de 100 no modo presencial no México e cerca de 1.000 no modo virtual em toda a América Latina e Caribe – incluindo cerca de 150 delegados hispânicos dos EUA e Canadá);
- Resultados na forma de 41 desafios com suas orientações pastorais, trabalhados em comunidade nos grupos de discernimento, com os quais serão dados os próximos passos (documento de horizontes pastorais da Assembleia, devolução dos desafios ao povo de Deus, conexão com o Sínodo sobre Sinodalidade, consolidação da renovação e reestruturação do CELAM, entre outros).

Foi muito significativo conseguir uma representação ampla, imperfeita, mas genuína representação do Povo de Deus: 20% de bispos; 20% de sacerdotes e diáconos; 20% de religiosos e religiosas; 40% de leigos e leigas.

A transparência do processo ao apresentar os resultados da Síntese Narrativa da Escuta com total abertura para que todo o Povo de Deus pudesse saber o que foi trabalhado com suas vozes e contribuições, e como forma de reciprocidade na escuta.

Trabalhamos com um método de participação e discernimento comunitário (método da conversação espiritual) que marcou profundamente a experiência nos grupos da Assembleia, com uma avaliação profundamente positiva, e a partir da qual foram definidos os horizontes de todo o processo.

A espiritualidade foi um elemento essencial durante toda a experiência, que centralizou a busca comum da vontade de Deus, colocando a palavra de Cristo e seu seguimento no centro.

Uma opção profunda para conectar essa experiência com o Sínodo sobre Sinodalidade da Igreja universal.

A presença de representantes de outras regiões da Igreja no mundo, de suas Conferências continentais, seja pessoalmente ou por meio de comunicados, foi altamente valorizada, com um forte apreço da parte deles por essa experiência.

Como fruto da experiência do discernimento comunitário, temos 41 desafios para a Igreja na América Latina e no Caribe. Alguns são novidades pastorais, outros expressam a necessidade de maior aprofundamento e compromisso em várias áreas, e outros refletem a confirmação e a continuidade em áreas em que já estamos trabalhando intensamente.

A transmissão digital aberta, para qualquer membro do povo de Deus, através dos vários canais de cerca de 80% da Assembleia (exceto os grupos de discernimento), abrindo a experiência da Assembleia para toda a Igreja.

Conclusão

Quando me perguntaram sobre os aspectos mais significativos dessa experiência, que ainda está em processo, expressei que o mais importante é nos fazermos uma pergunta que está no centro do que vivemos:

De que forma fomos transformados pessoalmente, como comunidade e como Igreja, pela experiência de encontrar e ouvir o Deus da vida por meio das vozes concretas do povo de Deus, especialmente as mais improváveis, e a que novos caminhos concretos isso me (nos) levou?

Se não vivemos uma genuína conversão, *metanoia*, a experiência terá sido em vão e continuará sendo uma ameaça para um extremo, ou uma contribuição sempre insuficiente ou impura do reducionismo ideológico para o outro extremo.

Nenhum documento final, nenhuma lista de desafios e orientações pastorais, nenhum elemento metodológico ou operacional da experiência, nenhum acerto ou limitação da Assembleia têm qualquer significado ou valor se não nos colocarem na perspectiva de saber que somos chamados a seguir Cristo com mais intensidade.

Referência

FRANCISCO. Vigília de oração preparatória para o sínodo sobre a família. *Discurso do papa Francisco*. Roma: Libreria Editrice Vaticana, 2014. Disponível: https://www.vatican.va/content/francesco/pt/speeches/2014/october/documents/papa-francesco_20141004_incontro-per-la-famiglia.html. Acesso: 23/04/2022.

20

Um balanço sobre a escuta sinodal na Igreja do Brasil, da América Latina e do Caribe

Geraldo Luiz De Mori

Introdução

No dia 21/05/2021, a Sala de Imprensa da Santa Sé emitiu a "Nota do Sínodo dos Bispos", na qual comunicava que o Papa Francisco havia aprovado, no dia 21/04/2021, um novo itinerário para a XVI Assembleia Geral Ordinária do Sínodo dos Bispos, prevista inicialmente para realizar-se em outubro de 2022, com o tema "Por uma Igreja sinodal: comunhão, participação e missão" (OFICINA DE PRENSA, 2021). Segundo a Nota, a Secretaria Geral do Sínodo dos Bispos (SGSB), com o Conselho Ordinário, propunha uma modalidade inédita para o caminho sinodal. Ao invés de realizar-se em outubro de 2022, após um processo de consulta às Igrejas locais, como fora o caso dos sínodos anteriores convocados pelo Pontífice, o novo percurso teria como ponto de partida a celebração de abertura, a realizar-se no Vaticano nos dias 9 e 10/10/2021, e nas dioceses nos dias 16 e 17/10/2021, à qual se seguiria uma etapa de "escuta" nas Igrejas particulares, a ser sintetizada pelas Conferências Episcopais nacionais, de cujas sínteses seria elaborado um primeiro *Instrumentum laboris*, a partir do qual se realizaria a etapa continental, que daria o insumo para um segundo *Instrumentum laboris*, o qual guiaria a Sessão Sinodal de outubro de 2023. O texto, retomando o Discurso do Papa por ocasião dos 50 anos da Instituição do

Sínodo dos Bispos, lembra que esta instituição é o "ponto de convergência do dinamismo de escuta recíproca no Espírito Santo, conduzido em todos os níveis da Igreja" (FRANCISCO, 2015). A articulação das distintas etapas, continua a Nota, garantirá a participação de todos no processo sinodal, que não é um "evento", mas um processo que envolve em "sinergia o Povo de Deus, o Colégio episcopal e o Bispo de Roma" (OFICINA DE PRENSA, 2021). O texto especifica os prazos para cada fase: Diocesana: 1ª. Fase: entre outubro/2021 e abril de 2022, a partir das orientações do *Documento Preparatório*, preparado pela SGSB, acompanhado por um questionário e um *Vademecum*. Além das dioceses deveriam participar dessa Fase, os Dicastérios da Cúria Romana, as Uniões de Superiores e Superioras Maiores, as Federações da Vida Consagrada, os Movimentos Internacionais de Leigos/as, as universidades e faculdades de teologia; 2ª. Fase: Continental, entre setembro de 2022 e março de 2023, a partir de um primeiro *Instrumentum laboris*, elaborado pela SGSB, a partir do qual cada continente faria um "discernimento pré-sinodal"; 3ª Fase: Igreja Universal: em outubro de 2023, realizada a partir do segundo *Instrumentum laboris*, elaborado pela SGSB. Houve ajustes no calendário e nos termos utilizados para denominar alguns textos: a 1ª Fase foi prorrogada e as sínteses de cada país puderam ser enviadas até o final de agosto de 2022; o *Instrumentum laboris* para a 2ª Fase foi denominado *Documento da Etapa Continental* (DEC); em 16/10/2022 o Papa anunciou que o sínodo teria duas sessões: em outubro de 2023 e outubro de 2024. Somente depois dessas Sessões sairá a Exortação pós-sinodal.

O 2º Congresso Brasileiro de Teologia Pastoral aconteceu em maio de 2022, quando ainda estavam sendo elaboradas as sínteses de cada diocese, a partir das quais a CNBB redigiu a Síntese nacional, enviando-a à SGSB no final de agosto de 2022. Em setembro de 2022 foi elaborado Documento da Etapa Continental (DEC), divulgado em outubro 2022. De janeiro a março de 2023 aconteceram as assembleias da Fase Continental, que deram origem às sínteses a partir das quais foi elaborado o Instrumentum laboris, tornado público em 20/06/2023. A partir desse texto acontecerá a próxima Fase. A reflexão aqui proposta toma em conta a síntese da 1ª Fase feita pela comissão que redigiu a síntese da Igreja do Brasil enviada à SGSB, e a da 2ª Fase, elaborada, por sua vez, pelo CELAM, com algumas considerações conclusivas sobre o Instrumentum laboris.

1. A caminhada sinodal na Igreja do Brasil: realidade, desafios e horizontes

Das 278 circunscrições eclesiásticas existentes na Igreja católica do Brasil, 254 enviaram o relatório correspondente à fase da escuta diocesana (94% das circunscrições), além de 8 organizações religiosas. A Comissão encarregada da Síntese Nacional, seguiu, em sua elaboração, o roteiro do Questionário proposto pela SGSB, concluindo com algumas considerações finais. O presente texto retoma brevemente cada um dos pontos desse roteiro, retomando em seguida os principais pontos sublinhados nas considerações.

Para a "Pergunta Fundamental", a Síntese destacou como pontos de unidade: (1) A vida de fé e a pertença à comunidade, tendo como fonte a Eucaristia, a escuta da Palavra de Deus, as devoções populares, as celebrações litúrgicas, os encontros formativos, os momentos "fortes" da pastoral como a Campanha da Fraternidade, na Quaresma, a Campanha da Evangelização, no Advento, os meses temáticos, como o das vocações (agosto), o da Bíblia (setembro), o missionário (outubro); (2) A organização dos Conselhos em todas as instâncias (comunidades, pastorais, paróquias, movimentos, organismos, dioceses), dinamizando a pastoral e a organização em todos os níveis; (3) Os gestos de solidariedade em todos os âmbitos de organização eclesial, com mutirões, campanhas, serviço da caridade, ação social, apoio a migrantes, moradores de rua, idosos vulnerabilizados, mulheres marginalizadas, crianças e jovens abandonados. À pergunta sobre os passos a serem dados para crescer no caminho sinodal, foram destacados: a Iniciação à Vida Cristã em perspectiva catecumenal, a formação de Escolas catequéticas, o incentivo ao reconhecimento do Ministério de Catequista, a formação bíblica e teológica para o laicato, a formação contínua e permanente sobre a sinodalidade e a pastoral de conjunto, superando divisões, marginalizações, clericalismo, a animação da leitura orante da Palavra de Deus. Preocupações recorrentes: a mudança de época, que exacerba o individualismo e compromete a vida em comunidade; a competitividade e as vaidades de certas lideranças. Daí a importância de uma espiritualidade litúrgica e mistagógica, a vivência da caridade e da promoção da "cultura do encontro" e da dimensão missionária.

Para a questão "Companheiros de Caminhada", a resposta à pergunta, "Quem caminha com a Igreja?", foi: todos os batizados, os ministros ordenados, os consagrados e as consagradas, os fiéis leigos e leigas, quem não professa a fé católica, mas ajuda a Igreja em momentos variados. Dentre todos esses grupos com os quais a Igreja caminha, foi dado destaque para as mulheres, que não participam, porém, nas instâncias de tomada de decisões; as juventudes, cuja voz, porém, precisa ser mais ouvida; os leigos e leigas que assumem com empenho a ação de acolhida na Igreja, mas nem sempre são valorizados. No âmbito extra-eclesial, se recordou o papel de instituições, movimentos sociais, entidades e segmentos da sociedade que reconhecem a seriedade a Igreja e estão dispostos a dialogar e colaborar com suas iniciativas visando o bem comum e a dignidade da pessoa humana. Além desses distintos "grupos" que "caminham junto" com a Igreja, foram recordados os que se opõem à eclesialidade sinodal: os movimentos e grupos que preferem caminhar de forma independente, sem ligação com a estrutura diocesana; os que não querem caminhar juntos e se excluem da Igreja, abandonando-a; as denominações que assediam os fiéis católicos para que abandonem sua Igreja. Com relação a "quem não deseja caminhar com a igreja?", foram elencados: os que se declaram ateus, agnósticos ou sem vínculo religioso; os que perderam a confiança na instituição eclesial por conta de seu legalismo, ou se afastaram por causa dos escândalos e abusos de ordem sexual e financeira. Os relatórios diocesanos reconhecem ainda que a Igreja não consegue estar nas seguintes periferias geográficas e existenciais: alcóolatras, portadores de deficiência, LGBTQIA+, profissionais do sexo, dependentes químicos, fiéis que estão impedidos da comunhão eucarística, pessoas em situação de rua ou de vulnerabilidade social, como os migrantes, os refugiados, os que estão privados de liberdade ou são egressos do sistema prisional, os padres que deixaram o ministério. O relatório destacou ainda algumas experiências concretas que dificultam o caminhar juntos: a mentalidade autoritária dos ministros ordenados, que não sabem ouvir os leigos e criam dificuldades à comunhão e à acolhida; os conselhos que não são espaços de autêntica comunhão e participação; as lideranças leigas autoritárias; os padres da mídia que instruem seus seguidores com orientações diferentes da que é proposta por seus pastores e pela CNBB, atuando como Igreja paralela; a polarização ideológico-política; a falta de unidade e as divisões, com oposições ao Papa e à CNBB, fomentadas por influenciadores paralelos ("gurus teológicos"). O texto reconhece também aquilo que favorece o caminhar juntos na Igreja: o testemunho e os documentos do Papa Francisco; o documento de Aparecida; as DGAE; os planos diocesanos de pastoral; as Campanhas da Fraternidade; os Diretórios; os projetos missionários; os diversos conselhos. Por fim, o relatório recorda a importância da acolhida, da atenção emergencial para com os jovens, por conta da grande diminuição de sua presença na Igreja, e da necessidade de se repensar os métodos de evangelização.

A questão sobre o "Ouvir" começa recordando que a Igreja é uma das instituições que mais exercita a arte da escuta, embora com algumas fragilidades, manifestas, sobretudo, nas diversas formas de clericalismo e na fragmentação comunitária. Nesse sentido, os que mais precisam ser ouvidos são os leigos e leigas, dando-lhes mais espaço de protagonismo. Reivindica-se uma maior presença dos ministros ordenados junto ao povo, para "sentir seu compasso" e critica-se o autoritarismo no exercício de seu ministério. Recorda-se que a arte de ouvir deve ser seguida de acolhida, abertura e empatia. O papel das novas tecnologias no campo da comunicação e da escuta é valorizado, tendo sido fundamentais no período da pandemia, pois abriram espaço para o trabalho em rede e a criação de novos espaços de escuta. Várias fragilidades na escuta também foram assinaladas, sobretudo frente às juventudes, às mulheres, aos indígenas, ribeirinhos, movimentos sociais, moradores de rua, migrantes, casais em segunda união, dependentes químicos, mães solteiras, idosos, enfermos, portadores de deficiência, depressivos, casais em crise conjugal, LGNTQI+, quilombolas, desempregados. Quanto os horizontes que podem favorecer a escuta, foram evocados: os espaços e meios sistêmicos das paróquias, os voluntários profissionais na arte da escuta. Os meios para esse exercício: reuniões, assembleias, conselhos, grupos, pastorais, movimentos, associações, grupos diversos, retiros, encontros de formação, meios de comunicação, secretaria paroquial, parcerias com outras instituições, presenças junto às comunidades isoladas, visitas domiciliares e tantas outras iniciativas religiosas que promovem a escuta.

Quanto à questão "Quem toma a Palavra?", lembrou-se que na Igreja primeiro é necessário estar à escuta da Palavra de Deus antes de tomar a palavra, e que um dos lugares privilegiados para esse exercício são os pequenos grupos, que se reúnem em família. Na sociedade, a tomada da palavra se dá pela participação em movimentos sociais e civis, consultas públicas, associações, sessões próprias dos poderes públicos, reuniões escolares e trabalhistas, conselhos e redes sociais. A Igreja, segundo o texto da Síntese, é respeitada na sociedade por dar voz aos que não têm voz, sobretudo quando assume atitudes mais próximas dos fiéis, torna possível sua tomada da palavra nas mídias sociais. Com relação aos desafios que emergem da tomada da palavra, foram assinalados: com relação às mídias: a propagação de valores não coerentes com o Evangelho, a disseminação de fake News, a polarização. Os lugares de fala mais mencionados na Síntese: os conselhos, embora, em várias situações, têm se tornado apenas lugar de transmissão de informação, não de escuta e decisão; a catequese, as celebrações, os encontros de formação, os novos movimentos. Quanto a quem fala em nome da comunidade, o texto lembra que, em geral, é o clero ou os leigos que são escolhidos por ele. A crítica ao clericalismo, que monopoliza o uso da palavra ou a cerceia, impedindo que leigos e, sobretudo, mulheres e pessoas marginalizadas possam falar, é recorrente. Nesse sentido, os desafios para que mais pessoas falem em nome da Igreja são: insegurança, timidez, individualismo, ignorância, falta de preparo, coragem e maturidade, desrespeito, intolerância e medo, déficit de pensamento crítico, medo de tomar posição, comodismo. A polarização político-ideológica que se exacerbou na sociedade nos últimos anos tem impedido que as pessoas se escutem, levando-as a se omitirem. A Síntese observa que a Igreja comunica mal com todo o povo de Deus, recorrendo a palavras desencarnadas, que não articulam fé e vida. Sua fala é muitas vezes institucional e não pessoal, sua voz tímida, sobretudo em espaços como escolas, hospitais, condomínios. As redes sociais, embora favoreçam o contato, muitas vezes têm substituído as experiências comunitárias e os vínculos que unem as pessoas. Falta formação para os diversos membros do corpo eclesial falarem em nome da Igreja. Como horizonte de esperança, observa-se que a escuta é o primeiro passo para a tomada da palavra. Por isso, é necessário pensar processos formativos integrais, que gerem autonomia e confiram segurança a quem for falar em nome da Igreja, capacitando para expressar profeticamente sua voz. Fala-se ainda da urgência de uma melhor formação de quem usa as redes sociais em nome da Igreja, para quem capacita os fiéis para uma presença responsável na política, dando-lhes voz nos debates sociais. Apela-se ao posicionamento profético da Igreja contra a exclusão e o preconceito, e em defesa do território de camponeses e de povos originários.

O tópico "Celebrar" inicia com o reconhecimento de que a sinodalidade é alimentada pela oração pessoal, a liturgia e a piedade popular. Na liturgia, há um destaque para a eucaristia, mas também as celebrações da Palavra e o Ofício divino. A Síntese recorda o crescente interesse pela leitura orante, o lugar da homilia como espaço de aprofundamento da fé, a importância da religiosidade popular, através de novenas, devoções populares, especialmente a Nossa Senhora. Os meios de comunicação, por transmitirem conteúdos importantes para a fé, também são valorizados, embora possam acomodar os fiéis. As principais dificuldades apontadas no âmbito do "Celebrar": falta de presbíteros em vários lugares, falta de formação litúrgica, os problemas com a música litúrgica, por conta do recurso, em vários meios religiosos, a uma música de caráter intimista e emocional. Reconhece-se o privilégio do individualismo em alguns tipos de celebrações, não levando ao compromisso, ou transformando a liturgia em anestesia terapêutica. O horizonte de esperança que emerge dessa questão é a iniciação para a liturgia como celebração do mistério pascal, a presença da mulher como leitora e acólita.

O tópico "Corresponsáveis na missão" começa reconhecendo o compromisso e a dedicação dos ministros ordenados, religiosos e religiosas, leigos e leigas nas pastorais e ministérios. Percebe-se, contudo, um desconhecimento entre muitos fiéis da pessoa de Jesus, do plano pastoral diocesano, das DGAE, da Doutrina Social da Igreja, do documento de Aparecida. O clericalismo é de novo apontado como uma dificuldade, por não reconhecer o valor das mulheres e não as integrar nas instâncias decisórias da Igreja. Também se evoca o distanciamento dos padres da vida do povo, centralizando tudo na organização e na condução da pastoral. Dentre os desafios apontados, se destacam: o desconhecimento do caminho sinodal, o conservadorismo religioso e a não aceitação do magistério do Papa Francisco, o pouco envolvimento de membros da Igreja em movimentos sociais. Foram ainda apontadas negligências no campo da evangelização, sobretudo no tocante às questões sociais, políticas, formação afetiva, no pouco ou quase ausente acompanhamento, por parte da Igreja, de muitas situações de vulnerabilidade.

Quanto ao tópico "Diálogo da Igreja com a sociedade", a Síntese começa valorizando o magistério do Papa Francisco, por motivar e inspirar a Igreja para o diálogo. Também reconhece o lugar dos conselhos, assembleias, encontros, retiros, círculos bíblicos, celebrações como mediações para o diálogo no cotidiano da vida eclesial, além de reconhecer e valorizar os projetos interparoquiais e interdiocesanos. Na relação da Igreja com a sociedade há o reconhecimento de sua contribuição no campo da caridade, através das pastorais sociais, da Caritas, do CIMI, entre outras iniciativas. Ressalta-se a importância dos movimentos sociais, do acompanhamento, em várias dioceses, de conselhos de defesa de direitos, políticas públicas, ONGs, fóruns etc. As Campanhas da Fraternidade são vistas como uma experiência singular de vivência sociotransformadora da Igreja do Brasil, como também a incipiente preocupação ecológica. Dentre os desafios levantados, destacam-se: a polarização no seio da sociedade, os conflitos relacionados ao poder, a falta de integração e conhecimento mútuo dos vários serviços, pastorais e movimentos eclesiais, além da apatia, da falta de motivação, do cansaço no seio da igreja frente à ação social, da contribuição da Igreja na formação para o diálogo na sociedade civil, do desconhecimento da Doutrina Social da Igreja, de certo esfriamento da profecia.

Com relação ao tópico "Diálogo ecumênico e inter-religioso", constata-se que poucas dioceses se ocuparam com a escuta de pessoas de outras Igrejas e tradições religiosas. A presença, embora velada, de preconceito e discriminação, sobretudo com as religiões de matriz africana, encontra-se em várias atitudes de católicos. Quanto ao diálogo ecumênico, ele é mais difícil, sobretudo com os pentecostais e os neopentecostais.

O tópico "Autoridade e participação" apontou para a presença de conselhos consultivos em todas as instâncias eclesiais, enquanto fomentadores de participação na vida eclesial, propiciando a descentralização das decisões. A metade das Sínteses diocesanas fazem, porém, a ressalva de que eles precisam ser mais efetivos. As pastorais e as coordenações colegiadas foram igualmente citadas como organismos participativos, por promoverem a corresponsabilidade no planejamento pastoral nos diversos níveis. Reconhece-se que o exercício da autoridade na Igreja acontece pela comunhão com o bispo, mas em várias Sínteses reivindica-se sua participação mais efetiva. Os desafios apontados nesse tópico foram: clericalismo, por perturbar e dificultar uma participação mais efetiva na vida eclesial; burocratização das relações nas paróquias e comunidades. Quanto aos horizontes, reivindica-se maior participação nas comunidades, sobretudo de mulheres e jovens nas instâncias decisórias, com a possibilidade de ordenação de mulheres para os graus de diaconisas e sacerdotisas, e a ampliação de ministérios laicais. Algumas Sínteses propõem a supressão da obrigatoriedade do celibato para os presbíteros.

O tópico "Discernimento e decisão" começa por reconhecer a dificuldade em entender a Igreja como povo de Deus, apesar da valorização dos ministérios, pastorais, movimentos e lideranças. A desigualdade na tomada de decisões, a falta de diálogo e de discernimento, leva à manipulação das decisões, à falta de escuta de grupos minoritários, ao autoritarismo, ao clericalismo e ao abuso de poder. A ausência de formação e de espiritualidade no processo de discernimento, prejudica a tomada de decisão e a condução da vida na Igreja. Daí a necessidade de investir na formação dos presbíteros para o discernimento. Um tema recorrente nas sínteses é o da nomeação e transferência dos padres. Os conselhos são valorizados como instância de discernimento e de gestão pastoral.

O último tópico "Formar-se na sinodalidade", começa elencando as instâncias de formação nas igrejas particulares: escolas de formação permanente, cursos de teologia para o laicato, escolas diaconais, catequéticas, de fé e política, litúrgicas, de comunicadores, bíblicopastorais, missionárias, de espiritualidade. Em muitas dioceses há a preocupação com uma formação integral e permanente do clero, dos consagrados e consagradas, dos fiéis leigos e leigas. Os planos de pastoral são valorizados, como as DGAE, por alimentarem a unidade. Dentre os obstáculos da formação para o caminhar juntos destacam-se: individualismo, medo, autoritarismo, resistência à aceitação do novo, falta de formação na perspectiva de uma Igreja sinodal, ausência de projetos processuais.

As "considerações finais" da Síntese começam afirmando que a Igreja do Brasil tem consciência do pluralismo social, político, econômico e cultural no exercício de sua missão. Lembra que a primeira fase da escuta sinodal foi realizada e assumida pela maioria do povo de

Deus, com olhar crítico e esperançoso, a partir da identidade eclesial do país e em relação com a sociedade, tendo em vista os âmbitos mais desafiadores: as periferias geográficas e existenciais. O texto constata, porém, que a ausência, nesta etapa do processo sinodal, das vozes discordantes das opções da Igreja e das pessoas que compõem a sociedade civil. Aponta, em seguida, os avanços da caminhada sinodal da Igreja católica do Brasil: saber ouvir e trabalhar com as forças vivas do povo de Deus, os leigos e as leigas, as lideranças comunitárias, a vida religiosa, as mulheres, as juventudes, os simpatizantes, os não simpatizantes, os agnósticos, as ONGs, as escolas e outros grupos da sociedade civil. Essa experiência de escuta necessita, talvez, ouvir mais a Palavra de Deus. Outro destaque da escuta: a descoberta da sinodalidade, vivida através dos conselhos, dos serviços dos pastores que atuam na evangelização, a abertura ao diálogo aberto com a sociedade, a pessoa do Papa Francisco, que suscita adesão e confiança. Com relação às ausências e incoerências, são destacadas: a perda do profetismo, que leva a acentuar o divórcio entre fé e vida, levando muitos a uma religiosidade intimista, presentista, num claro recuo com relação às conquistas do passado e indiferença com relação ao futuro; o clericalismo, que leva ao afastamento de pessoas, que perdem seus vínculos religiosos com a Igreja, generalizam os escândalos de abusos de poder, sexual e financeiro, cometidos, em geral, por membros do clero. O texto recorda a importância dada à vida celebrativa e de oração na construção da sinodalidade. Com relação aos desafios emergentes, são apontados: as dificuldades de compreensão da acolhida como ação missionária e não como espera dos que procuram a Igreja; o frágil protagonismo dos leigos e leigas; a ausência de alusão às atuais DGAE; a tímida referência ao cuidado da casa comum; a rejeição, em certos grupos, do Concílio Vaticano II e do ministério do Papa Francisco; o afastamento dos jovens dos ambientes eclesiais; o enfraquecimento das comunidades e das práticas pastorais, o enfraquecimento da metodologia da participação; o crescimento do intimismo religioso; a instrumentalização da eucaristia como ato penitencial; a presença de influenciadores digitais, que criam um magistério paralelo, que não promove a sinodalidade, mas causam confusão na cabeça do povo; a polarização na sociedade e sua repercussão no seio das comunidades de fé; o cansaço pastoral, a fragilidade profética e ecumênica; a intolerância religiosa e a falta de preparo para a inserção nas questões sociais. Enfim, como horizonte, o texto aponta para o resgate da pastoral política, que colabore no cultivo, na formação integral e no acompanhamento das lideranças políticas antigas e novas, com o ensinamento claro da Doutrina Social da Igreja; a discussão de temas como o celibato dos padres, o acesso das mulheres ao ministério ordenado; o processo formativo dos padres; a iniciação à vida cristã em chave catecumenal e mistagógica, a formação litúrgica que fortaleça a unidade entre fé e vida.

2. Contribuições do caminho sinodal latino-americano e caribenho à Igreja universal

Para a Fase Continental foram realizadas sete assembleias: Europa, Oriente Médio, Ásia, Oceania, África e Madagascar, América do Norte, América Latina e Caribe, cada uma culminando com a redação de uma Síntese, que foi enviada à SGSB. O continente latino-americano e caribenho optou por realizar não uma única assembleia, mas quatro: em El Salvador (13 a 17/02/2023), para a região da América Central e Caribe; em Santo Domingo (20 a 24/02/2023), para a região do Caribe; em Quito (27/02 a 03/03/2023), para a região bolivariana; em Brasília (6 a 10/03/2023) para a região do Cone Sul, assegurando a participação de mais pessoas (415). A Síntese enviada à SGSB foi elaborada por um grupo de 16 pessoas, entre membros da Comissão de Reflexão Teológica do CELAM e de sua direção, representantes da CLAR, da SGSB e outros convidados. O método adotado em todas as assembleias continentais e no grupo que elaborou a Síntese da América Latina e Caribe, foi o da conversação espiritual. Num clima de oração e escuta da Palavra de Deus, nas quatro assembleias da América Latina e Caribe iniciava-se com uma retomada da Primeira Assembleia Eclesial da América

Latina e Caribe, apresentando a terceira parte do livro *Rumo a uma Igreja sinodal em saída às periferias* ("Transbordamento criativo em novos caminhos a percorrer"), redigido pela Comissão de Reflexão Teológica do CELAM e publicado por sua direção. Em clima de oração, os dias que se seguiram foram dedicados a aprofundar e buscar consensos sobre os vários temas da terceira parte do *Documento de Trabalho para a etapa continental*: "Em direção a uma Igreja sinodal missionária". Após um momento de escuta da Palavra de Deus e da motivação do tema a ser tratado, os participantes, distribuídos em "comunidades de escuta", constituídas de 8 a 10 membros, se reuniam várias vezes durante o dia, a partir da seguinte dinâmica: (1) Após ler o tema em discussão, que intuições ecoam de modo mais intenso a partir da experiência e realidade da Igreja do continente?; (2) Que tensões ou divergências emergem dessas experiências e realidade e que devem ser enfrentadas nas próximas etapas do Sínodo?; (3) Quais prioridades, temas recorrentes e apelos à ação vindas do continente podem ser compartilhadas com as igrejas locais do mundo durante a 1ª Sessão Sinodal que vai se realizar em outubro 2023? Para cada pergunta eram previstos três momentos: (1) As intuições que a leitura suscitou em cada participante da comunidade de escuta; (2) Ecos provocados pelas falas de cada participante; (3) Para onde o Espírito parece conduzir a comunidade no tema discutido (consensos)? No final de cada dia, os três momentos vividos (Intuições, Tensões e Consensos) eram compartilhados com as demais comunidades. Os relatórios de cada comunidade e do que foi recorrente nas partilhas do final de cada dia eram entregues à Secretaria do CELAM, que fez um compilado dos encontros de cada região e os entregou aos participantes do grupo encarregado de redigir a Síntese continental enviada à SGSB.

A Síntese elaborada na sede do CELAM pelo grupo convocado pela direção da entidade começa com uma Introdução geral, denominada de "Narrativa: a fase continental do sínodo na América Latina e Caribe", que retoma o itinerário sinodal das Igrejas do continente. Em seguida, no texto "Introdução: uma Igreja em chave sinodal", se recorda a história da evangelização do continente desde a chegada do Evangelho, com ênfase no período que se seguiu ao Concílio Vaticano II e sua recepção nas Conferências Gerais do Episcopado Latino-Americano e Caribenho em Medellín, Puebla, Santo Domingo e Aparecida. O texto recorda ainda os processos que culminaram no Sínodo da Amazônia, na criação da Conferência Eclesial da Amazônia (CEAMA) e na realização da Primeira Assembleia Eclesial da América Latina e Caribe. Em seguida, é proposto o primeiro tema da síntese, denominado "Protagonismo do Espírito em uma Igreja sinodal", que oferece uma chave trinitária e pneumatológica para o percurso eclesial vivido na região no atual sínodo. Esse texto é uma chave de leitura para toda a Síntese, pois mostra que, mais que defender pautas e ideologias, provenientes de uma tendência eclesial ou outra da Igreja, o que se vivenciou durante o processo foi uma real escuta do que "o Espírito diz à Igreja".

O segundo tema, "A sinodalidade do povo de Deus", propõe uma volta à eclesiologia do Concílio Vaticano II, que, após uma série de imagens bíblicas sobre a Igreja, vista como "sacramento" da presença de Cristo no mundo, propõe como ponto de partida para pensar a Igreja a categoria "povo de Deus". Essa categoria, inspirada, em parte na ideia de que Deus escolhe um povo com o qual estabelece uma aliança, como aparece no Antigo Testamento, propõe, na verdade, uma compreensão da Igreja que nasce do sacramento do batismo, que torna cada fiel "sacerdote, profeta e rei", com uma dignidade igual, que não admite nenhuma separação ou privilégio entre os fiéis. O texto valoriza muito o percurso sinodal realizado na Igreja do continente, recorda a corresponsabilidade de todos/as na missão eclesial e lembra que há vários entraves no exercício da sinodalidade, sobretudo com relação ao lugar e ao papel da mulher na Igreja.

O terceiro tema, "Sinodalidade: o modo de ser e de atuar da Igreja", valoriza o caminho de escuta trilhado nas Igrejas locais e na fase continental do sínodo, mostrando sua importância nos processos de discernimento, refletindo sobre os métodos de reflexão teológica e de "discernimento" que caracterizaram a pastoral da Igreja latino-americana e caribenha, sobretudo o método ver, julgar, agir, e apontando as contribuições, experimentadas no processo sinodal, do método da conversação espiritual, que faz da escuta o lugar fundamental da pastoral e da teologia, abrindo-se ao que os diferentes interlocutores do diálogo aportam e, o mais importante, ao "que o Espírito diz à Igreja".

O quarto tema, "Igreja sinodal missionária", recorda que todo o processo sinodal visa à missão, que é constitutiva da identidade e do "mandado" de Cristo à Igreja. Com efeito, a Igreja existe para anunciar o que a faz viver, seu Senhor, cuja vida foi colocar-se ao serviço da vontade do Pai, e se caracteriza por um estar em "constante saída". A vocação missionária não é privilégio dos ministros ordenados, mas de todos os fiéis, e se dá pelo anúncio explícito do Evangelho, mas também no testemunho do enviado do Pai.

O quinto tema, "A sinodalidade: compromisso socioambiental em um mundo fragmentado", recolhe o grande legado do engajamento eclesial junto aos mais pobres e, nos últimos anos, junto à questão do cuidado da casa comum, presentes na dimensão profética e samaritana da Igreja, chamada, com urgência, a reatualizar a opção preferencial pelos pobres no cuidado e defesa dos novos rostos da pobreza no continente.

O sexto tema, "Conversão sinodal e reforma das estruturas", recorda os principais apelos à reforma na Igreja e da Igreja no atual momento eclesial: a prevenção de abusos (de consciência, sexual de menores, de pessoas vulneráveis, de poder); a obrigatoriedade dos conselhos em todos os níveis; a obrigatoriedade da prestação de contas dos recursos econômicos da Igreja; a criação de novas estruturas eclesiais, como a Conferência Eclesial da Amazônia (CEAMA) e a Assembleia Eclesial da América Latina e Caribe; pensar as relações entre *sensus fidei*, sinodalidade, colegialidade, primado e serviço da teologia.

O sétimo tema, "vocações, carismas e ministérios em chave sinodal", aprofunda o apelo à conversão e à reforma sinodal, mostrando a grande riqueza que o Espírito Santo continua suscitando na Igreja, com vocações, carismas e ministérios diversos, que enriquecem todo o corpo eclesial. São apontadas aí algumas demandas, como a da expansão da compreensão do ministério dos leigos, a valorização do lugar da mulher. A denúncia do clericalismo emerge aí com força, com o apelo à renovação da compreensão do ministério ordenado, com a abertura à ordenação de homens casados e de mulheres.

O último tema, "Contribuições do itinerário latino-americano e caribenho", reitera alguns elementos a serem debatidos no sínodo, como as relações mútuas entre eclesialidade, sinodalidade, ministerialidade e colegialidade. As novas formas de organização surgidas na América Latina, como a CEAMA e a Primeira Conferência Eclesial levantam interrogações sobre sua função e papel. Também se pergunta aí sobre o lugar e o papel da teologia no discernimento dos "sinais dos tempos". Finalmente, o texto questiona as relações entre Igreja local e Igreja universal, mostrando a importância de um melhor equilíbrio entre a perspectiva vertical e a perspectiva horizontal na condução dos destinos da Igreja que de fato se queira e viva efetivamente como sinodal.

Conclusão

Há coincidências entre as duas sínteses, embora a primeira, muito mais detalhada, ofereça mais elementos do percurso sinodal da Igreja do Brasil e seus principais desafios, e a segunda, voltada, sobretudo, para uma leitura dos processos de sinodalidade na Igreja latino-americana e caribenha, tenha se concentrado mais nos temas que necessitam do discernimento do conjunto da Igreja, a ser realizado na XVI Sessão do Sínodo dos Bispos. Para além dos temas recorrentes, como o do lugar da mulher nas instâncias de tomada de decisão, o da evangelização e "transmissão" de uma tradição de Igreja para as juventudes, muito marcadas pela fragmentação e pelo pluralismo, o da mudança de época, atestada pelo advento da cultura pós-moderna e pelas revoluções trazidas pelas novas tecnologias, o do clericalismo e seu impacto no modo como muitos concebem sua presença e atuação na Igreja, é importante observar as perspectivas de fundo que emanam dessas sínteses. Uma delas, a da necessidade da escuta, a ser assumida não só na perspectiva de uma estratégia pastoral, mas como um verdadeiro caminho de conversão às "diferenças" que compõem o corpo eclesial, é, sem dúvida, central. A ela, do ponto de vista teológico, se deve acrescentar a redescoberta de que a Igreja nasce do sacramento do batismo, o qual, por sua vez é indissociável dos sacramentos da crisma e da eucaristia. De fato, esses sacramentos conferem a todos os fiéis o tríplice múnus da profecia, da realeza e do sacerdócio, tornando todos membros vivos do corpo eclesial, responsáveis não só por sua "preservação", mas, sobretudo, pelo anúncio, realização e celebração do Evangelho. A missão, constitutiva do ser da Igreja, não é reservada aos ministros ordenados, mas a todo o povo de Deus, com seus diversos carismas, em seus distintos estados de vida e funções.

A constatação do caminho feito não pode servir de álibi para a afirmação e a defesa de novas expressões da "igreja da manutenção". Mais do que nunca, a velocidade das mudanças culturais demanda que a Igreja não somente esteja em "estado permanente de missão", mas também em estado permanente de saída. Essa atitude exige igualmente um caminho de conversão contínua, nunca acreditar que já se chegou à Igreja que o mundo necessita, pois é necessário encontrar as linguagens, símbolos e formas que mais respondam às "angústias, esperanças, dores e alegrias" dos homens e mulheres de cada época (GS 1). O sínodo não vai resolver todos os problemas levantados pela etapa da escuta. Nem é esse seu objetivo. O que o Papa Francisco tem buscado é justamente colocar a Igreja em caminho, sem medo de enfrentar as águas turbulentas da época presente, confiante no seu Senhor, que pelo Espírito, quer fazer "novas todas as coisas".

Referências

CELAM. *Resumo da fase continental do sínodo na América Latina e Caribe*. Roma: Libreria Editrice Vaticana, 2023. Disponível: Sintesis-Fase-Continental-del-Sinodo-en-ALC_PT.pdf (celam.org). Acesso: 20/06/2023.

CNBB. *Síntese nacional da etapa da escuta na Igreja do Brasil*. Brasília: CNBB, 2022 (não disponível).

Francisco. *Comemoração do cinquentenário da Instituição do Sínodo dos Bispos*. Discurso do Santo Padre Francisco. Roma: Libreria Editrice Vaticana, 2015. Disponível: papa-francesco_20151017_50-anniversario-sinodo.pdf (vatican.va). Acesso: 15/07/2023.

Oficina de Prensa. *Nota del Sínodo de los Obispos*, 21/05/2021. Disponível: https://press.vatican.va/content/salastampa/es/bollettino/pubblico/2021/05/21/nota.html. Acesso: 01/08/2023.

SGSB. *Documento preparatório*. Por uma Igreja sinodal: comunhão, participação, missão. Roma: Libreria Editrice Vaticana, 2021. Disponível: Documento Preparatorio della XVI Assemblea Generale Ordinaria del Sinodo dei Vescovi (vatican.va). Acesso: 20/07/2023.

SGSB. *Documento de trabalho para a etapa continental*. "Alarga o espaço da tua tenda" (Is 54,2). Roma: Libreria Editrice Vaticana, 2022. Disponível: 20221025-POR-DTC-FINAL-OK.pdf (synod.va). Acesso: 20/08/2023.

SGSB. *XVI Assembleia Geral Ordinária do Sínodo dos Bispos*. Para uma Igreja sinodal: comunhão, participação, missão. Instrumentum laboris para a primeira sessão. Roma: Libreria Editrice Vaticana, 2023. Disponível: "Instrumentum laboris" della XVI Assemblea Generale Ordinaria del Sinodo dei Vescovi (vatican.va). Acesso: 20/08/2023.

Apresentação dos autores

Geraldo Luiz De Mori, SJ

Bacharel em Filosofia (1986) e Teologia (1992) pelo Centro de Estudos Superiores da Companhia de Jesus (reconhecido pelo MEC em 2005 como Faculdade Jesuíta de Filosofia e Teologia – FAJE); Mestre (1996) e Doutor (2002) em Teologia pelas Facultés Jésuites de Paris – Centre Sèvres (França); professor de Teologia Sistemática na FAJE; membro do Grupo de Pesquisa "Teologia e Pastoral" e líder do Grupo de Pesquisa "As Interfaces da Antropologia na Teologia Contemporânea", do Programa de Pós-Graduação em Teologia da FAJE; membro do Grupo de Santiago (Teologia Prática), da Comisión de Reflexión Teológica do CELAM; bolsista de Produtividade na Pesquisa (PQ) do CNPq.
E-mail: prof.geraldodemori@gmail.com

Francisco das Chagas de Albuquerque, SJ

Bacharel em Teologia pela Faculdade Católica de Fortaleza (FCF); Mestre em Teologia pela FAJE; Doutor em Teologia pela Pontifícia Universidade Gregoriana (Itália); professor de Teologia Pastoral na FAJE; líder do Grupo de Pesquisa "Teologia e Pastoral" e membro do Grupo de Santiago (Teologia Prática); Coordenador do Programa de Pós-Graduação em Teologia da FAJE.
E-mail: albuquerquefc86@gmail.com

Luiz Antônio Pinheiro, OSA

Doutor em Teologia pela FAJE; professor de Patrologia e História do Cristianismo na PUC Minas; membro do Instituto Histórico e Geográfico de Minas Gerais e do *Institutum Historicum Augustinianum*, Roma.
E-mail: lapinheiro1@hotmail.com

Ney de Souza

Pós-doutor em Teologia pela Pontifícia Universidade Católica do Rio de Janeiro. Doutor em História Eclesiástica pela Pontifícia Universidade Gregoriana de Roma, registro USP. Docente e Pesquisador no Programa de Estudos Pós-Graduados em Teologia da Pontifícia Universidade Católica de São Paulo. Líder do Grupo de Pesquisa Religião e Política no Brasil Contemporâneo (PUC SP/CNPq).
E-mail: nsouza@pucsp.br

Francisco Aquino Júnior

Presbítero da Diocese de Limoeiro do Norte – CE; doutor em teologia pela Westfälischen Wilhelms-Universität de Münster – Alemanha; professor de teologia da Faculdade Católica de Fortaleza (FCF) e do PPG-TEO da Universidade Católica de Pernambuco (UNICAP).
E-mail: axejun@yahoo.com.br

Marcos Jair Ebeling

Pastor Sinodal do Sínodo Sudeste da IECLB, Bacharel em Teologia, pela Faculdade EST (São Leopoldo, RS) Mestre em Ciências da Religião, pela Universidade Metodista de São Paulo (São Bernardo, SP).
E-mail: marcos.ebeling@luteranos.com.br

Cleusa Caldeira

Doutora em Teologia pela Faculdade Jesuíta de Filosofia e Teologia (FAJE), em Belo Horizonte. Pós-doutoranda em teologia pela FAJE. Pastora na Igreja Presbiteriana Independente do Brasil (IPIB). Membro

do Circle of Concerned African Women Theologians. É bolsista CAPES PNPD. ORCID: http://orcid.org/0000-0001-7202-0682.
E-mail: cleucaldeira@gmail.com

Alberto Montealegre Vieira Neves

Doutor em Direito Canônico pela Pontifícia Universidade Lateranense (Roma), Vigário Judicial e presidente do Tribunal Eclesiástico Interdiocesano de Salvador (B), Reitor do Seminário Central da Bahia São João Maria Vianney, professor de Direito Canônico da Universidade Católica do Salvador, no curso de Teologia, do Instituto Superior de Direito Canônico de Florianópolis, de Recife e da Pós-Graduação em Direito processual matrimonial da FASBAM, em Curitiba.
E-mail: alberto.neves@pro.ucsal.br

José Carlos Linhares Pontes Júnior, C.Ss.R

Doutor em Direito Canônico e Civil pela Pontifícia Universidade Lateranense, Roma, Procurador Geral dos Redentoristas, advogado, professor de Direito canônico no Instituto Superior de Direito Canônico de Florianópolis.
E-mail: jcljunior@gmail.com

Maria Inês de Castro Millen

Graduada em Medicina e mestra em Ciências da Religião pela UFJV, graduada e doutora em Teologia pela PUC Rio, professora emérita do curso de Teologia da UNIACADEMIA, em Juiz de Fora, MG.
E-mail: mmillen2000@gmail.com

Manoel José de Godoy

Mestre em teologia pela FAJE, membro do Grupo de Pesquisa "Teologia e Pastoral", professor de teologia pastoral na FAJE, membro de AMERINDIA e assessor convidado em vários eventos de caráter teológico-pastoral.
E-mail: mgmanologodoy@gmail.com

Marilza José Lopes Schuina

Graduação em Pedagogia (UFMT), especialização em avaliação educacional. Presidente, entre 2013-2019, do Conselho Nacional do Laicato Brasileiro (CNLB), membro do grupo de reflexão da Comissão Episcopal para o Laicato, da coordenação do 15º Intereclesial (2023).
E-mail: marilzaschuina@gmail.com

Laudelino Augusto dos Santos Azevedo

Assessor para a Comissão Episcopal para o Laicato, da CNBB.
E-mail: laudelinomcpc@yahoo.com.br

Paulo Suess

Graduação (Universidade de München) e doutorado em Teologia (Westfälische Wilhelms-Universität Münster), Alemanha. Professor na Faculdade de Teologia N. Sra. Assunção, SP, e no Instituto São Paulo de Estudos Superiores (ITESP). Foi secretário do Conselho Indigenista Missionário (CIMI), presidente da Associação Internacional para Estudos Missiológicos (International Association for Mission Studies – IAMS) e assessor do Conselho Missionário Nacional (COMINA). Atualmente é assessor teológico do CIMI.
E-mail: suesspaulo@gmail.com

Maria Soares Camargo

Assistente Social e missionária leiga.
E-mail: maria.soarescamargo@gmail.com

Alzirinha Souza

Pós-doutora em Ciências da Religião pela UNICAP (Recife, PE), doutora em Teologia pela Université Catholique de Louvain (Louvain-la-Neuve, Bélgica), mestre em Teologia pela Universidad San Dámaso (Madrid, Espanha), graduação em Teologia pela PUC SP. Professora e Pesquisadora na PUC Minas e no ITESP (SP). Membro de vários grupos de pesquisa em teologia prática.
E-mail: alzirinhasouza@gmail.com

João Décio Passos

Graduação em Filosofia (PUC Minas) e Teologia (Assunção), mestrado em Ciências da Religião (PUC SP) e doutorado em Ciências Sociais (PUC SP). Professor na PUC SP e Editor das Edições Paulinas.
E-mail: jdpassos@pucsp.br

Andréa Damacena Martins

Doutora em Ciências Sociais (IFCH/UERJ-2004); pós-doutoramento no Programa de Pós-Graduação em Teologia da PUC do Paraná (2015-2018); mestre em Ciências da Religião e Teologia (Universidade Radboud Nijmegen-2023); pesquisadora e autora de publicações sobre catolicismo, diversidade, migração e gênero nos Países Baixos e Brasil.
E-mail: adamacena@hotmail.com

Carlos Sérgio Viana, SJ

Doutor em Teologia na Weston Jesuit School of Theology, atual Faculdade de Teologia e Ministério do Boston College, Boston (USA), professor e coordenador do Curso de Teologia e Filosofia da Faculdade Católica do Mato Grosso, em Várzea Grande, MT.
E-mail: carlosvianasj1@gmail.com

Ir. Maria Inês Vieira Ribeiro, mad

Eleita Vice-Presidente da Conferência dos Religiosos e Religiosas do Brasil (CRB) em 2013, assumiu, em 2014, a Presidência, sendo reconduzida em 2016 para um segundo mandato e, em 2019, para um terceiro mandato. Participou da I Assembleia Eclesial da América Latina e Caribe na modalidade presencial, em Guadalupe, México, em 2021.
E-mail: inesvieiraribeiro21@gmail.com

Mauricio López Oropeza, CLC

Vicepresidente de la Conferencia Eclesial Amazónica (CEAMA) y Director del Programa Universitario Amazónico. Miembro de la Comunidad de Vida Cristiana – CVX –, de la cual fue presidente mundial de 2013 a 2018. Casado con Analú.
E-mail: mauricio@puamazonico.org

Dimas Lara Barbosa

Arcebispo de Campo Grande (MS), graduado em engenharia eletrônica (ITA), filosofia (São Bento), e teologia (Taubaté, 1988); doutor em teologia pela Pontifícia Universidade Gregoriana; bispo auxiliar do Rio de Janeiro (2003-2011); Secretário Geral da CNBB (2007-2011). Participou da V Conferência do CELAM, em 2007, Aparecida, SP.

Grupo de Pesquisa "Teologia e Pastoral"

Criado em 2012, pelo Programa de Pós-Graduação em Teologia da FAJE, reúne pesquisadores/as e estudantes da FAJE, da PUC Minas, do ISTA, do Centro Loyola e egressos/as atuando em outras instituições de ensino e pesquisa em teologia no Brasil. O objetivo principal do Grupo é aprofundar a relação entre teologia e pastoral, mostrando o caráter indissociável que existe entre a reflexão sobre a fé, a práxis cristã e as práticas ou ações pastorais que encarnam o ser e o agir cristão e eclesial no mundo hoje. Esse objetivo geral se desdobra em três objetivos específicos: (1) Estudar e analisar experiências concretas na área da pastoral, a partir de igrejas consideradas inspiradoras (comunidades, paróquias, dioceses), por seu caráter inovador e criativo e por sua resposta às questões levantadas na pastoral da Igreja; (2) Aprofundar as grandes questões que emergem na pastoral da Igreja, através de estudos de grandes teólogos práticos ou pastoralistas e de temas que são pertinentes para o agir pastoral; (3) Organizar, apoiar e participar de colóquios, seminários e simpósios sobre teologia e pastoral, em busca de interlocução entre pastoralistas e teólogos/as que se interrogam pela relação entre teologia e pastoral.

O Grupo "Teologia e Pastoral" já realizou, desde sua criação, oito Colóquios interinstitucionais (PUC Minas, FAJE, Centro Loyola e

ISTA) em Belo Horizonte, abordando temas candentes e relevantes da pastoral da Igreja Católica, com a publicação das principais contribuições do evento em *Annales FAJE*. A partir de estudos do Documento 100, da CNBB, publicou, em 2018, o livro *A pastoral numa Igreja em saída*. Organizou e realizou, em parceria com outras instituições de ensino e pesquisa em teologia do Brasil, o 1º Congresso Brasileiro de Teologia Pastoral, em 2021, o qual deu origem ao livro *Discernir a pastoral em temos de crise*: realidades, desafios, tarefas. Contribuições do 1º Congresso Brasileiro de Teologia Pastoral. Alguns de seus membros participam do Grupo de Santiago, que reúne pesquisadores/as da América Latina, América do Norte e Europa ao redor de temas de teologia prática/pastoral. Iniciou em 2020 o programa "Tecendo Redes. Diálogos online de Teologia Pastoral", veiculado pelo Canal YouTube da FAJE, com a participação de teólogos/as e agentes de pastoral que discutem e refletem sobre questões de pastoral e evangelização na Igreja do Brasil. Em 2022 realizou, em parceria com outras instituições de ensino, pesquisa e produção teológica no Brasil, o 2º Congresso Brasileiro de Teologia Pastoral, que teve como tema: A sinodalidade no processo pastoral da Igreja no Brasil, que deu origem a essa publicação.

Índice remissivo

Acólito/a: 173
Agentes de pastoral: 254, 257, 352
Amazônia: 46, 160, 297
Amoris Laetitia: 9, 173, 176
Animadores: 191, 218
ANOPD: 9, 158, 195, 196, 198-201, 206, 207
Aparecida: 10, 21, 22, 25, 44, 64, 66, 185, 190, 198, 209, 210, 217, 227, 270, 293-299, 303, 307, 312, 331, 334, 340, 350
Assembleias: 21, 22, 24, 29-31, 39, 59, 56, 62, 64, 81, 105, 118, 120, 158, 159, 162, 184, 186, 195, 197, 198, 200, 201, 206, 207, 211, 212, 214, 218, 236, 262, 263, 266, 267, 328, 332, 334, 338
Autoridade: 16, 33-35, 37, 38, 41, 43, 50, 65, 76, 82, 102, 114, 121-123, 126, 131, 134-139, 143, 146, 150-153, 155-158, 168, 169, 171, 172, 204, 242-244, 248, 254, 259, 269, 279, 297, 311, 335
Autorreferencialidade: 87

Bento XVI: 57, 58, 74, 240, 280, 296, 298

Caminhar junto/s: 19, 30, 41, 43-45, 47, 49, 56, 61, 64, 70, 73, 75-77, 79-81, 85, 86, 88, 89, 165, 173, 176, 199, 211, 288, 301, 315, 323, 330, 331, 336
Campanha da Fraternidade: 9, 61, 236, 329
Casa comum: 45, 88, 89, 92, 309, 319, 337, 341
Catequética: 119, 336
Catequista: 59, 82, 94, 330
CEAMA: 9, 21, 160, 161, 164, 340-342, 349
CEBs: 9, 21, 22, 24, 44, 58, 59, 61, 66, 68, 116, 187-193, 225, 227, 257, 258, 262, 264, 265, 271, 279, 294, 298, 308, 309, 330
CELAM: 9, 21, 44, 64, 92, 160, 161, 186, 224, 230, 293-298, 303, 312, 324, 329, 338, 339, 343, 345, 350
Celebração: 33, 34, 57, 61, 81, 123, 186, 198, 262, 327, 334, 343

Centro: 16, 54, 77, 84, 88, 143, 145, 160, 172, 198, 205, 238, 281, 301, 316, 320, 325, 326

Christifideles laici: 202, 208

Christus Dominus: 9, 138

CIMI: 10, 22, 64, 209-215, 217, 218, 335, 348

CLAR: 10, 44, 64, 161, 338

Clericalismo: 17, 20, 22, 25, 64, 75, 76, 79, 83, 86, 147, 233-235, 238-241, 243-250, 253-255, 260, 261, 281, 306, 307, 309, 310, 319, 330-332, 334-337, 342

Clérigo: 17, 51, 52, 65, 140, 154, 234, 235, 237, 239, 250

CNBB: 10, 21, 22, 25, 44, 47, 58, 62-64, 66, 91, 93, 95, 158, 159, 162, 181, 187-189, 191, 193, 195-197, 199, 201, 202, 204-207, 209, 217-219, 226, 240, 274, 280, 282, 288, 293, 294, 307, 328

Código de Direito Canônico: 9, 16, 23, 81, 93, 94, 132, 137, 156

Colegialidade: 31, 44, 47, 50, 54, 82, 144, 145, 153, 156, 223, 239, 341, 342

Comissão Episcopal de Pastoral: 9, 63, 197, 200

Comissão Teológica Internacional: 10, 47, 49, 66, 71, 91, 127, 166, 168, 176, 199, 203, 207, 229, 304, 312

Compromisso: 41, 53, 147, 190, 205, 257, 260, 264-266, 275, 286, 309, 325, 334, 341

Comunhão: 10, 13, 15, 17, 19, 21-23, 30, 31, 33-35, 38, 42, 44, 47, 51-57, 64, 66, 68, 69, 72-74, 78-83, 85, 86, 89, 101, 105, 106, 113-115, 118, 121, 123, 126, 127, 131, 134, 135, 139-141, 143, 145, 147, 150, 152, 156-162, 165-167, 174-177, 181, 186, 188, 191, 192, 195, 196, 198, 199, 201-203, 205, 207, 235, 239, 248, 253, 259, 265, 267, 269, 273, 276, 282, 286, 305, 306, 310, 311, 322, 327, 331, 335, 344

Comunidade(s): 14-16, 31-33, 39, 41, 50, 54, 55, 59-62, 65, 79, 81, 85, 100, 101, 103-109, 111-114, 119, 121, 123, 126, 132, 133, 139, 142, 144, 150, 152, 165, 182, 183, 185, 188-192, 196, 201, 202, 204, 207, 214, 225, 226, 233, 236, 238, 240, 245, 246, 260-265, 277, 282, 285, 297, 307-309, 311, 324, 326, 329, 330, 332, 335-339, 351

Comunidade(s) Cristã(s): 35, 39, 109, 127, 149, 150, 174, 323

Comunidade(s) eclesial(is): 52, 61, 62, 135, 137, 140-142, 146, 147, 202, 235, 240, 243, 255, 257, 259, 262, 266, 267, 269, 274

Comunidade(s) Eclesial(is) Católica(s): 23

Comunidade(s) Eclesial(is) de Base: 9, 21, 44, 58, 62, 81, 187-193, 257, 298, 308

Comunidade local: 42, 50, 105, 106, 114, 126, 275

Concílio Vaticano II: 13, 19, 22, 24, 29, 38, 44, 46, 50, 52, 64, 67, 68, 71-73, 75, 78, 79, 95, 131, 139, 187, 204, 224, 265, 269, 280, 301, 310, 317, 320, 337, 340

Conselho econômico: 81, 155

Conselho pastoral: 44, 57, 81, 155, 196

Conselho presbiteral: 57, 81, 145, 154, 155

Conselhos: 9, 10, 15, 29, 83, 105, 107, 114, 119, 131, 155-158, 168, 184,

225, 262, 263, 265-267, 295, 327, 329, 331, 332, 334-337, 341

Constituição Apostólica *Episcopalis communio*: 10, 29, 56, 67, 93, 324

Conversão: 25, 45, 56, 87, 90, 167, 209, 238, 250, 280, 302, 307, 308, 317, 320-323, 326, 341, 343

Conversão pastoral: 82, 175, 207, 297, 298, 307, 310

Conversão sinodal: 79, 83, 234, 315, 322, 341

Corpo de Cristo: 14, 19, 57, 58, 103, 108, 124, 141, 157, 158, 203, 205

CRB: 10, 44, 63, 66, 158, 159, 196, 197, 349

Cuidado: 45, 81, 87, 88, 92, 99, 107, 136, 145, 160, 205, 264, 265, 274, 276, 281, 284, 286, 287, 305, 337, 341

Cuidado pastoral: 135, 149, 206

Cultura(s): 62, 68, 72, 89, 142, 159, 193, 198, 210-214, 224, 226, 229, 230, 233-236, 238-240, 248-252, 256-258, 265, 270, 277, 285, 294, 295, 298, 310, 322, 330, 336, 342, 343

DGAE: 10, 331, 334, 336, 337

Diálogo: 32, 37, 52, 54, 57, 66, 81, 89, 90, 102, 106, 107, 131, 139, 146, 166, 172, 182, 192, 196, 210, 223, 251, 253-256, 259, 267, 269, 270, 276, 281-283, 286, 287, 294, 308, 321, 334-337, 341, 352

Direitos humanos: 257, 280

Discernimento: 32, 46, 65, 82, 90, 141, 149-151, 157, 161, 166, 168, 169, 173, 202, 276, 286, 302, 305, 308, 315, 316, 324, 325, 328, 336, 340, 342

Discipulado: 99-101, 110, 198, 275

Discípulo: 31, 100, 101, 171, 190, 207, 285, 297, 298, 302, 311, 322

Discípulo(s) missionário(s): 204, 281, 296, 301, 304, 308, 312, 323

Doutrina Social da Igreja: 240, 334, 335, 338

Ecclesia docens: 42, 76, 169

Ecologia integral: 46, 160, 309, 310, 323

Encontros Intereclesiais: 22, 44, 61, 62, 66, 190, 193

Escuta: 20, 21, 25, 32, 47, 61, 69, 81, 82, 88, 90, 91, 132, 141, 150, 156, 159-161, 167-170, 176, 204, 206, 228, 253, 259, 278, 285, 286, 303-306, 316, 318, 321, 324, 325, 327-329, 331-333, 335-341, 343, 344

Escutar: 90, 139, 143, 166-168, 214, 219, 281, 316, 318, 320, 321

Esperança: 17, 90, 100, 108, 112, 133, 145, 171, 174-176, 211, 213, 214, 269, 283, 288, 304, 307, 310, 312, 320, 321, 333, 334, 343

Espírito Santo: 14, 16, 19, 30, 32, 33, 36, 43, 56, 75, 84, 89, 91, 100, 112, 114, 139, 140, 146, 147, 166, 167, 173, 202, 207, 307, 316, 320, 328, 341

Espiritual: 23, 36, 48, 54, 55, 87, 89, 106, 116, 122, 123, 133, 139, 141, 148, 239, 275, 278, 281, 282, 285, 315, 324, 325, 338, 341

Espiritualidade: 36, 40, 46, 156, 160, 162, 175, 189, 213, 257, 283, 302, 309, 311, 325, 330, 336

Estrutura eclesial: 101, 107, 133, 147, 229, 239, 255, 262, 269

Estruturas: 15, 23, 50, 53, 54, 57, 61, 69, 78-84, 86, 88, 90, 119, 126, 131, 139, 142, 143, 152, 156, 157, 161,

163, 167, 174-176, 184, 185, 192, 228, 230, 233, 234, 238, 247-249, 251, 253, 261, 263, 269, 299, 307-309, 319, 320, 341

Ética: 296

Evangelii gaudium: 10, 67, 72, 80, 81, 87, 92, 169, 172, 174, 177, 182, 186, 251, 289, 297, 312

Evangelho: 15, 25, 42, 45, 64, 67, 71, 72, 87, 90, 92, 100, 101, 104-106, 122, 126, 170, 182, 183, 186, 190, 193, 199, 204, 225, 245, 256, 266, 283, 287, 289, 298, 299, 304, 306, 308, 311, 312, 332, 340, 341, 343

Evangelização: 20, 39, 43, 46, 55, 57, 58

Formação: 10, 23, 25, 38, 39, 50-52, 60, 61, 67, 69, 87, 100, 101, 106-108, 117, 141, 152-155, 158-160, 170, 173, 188, 190, 198, 211, 212, 242, 265, 273-277, 279-288, 298, 309, 310, 319, 329, 330, 332-336, 338

Fratelli tutti: 10, 68, 88, 94

Governo: 29, 46, 55, 79, 111, 114-116, 118-124, 131, 132, 134, 136-139, 141-147, 149-151, 153, 155-158, 161, 163, 164, 212, 251

Hierarquia: 20, 41, 42, 51, 54, 64, 84, 101, 114, 115, 121, 132, 133, 135, 141, 149, 168, 173, 228, 234, 236, 238, 242, 243, 249

Igreja católica: 10, 22, 24, 33, 35, 38, 40, 44, 45, 52, 61, 67, 117, 233, 234, 243, 252-254, 256, 271, 273-275, 277, 329, 337, 352

Igreja em saída: 45, 69, 86, 87, 193, 238, 297, 301, 303, 306, 307, 309, 352

Igreja Evangélica de Confissão Luterana no Brasil: 10, 24, 99

Igreja Presbiteriana: 11, 24, 112-114, 117, 118, 121-125, 127, 346

Igreja Reformada: 111, 114-116, 118, 119, 126

Igreja sinodal: 13-17, 21-24, 49, 65, 68, 70, 73, 75, 76, 89, 90, 99, 105, 107, 115, 117, 126, 127, 164, 165, 167, 170, 172, 177, 192, 204, 230, 251, 256, 288, 305, 306, 308, 317, 321, 327, 336, 339-341, 344

Inculturação: 43, 161, 211

Indígena(s): 9, 43, 62, 64, 160, 209-215, 294, 309-311, 320, 332

Instrumentum laboris: 296, 327-329, 344

Jesus Cristo: 25, 32, 72, 99-105, 119, 132, 133, 235, 245, 296, 298, 301, 305

João Paulo II: 74, 131, 132, 134, 135, 139, 149, 150, 156, 163, 202, 203, 205, 207, 230, 236, 269, 280

Jovens: 46, 67, 100, 142, 255, 257-260, 262, 264-268, 298, 310, 319, 329, 331, 336, 337

Justiça: 9, 16, 59, 65, 89, 102, 135, 155, 198, 257, 283, 302, 303

Laudato sí: 11, 88, 92

Leigos/as: 10, 16, 17, 20, 23, 24, 30, 33, 36, 46, 51, 59, 62, 64, 65, 75, 81, 84, 90, 92, 105, 107, 140, 141, 146, 151, 161, 165, 168, 169, 172, 173, 196-198, 200, 202-204, 206, 207, 225, 245, 251, 255, 257-260, 262, 264-268, 307-310, 319, 325, 328, 330-334, 336, 337, 342

Leitor/a (ores/as): 59, 173, 334

Libertação: 190, 225, 236, 237, 255, 256, 258, 260-270, 279, 302, 311

Libertar: 20, 241

Liturgia: 33, 36, 66, 87, 92, 94, 105, 116, 163, 226, 236, 260, 264-266, 279, 304, 333, 334

Lumen gentium: 11, 14, 19, 52-54, 66, 67, 72, 73, 162, 196, 226, 305

Magistério: 15, 71, 74, 76, 77, 81, 134, 140, 143, 145, 239, 240, 250, 283, 294, 297, 310, 334, 338

Medellín: 11, 21, 44, 64, 95, 212, 224-226, 230, 303, 340

Ministerialidade: 309, 342

Ministérios: 22, 23, 42, 46, 51, 76-79, 85, 102-104, 139, 159, 160, 172, 173, 199, 202-204, 206, 227, 242, 243, 250-252, 262, 283, 309, 310, 319, 320, 334, 336, 341

Ministérios leigos: 16, 24, 165, 172, 173, 236

Ministros/as: 42, 76, 105, 106, 141, 151, 171, 273, 307

Ministros/as ordenados/as: 20, 85, 105, 118, 148, 202, 311, 330, 331, 334, 341, 343

Missão: 13-17, 19-23, 25, 31, 32, 46, 47, 49, 62, 65, 67, 69-71, 73, 74, 76, 77, 80, 85-91, 93, 103-107, 115-117, 121, 126, 127, 131-133, 135, 137, 139-142, 145, 147-149, 159, 160, 164-166, 168, 170, 174-177, 186, 192, 195, 198-204, 207, 210, 212, 227, 246, 253, 255, 259, 263, 267-269, 275, 282, 283, 286, 287, 298, 301, 305-307, 309, 322, 327, 334, 336, 340, 341, 343, 344, 348

Missionário/a(s): 10, 19, 22, 24, 63, 70, 79, 86, 88-90, 132, 142, 190, 198, 204, 209, 211, 215, 281-283, 296-298, 301, 302, 304, 308, 312, 323, 329, 331, 348

Mística: 201, 270, 286, 302, 303

Mulheres: 22, 25, 45, 46, 62, 80, 82, 104, 111-113, 118, 124-126, 140, 142, 223-231, 253, 262, 278, 279, 287, 304, 306, 309-311, 318, 320, 329, 330, 332-334, 336-338, 342, 343

Mundo: 15, 17, 29, 30, 32, 42, 44, 46, 54, 65-67, 72, 77, 78, 80, 85-87, 89-92, 101, 107, 109, 111, 115, 116, 120, 121, 166, 173-175, 177, 186, 189, 190, 193, 202, 204-206, 211, 219, 227, 241, 247, 255, 257, 258, 266-268, 277, 279, 281, 286, 289, 297, 301, 302, 305, 312, 317, 319, 322, 325, 339-341, 343, 351

Novo millenio ineunte: 156, 163, 205

Oração: 15, 31, 32, 90, 114, 189, 279, 283, 286, 304, 309, 316, 320, 326, 333, 337-339

Ortopráxis: 181

Padres: 20, 32, 36, 51, 55, 59, 60, 62, 65, 117, 161, 235, 236, 238, 239, 251, 253-262, 264-267, 269-271, 277, 288, 305, 311, 316, 331, 334, 336, 338

Palavra de Deus: 189, 230, 308, 310, 329, 330, 332, 337-339

Papa Francisco: 13, 14, 16, 20-22, 24, 29, 45, 46, 49, 55, 56, 67, 68, 71, 95, 146, 152, 160, 166, 168, 172-174, 181, 192, 193, 196, 199, 206, 207, 214, 219, 233, 234, 239, 240, 251, 253, 254, 256, 259, 261, 269, 270, 274, 281, 287, 294, 297, 303, 305, 307, 309, 310, 316, 320, 326, 327, 331, 334, 337, 343

Paróquia: 60, 61, 65, 80, 81, 84, 105, 106, 174, 188, 191, 196, 207, 225, 236, 240-257, 260-263, 278, 297, 299, 307, 329, 332, 335, 351

Participação: 13, 19, 21-23, 33, 36, 38, 42, 44-47, 49, 50, 53, 57, 60, 62, 63, 65, 69, 73, 74, 76, 78, 80-83, 85, 86, 89, 99, 103, 107, 108, 115, 123, 126, 131, 134, 136, 137, 139-144, 146-151, 153, 155-159, 161, 165, 177, 181, 182, 186, 187, 191, 192, 196, 202-204, 212, 217, 225-227, 230, 236, 247, 248, 250, 253-255, 257, 259, 263, 265, 269, 287, 293, 294, 304-306, 309-311, 324, 325, 327, 328, 331, 332, 335-338, 344, 352

Pastoral: 9-11, 15, 17, 22, 23, 25, 30, 41, 44, 45, 57, 58, 60, 63, 64, 66-69, 71, 73-75, 81-83, 87, 89, 91, 95, 99, 106, 108, 111-114, 116, 126, 127, 131, 132, 135, 137, 138, 140, 142, 146, 149, 150, 155, 159, 161-163, 175, 181-184, 186-188, 190-192, 195-197, 200, 202, 206, 207, 209-211, 213-215, 217, 223, 233, 250, 254-257, 260-263, 266, 269, 270, 275, 281, 283-285, 293, 295, 297, 298, 304, 307, 310, 312, 315, 328, 329, 331, 334-336, 338, 340, 341, 343, 345, 347, 351, 352

Pastoral de Conjunto: 62, 63, 188, 193, 330

Pastoral social: 25, 217, 218, 266

Pastor Bonus: 134, 135, 163

Paulo VI: 13, 20, 29, 68, 73

Periferia(s): 16, 46, 59, 61, 69, 86, 88, 89, 143, 145, 160, 188-190, 193, 278, 301, 303, 305, 307, 309, 311, 312, 318, 320, 323, 330, 337, 339

Plano de Pastoral de Conjunto: 11, 63, 188, 193

Pobres: 16, 25, 46, 47, 59, 61, 87, 89, 91, 169, 176, 188, 190, 192, 214, 225, 227, 252, 260, 261, 264, 266, 283, 286, 296, 298, 301-304, 309, 311, 341

Poder: 39, 51, 53, 59, 65, 78, 83-87, 89, 108, 116, 122-124, 126, 132, 133, 135-137, 139, 144, 149-151, 153, 155-158, 167, 168, 171, 174, 188, 225, 227, 229, 233-235, 237, 242-248, 250, 251, 258, 259, 261, 265, 287, 295, 296, 298, 302, 307, 311, 318, 319, 321, 335-337, 341

Poliedro: 76, 77, 85

Povo de Deus: 9, 14, 19-22, 24, 30, 33, 46, 47, 49, 51, 54-58, 61-63, 65-68, 70, 73-82, 84-86, 88-91, 114, 115, 117, 122-124, 131, 135-137, 139-142, 144-147, 151, 156, 158, 159, 181, 162, 168, 169, 171, 173, 188, 192, 193, 195-207, 235, 236, 250, 251, 269, 273, 281, 283, 284, 301, 304-307, 310, 316, 317, 320, 324-326, 328, 333, 336, 337, 340, 343

Presbíteros: 10, 33, 42, 50, 81, 119-121, 159, 191, 196, 217, 254, 255, 264-266, 269, 273-278, 280, 282-285, 287, 288, 334, 336

Primeira Assembleia Eclesial da América Latina e Caribe: 25, 69, 82, 313, 338, 340

Processo(s): 15, 16, 19, 21, 23, 25, 49, 57, 61, 69, 71, 80-84, 86, 90, 126, 141, 152, 153, 158, 182, 187, 228, 230, 242, 247, 249, 252, 253, 256, 259, 269, 316, 318, 321, 322, 333, 340, 342

Profético/a: 17, 64, 147, 172, 192, 205, 213, 248, 250, 260, 303, 311, 312, 333, 338, 341

Puebla: 10, 21, 44, 64, 182, 210, 224, 226, 227, 230, 298, 303, 340

Querida Amazônia: 11, 94, 160

Reino de Deus: 17, 86, 189, 230, 275, 301, 303, 305

Renovação das estruturas: 184
REPAM: 11, 64, 160, 161, 164

Sacerdócio: 99, 103, 140, 148, 226, 256, 281, 343
Sacerdócio comum: 42, 64, 85, 147, 148, 235
Sacerdócio geral: 99, 102-105, 108
Sacramentalidade: 75, 84, 85, 147
Sacramentos: 53, 55, 61, 92, 113, 115, 119, 122, 133, 142, 143, 189, 343
Santo Domingo: 12, 21, 43, 44, 64, 198, 210, 227, 230, 295, 303, 338, 340
Semanas sociais: 218
Seminaristas: 23, 165, 255, 258-260, 264, 266, 267, 273, 275-278, 280, 286
Sensus fidei: 41, 47, 73, 76, 85, 88, 169, 239, 312, 317, 320, 341
Sensus fidelium: 41, 115, 304
Serviço(s): 14, 16, 20, 50, 54, 65, 72, 77, 84, 85, 102, 105, 131, 132, 135, 137, 139, 148, 149, 156, 157, 171, 172, 183, 184, 196, 202-204, 206, 218, 225, 226, 235, 239, 246, 248, 250, 254, 282-284, 288, 303, 309, 320, 329, 335, 337, 341
Servir: 30, 40, 99, 101-103, 135, 146, 211, 214, 281, 283, 284, 343
Sinodalidade: 13, 15-17, 19, 21, 22, 24, 25, 29-32, 45-50, 52, 55-58, 61, 62, 64-66, 68-83, 85, 86, 89, 91, 99, 100, 104, 111, 115-117, 123, 126, 127, 131, 144, 145, 152, 158, 161, 165-169, 172, 173, 175-177, 181, 187, 189, 198, 199, 203, 204, 206, 207, 209, 211, 213, 217-219, 223, 228, 233, 234, 246, 248-250, 253-256, 259, 261, 263, 265, 267-270, 274, 280, 285, 286, 293, 299, 304-309, 316, 319, 322-325, 330, 333, 336-338, 340-342, 352
Sínodo(s): 13, 17, 19-21, 29, 30, 32-35, 37-50, 52, 56, 57, 66, 67, 69, 73, 74, 80-82, 89-91, 93, 105-107, 110, 118, 137, 140, 150-152, 156, 161, 165, 166, 168-171, 175-177, 186, 206, 228, 249, 253, 254, 256, 259, 304-306, 310, 312, 313, 315, 316, 318, 320, 322-328, 339, 340, 342-344, 346

Teologia da libertação: 225, 256, 279, 311
Testemunho(s): 15, 32, 103, 106, 107, 109, 111, 112, 114, 141, 147, 266, 283, 294, 308, 309, 318, 331, 341
Tradição(ões): 15, 31, 33, 34, 42, 61, 71, 74, 108, 111, 113, 117, 120, 121, 127, 150, 191, 199, 204, 214, 233, 237, 239, 240, 242, 246, 247, 252, 257, 280, 335, 342
Transformação: 52, 67, 69, 87, 160, 190, 230, 234, 238, 249-251, 304
Trindade: 19, 53, 55, 62, 196

Vida Religiosa: 63, 84, 257, 270, 337

Edições Loyola

editoração impressão acabamento
Rua 1822 n° 341 – Ipiranga
04216-000 São Paulo, SP
T 55 11 3385 8500/8501, 2063 4275
www.loyola.com.br